A Promise in the Valley of Roses

玫瑰谷之约

慢老师的轻松育儿

[英] 慢老师 著

山东大学出版社
SHANDONG UNIVERSITY PRESS
·济南·

图书在版编目(CIP)数据

玫瑰谷之约 ：慢老师的轻松育儿 / （英）慢老师著. 济南 ：山东大学出版社，2025. 1. --ISBN 978-7-5607-8484-7(2025.6 重印)

Ⅰ. G78

中国国家版本馆 CIP 数据核字第 2024HB1734 号

策划编辑 徐 翔 毕玉璇
责任编辑 朱若翌
封面设计 张 荔

玫瑰谷之约:慢老师的轻松育儿
MEIGUIGU ZHIYUE:MANLAOSHI DE QINGSONG YU'ER

出版发行 山东大学出版社
社　　址 山东省济南市山大南路 20 号
邮政编码 250100
发行热线 (0531)88363008
经　　销 新华书店
印　　刷 济南新雅图印业有限公司
规　　格 880 毫米×1230 毫米 1/32
　　　　 11.375 印张 262 千字
版　　次 2025 年 1 月第 1 版
印　　次 2025 年 6 月第 3 次印刷
定　　价 68.00 元

生死是一个沉重的话题。女儿大概五六岁的时候，对死亡开始有一些顾虑，其实我知道这么大的孩子理解不了死亡的真正意义，他们是害怕和父母分离。我对她说，人死了以后可能还会有另一个世界，没人敢说没有，因为知道的人都死了，所以我们应该提前做准备，以免到了另外一个世界找不到彼此。我和女儿拉钩，约好到一个叫玫瑰谷的地方相聚。后来，带她到附近的墓地走走，读读墓碑上的字，很美，很平静。我指着一个像翻开的书页一样的墓碑，说："等妈妈走了，希望能有这样一个墓碑，因为妈妈爱看书，另一页留给爸爸，别忘了再给妈妈演奏那首我最喜欢的小提琴曲。"

女儿在高中时有一帮朋友，三个女生、五个男生，常一起学习做事。他们兴趣性格各异，在一起却非常和谐。这帮朋友一直到大学和工作了以后还保持着联系，每年都要一起在英国本地或者欧洲其他国家旅行。

女儿要妈妈保证，不管将来在哪儿，若需要帮忙，就立刻告诉女儿。而妈妈也要女儿保证，不管将来多么成功，一旦遇到难处、陷入低谷，一定要告诉爸妈，随时欢迎回家。

人来疯，
坐不住，
挑食，
情感勒索，
游戏上瘾，
乱七八糟。

姐姐在剑桥读书的时候，上高中的弟弟一天对我们说：“爸爸、妈妈，我认真考虑了半年了，决定不上大学了！”从他的表情可以看出，这是一个已经板上钉钉的决定。

我们和爷爷在一起。

推荐序

A Promise in the Valley of Roses

爱如所是　学以成人

这是一个凡事都讲究速度、效率和KPI（关键绩效指标）的时代，连养育孩子也概莫能外。我们看到很多孩子早早地被父母、老师投喂各种“猛药”和“激素”，以便成为早慧的“神童”“天才”，未来成为“人上人”。而为了迎合这些父母的需求，市面上很多育儿书、育儿课也都变成了成功学。一方面给父母提供各种“一招制胜”的育儿秘籍，另一方面又给父母制造更大的焦虑。而今天，我要给大家推荐的这本慢老师的书则是一个例外，因为在她的教育理念和实践中，“以人为本”是教育的基础，“学以成人”是教育的目标，“慢”则是教育的节奏。

爱如所是，尊重人性，是我从慢老师的书中获得的第一个启示。说到教育的首要问题，我认为是要想清楚教育的目标是什么，或者说什么是好的教育。如果单纯说到父母对子女的爱，没有父母会认为自己不爱孩子。但现实生活中，那些父母对子女的伤害，又几乎都是以“爱”或“为你好”之名进行的。那么，什么是好的教育呢？如果我们的女儿在高考紧张的复习阶段开始了一场恋爱，我们会不会因为担心孩子为此耽误学习而去禁止和打压？慢老师则给予了孩子全然的尊重和信任，因为她认为“学习是一个多年积累的过程，我坚信不会影响她”。而且，她“无数次在内心为他们祝福”。如果我们的儿子好动、挑食、情感勒索、游戏上瘾，屋子总是乱七八糟，临近考试也不复习，乃至高一时就对父母说自己不想上大学了，我们会不会因此批评、训斥孩子不上进？慢老师的做法则是不武断地对待孩子，也不用别人认为好的方法要求他，相信孩子有内在自我成长的动力和能力，会以他们自己的方式去解决问题，父母要做的就是对孩子始终抱有尊重，传递给孩子自己解决问题的勇气、信心和力量。如果伴侣与我们的教育理念产生分歧，我们是不是会去指责和抱怨对方，认为一个家庭只能用一种声音、一种模式去教育孩子？慢老师的做法则是与孩子的爸爸达成共识，爸爸不抱怨妈妈不为孩子做事，妈妈也不抱怨爸爸为孩子做得太多，彼此以各自的方式去爱孩子。类似的故事书中还写了很多，几乎从每一件事上都能看到她对孩子无条件的接纳和爱，以及对孩子作为人的尊严的捍卫和守护。

说到教育的最终指向，我的理解是帮助孩子实现“三生”，即学会生存，自食其力；懂得生活，自得其乐；探寻生命意义，自我实现。其中没有一项需要跟人去比较，生命原本就是用来完成，而不是用来比较的。遗憾的是，父母有时候教育孩子过于强调“功成名就”，强调做“人上人”，导致孩子们从小就被置于“成王败寇”的恐惧和“你死我活”的“内卷”中，心里只有“输赢”“第一”，无论结果是胜是负，都无法做到自适和坦然。因为孩子无论多优秀，都不可能在所有赛道、所有时间成为第一。胜利者往往身心疲惫、傲慢而脆弱，而大多数普通人则因为没有进入名校，没有功成名就，被社会定义为失败者，心生自卑而惶恐。因此，我们迫切需要重建一种价值观，就如慢老师所传递的：尊重孩子作为人的尊严和价值，不为自己的爱附加任何条件，因为爱的是现实生活中的“人”，而不是我们心中的那个“期待”。

法无定法，尊重常识，是我从这本书中获得的第二个启示。从慢老师的书中，我们看到，即便是拥有同样的父母，处在同样成长环境中的两个孩子，在天赋、性格、兴趣爱好、人生轨迹等方面也可能会有巨大的差异，父母对每个孩子的教养方式和方法也必然会有所不同。原本，每个孩子生来就有着自己独特的天赋和优势智能。教育的使命就是帮助孩子们认知自己，找到自己的天赋和热爱所在，努力做到极致，成就最好的自己。我们要尽力避免用标准化、制式化的教育模式和单一评价方式把孩子塑造成同质化的山寨品，这会让他们既远离了生命的从容和优雅，也失去了差异化的特长和核心能力。特别标准化、效率至上、大规模复制、把人改造成同质化的人力资本等工业社会教育的基本逻辑，已越来越不能适应人工智能时代对个性化、创造力等的要求。

很多父母热衷于寻找各种一招制胜、一劳永逸的育儿秘籍。其实，教育孩子，真的没有、也不需要那么多技巧和秘籍,需要的只是尊重人性、回归常识,以期待孩子对待我们的方式先去对待孩子就够了。教育的本质就是对人性的洞察和对作为人的尊严的捍卫,好的教育是使人成为真正意义上的"人"。正如慢老师的两个孩子,虽然性格不同,选择的人生道路也不同,但在慢老师眼中,他们一样可爱、一样成功,因为这些选择都是基于孩子自己的信念和意志做出来的,那是他们自己想要的人生,想过的生活,也是他们人性光辉的自由绽放。每个人人生的意义终归需要自己去发现、去定义、去完成。

顺势而为,尊重节奏,是我从慢老师身上获得的第三个启示。无视孩子生长发育的阶段和心智水平,把孩子当作成年人,甚至当作圣人一样去要求,是今天父母教育孩子的一个常见误区。我常被父母问到,孩子不勇敢、不独立、不优秀该怎么办。这时候,我常会把慢老师的一条微博转给他们,她曾写道:"如果用五年后的眼光看现在,就不会为宝宝比别的孩子晚走几个月而担心,也不会为上学时比别的孩子少学了几个英语单词而过不去;如果用二十年后的眼光看现在,就不会为一次考试没考好而骂孩子,不会为没上补习班而心虚;再用六十年后的眼光看现在,一切都是过眼烟云,留下的仅仅是感受和体验……"是的,我们之所以对孩子的教育充满焦虑,很重要的一个原因就是把本该孩子几年、十几年,乃至一生完成的事情,用一天、一周、一个月的标准去要求和评判,得出的结论自然是孩子问题多多。然而,春华秋实是自然规律,催熟的心智,透支的童年,很难培养出身心健康、人格健全的孩子,很难拥有幸福而有力量的人生。

“流水不争先，争的是滔滔不绝。”书中慢老师谈到女儿刚上小学时，身边很多孩子都开始学钢琴，但女儿当时不感兴趣，她也没有勉强女儿去学。几年后，女儿突然对钢琴有了兴趣，如痴如醉地学了起来，由于完全是出于自己的热爱和兴趣，而不是来自父母的要求和强制，所以水平进步神速，自己更是乐在其中。我想，作为父母，如果我们能成为一个长期主义者，做时间的朋友，对孩子保有足够的信任和耐心，遇事不慌不忙、不急不躁，用足够长的时间跨度来审视我们今天给予孩子的教育，展望孩子未来的人生，那么自然会少一份焦虑和盲从，多一份勇气和笃定。

除了是两个孩子的妈妈外，慢老师还是一位有近三十年英国主流学校工作经验的优秀教师，同时又是一位睿智的教育观察者和分享者，这就让慢老师的教育分享更具思辨性、包容性和实操性。书中，慢老师对于如何进行亲子沟通，如何管理好情绪，如何鼓励和批评孩子，如何帮助孩子爱上学习和学会学习，如何看待孩子的兴趣爱好等诸多家长普遍关注的问题，都给出了自己的理解和方法论，让我们看到慢老师对人性、常识、规律的尊重是知行合一、一以贯之的，相信会给读者带来颇多启示和帮助。

看到书中女儿跟妈妈拉钩，要妈妈保证，不管将来在哪儿，若需要帮忙，就立刻告诉女儿，而妈妈也要女儿保证，不管将来多么成功，一旦遇到难处、陷入低谷，一定要告诉爸妈，随时欢迎回家时，我的眼睛竟有些湿润。父母对子女的爱，终归是指向分离的，无论我们多爱孩子，都没有能力陪他们一直走下去，因此发展出孩子照顾自己人生，接管自己生活的意识和能力，是父母能给予孩子最好的爱。在孩子一步步走向分离和独立的过程中，让孩子确信自己随时有被爱的把握，无论遭遇怎样的挫折和困境，都有一个家可以回，有一盏灯为他们亮着，则会给予孩子前行的勇气、信心和力量。而作为父母的我们，如果能把自己活成一盏灯、一束光，那不仅会照亮和温暖孩子的前路，也自然活出了我们自己人生的光辉和意义。爱，其实是为了另一个人，而完成我们自己的世界。

著名育儿博主

王人平

2024 年 11 月

卷首语 A Promise in the Valley of Roses

书中的文字，是集我近三十年在英国主流学校工作中了解的教育理论和实践，并结合中华传统文化的精髓以及国际上最前沿的儿童心理发展而形成的我个人独特的关于“亲子互动”这一重要议题的见解，既有理论依据，也有很强的实操性。

我们正处在人类社会的一个十字路口，我们的孩子未来生活的世界恐怕是我们这一代人很难预测和理解的，这让众多的父母感到迷茫和焦虑。本书从人成长的最根本问题着手，试图给迷茫中的父母和年轻人一些启迪和帮助。无论这个社会如何改变，我们人类的最终目标还是追求幸福和自我实现。至于如何追求，这也是本书的重要内容之一。

育儿是父母的二次成长，这就需要我们用开放和包容的态度来对待自己和下一代。所幸我们可以把这个过程看作一束光，前面有人，后面也有人，我们都同时努力在向前走，所以我们并不孤独。愿这本书能够在你迷茫和困惑时陪伴你。

此书能够与读者见面，首先要感谢的是济南万泉生物技术有限公司。没有万泉的鼓励和赞助，这本书稿不会这么顺利出版。万泉生物始终秉承“细胞让健康更简单”的宗旨，力图让每一个人都能从中受益。用总裁戴晓宇的话来说：“慢老师的知识和才华不能就这么看着被埋没了，要让更多的人受益。”

还要感谢我的先生和两个孩子，是他们给了我无限的创作灵感，在我患癌治疗期间给了我力量和生活的勇气，也给了我二次成长的机会和最幸福的生活。

感谢我在国内的家人，毫无怨言地为本书提供全方位的支持。

感谢山东大学出版社为此书稿所做的一切。

感谢这么多年来和我一起探索的网友，他们的关注和鼓励是我出书的原动力。

慢老师

2024 年 12 月

目录

A Promise in the Valley of Roses

第四章　沟通 / 65

第五章　家庭和育儿 / 85

第六章　学习 / 111

第七章　课外生活 / 141

A Promise in the Valley of Roses

第一章 女儿

养育女儿的过程，
完全是一个自我成长的过程。

第一章

女儿

一、成长

养育女儿的过程，

完全是一个自我成长的过程。

女儿从三岁起，我们就开始让她参与家中大事了。爸爸换车，我们先看好要选的几种车型，然后把女儿带到车行，让她选颜色；换地毯，也是她选的颜色；装修她的小卧室，家具和墙纸也要她来选，不过选的过程中是和父母一起边看产品广告边商量的。女儿大一点儿后，她的任何一个比较重要的选择都要给出三个理由，有的理由很怪，不符合我们成年人的常理，没关系，我们不在乎理由本身，在乎的是她学会了表达自己的想法和有理有据地捍卫自己想法的能力。

这个能力很快就有了一个发挥作用的机会。女儿十一岁那年，面临选中学，我们也在计划换房子。英国公立教育是学区制，当时我们完全可以把房子换到我们认为最好的学区。但在征求孩子们的意见时，女儿坚持要在原地区住，上本区的中学，并给出很多有说服力的理由。这也是我们最终选择在原地区换房的一个重要因素。虽然这所中学不是最好的，但女儿在这所学校因为快乐、自信、朋友多，各方面发展得都很好。谁料两年后，学校发生变故，德高望重的老校长退休，新校长不得力，一些好老师都离开了，大家一时议论纷纷。女儿有些担忧，觉得自己当初没做好对学校的选择，把要上中学的弟弟也影响了。我们长谈了一次，我对她说当初的选择并没有错，因为她选了一个自己喜欢的学校，而且这两年她各方面的进步非常大，我们大家也都很喜欢新房子和邻居。现在有变故，那就要想想应该如何应对。生活中预料不到的事有很多，有应对能力的人才能永远立于不败之地。我们做了一些调查，仔细研究了各种可能的选择。女儿最后做了决定，继续在原校学习，直到中学毕业（十六岁）之后，再在附近的几所高中做选择，我们尊重她的决定。她自己还回顾了这两年的中学生活，觉得弟弟来这所学校也不错，关键还是要靠自己的努力。当然，我们会继续关注学校的发展，但我们有共同的信念，优秀的孩子在哪里都是优秀的。

中学毕业，如果女儿选择上私立学校，作为父母我们一定会支持。她认真参观了附近的几所学校，最后选定了一所公立学校，并给出了很有说服力的三个理由。首先，她过去的中学并不是最好的，但凭借自己的努力，成绩完全不比私校的学霸差，而父母省下的钱用在了她在其他方面的发展上，比如音乐和运动。其次，她所热衷的语言专业，更多还是要靠自己的努力，上私校的性价比不高，省下的钱可以支持她利用假期去法国和德国旅游，对她的语言学习有更大帮助。最后，她选的这所学校有一个很突出的特点，就是老师把学生当作成人对待，学生、老师相互以名相称，她喜欢这样成熟的环境。三个理由一给出，我们完全支持她的选择。她曾问我什么样的学校是最好的学校，我说："你最喜欢的学校就是最好的学校！"

上小学时，身边很多孩子都开始学钢琴，女儿不感兴趣，那就没必要随大溜。八岁那年，如她自己所愿选了小提琴，跟着学校每周半小时的乐器课学习。两年后，她突然开始对钢琴感兴趣，一开始学就如痴如醉，早晨上学前的几分钟也要练一练，进步很快。我们除了给她买了一架旧钢琴之外，从未督促过她练琴。如今，音乐成了她生命中的一个重要部分。我想靠孩子自己的激情和兴趣去做事远比靠父母强制更有效。现在她做事都会遵循自己的想法，会和父母商量，但从不随波逐流。

爱美是小姑娘的天性，女儿小时候，妈妈在各种场合搭配衣服都会让她看着，有时也征求她的意见。她也学着自己选衣、配衣。一开始，她连季节都分不清，我以鼓励为主。后来，她的眼光品位越来越好——懂得如何穿衣可以凸显身材的优势并符合场合和自己的身份、如何用最少的花销创造美感。女儿也会常常陪妈妈买衣服，只要她看上的，妈妈穿着一定合身。当然，遇到化妆晚会，就到了尽显个人想象力和创造力的时候，女儿会将家里衣柜中的衣服研究一下，打扮成埃及艳后和忍者等形象。

女儿十二岁那年，我和她平静地谈了有关性的问题。我找了一个母女聊天说悄悄话的好机会，讨论如何做一个有智慧和魅力的女孩子。我给她讲了我在医疗中心看到的一幕：几个看上去十七八岁的姑娘由一个母亲带着一起找医生询问避孕和性安全的事情。我觉得这就是女孩子的智慧和魅力所在，也是母亲的智慧和魅力所在。女儿感兴趣，我便把事先研究过的性教育的知识边聊天边和她谈了,主题就是要做一个有智慧的女孩子。女儿十七岁那年自己走进了那家医疗中心,为自己选择了一种避孕措施。

十三岁,女儿情窦初开,有了一些男女意识。一次,女儿羞答答地说有个男孩喜欢她,她也喜欢这个男孩。我很感兴趣地问男孩长什么样子,女儿拿出班级集体照指给我看,我说看上去很棒啊,还说女儿的眼光我最信任。其实我事先对这个问题进行了研究,知道这么大的孩子的心理和行为特点。这时候所谓的男朋友、女朋友,大都是一起聊聊天,课间一起玩儿。没过多久,这事儿就烟消云散了。千万不能像见到洪水猛兽一样,让她产生逆反心理,二人一旦一致对外,他们的注意力就从朋友的层面转向共同对敌,父母越不让做的事他们越要做,这会适得其反。

生死是一个沉重的话题。女儿大概五六岁的时候,对死亡开始有一些顾虑,其实我知道这么大的孩子理解不了死亡的真正意义,他们是害怕和父母分离。我对她说,人死了以后可能还会有另一个世界,没人敢说没有,因为知道的人都死了,所以我们应该提前做准备,以免到了另外一个世界找不到彼此。我和女儿拉钩,约好到一个叫玫瑰谷的地方相聚。后来,我带她到附近的墓地走走,读读墓碑上的字,很美,很平静。我指着一个像翻开的书页一样的墓碑,说:"等妈妈走了,希望能有这样一个墓碑,因为妈妈爱看书,另一页留给爸爸,别忘了再给妈妈演奏那首我最喜欢的小提琴曲。"

我和女儿有一个"女儿日"的约定,就是偶尔会有一整天只有我们两个人在一起,逛逛商场,看看电影,咖啡馆坐坐,林子里走走,随便聊聊。这是一个母女沟通的珍贵渠道,我一直小心地呵护它。如今女儿马上要过二十六岁生日了,我们的女儿日就这么延续下来。在聊天中，女儿常会说，她将来也要这么对待她的女儿。

孩子在成长过程中必然要接触钱并逐渐形成对钱的认知。女儿每周有一点儿零花钱，做家务也会挣一点儿，这些用来做她日常社交和出游的花销。她很懂得我们的消费观：人的消费选择不同，没必要受别人的影响，这是消费自由，每个人都有权捍卫自己的消费自由，所以孩子们也不会受别人影响，不会看到别人有就回家向父母要，不管自己喜不喜欢，因为他们明白，父母的钱只有父母有支配权。既然我们给孩子们花的钱是我们自己的选择，也就从来不会把它看成是投资而期待有回报。比如我们支持孩子们的各项体育、音乐和其他课外活动。做过的都是体验，体验到的就是珍贵的，一个体验多的人生就是丰富的人生。所以孩子们的努力，完全来自他们自己的兴趣和对成就的渴望，他们内心不会有因为要对得起父母而去努力的想法，他们的进步和成长是轻松的、没有负担的、不欠心理债的。

女儿从旁观我在家庭月历上记事，到帮我记，到有了自己的小月历，自我管理可谓非常出色。尽管如此，十年级考试前的一天，她突然到我这儿抹眼泪。我意识到可能是因为她要比别人多应付两门课，加之当时一些棘手的事情，让她有了一种失控的感觉。我没立刻做什么，只是陪着她，等她抹完了眼泪，我说："咱们先一起做一件容易做的事吧，等事情做完了，就少了一个负担。"她心情也轻松了，纷乱的感觉也没了，又回到平时条理清晰的状态。十一年级最后的会考，二十多门考试，她提前做了复习日程表，每天按照自己的进度复习，同时还有充分的休息、社交、运动和音乐时间，井井有条地应对着所有的考试。

女儿在高中时有一帮朋友，三个女生、五个男生，常一起学习做事。他们兴趣与性格各异，在一起却非常和谐。这常常让我想起我大学时期的一帮好友，感情很深，其中一个男孩就是女儿的爸爸——我的丈夫。女儿这帮朋友里，她和一个男孩关系似乎更好一些，我相信女儿的眼光，所以对此没有负面评论。他们两个都是家庭幸福的孩子，不会因为缺爱而心理不平衡。十六岁的喜欢不是早恋，是情感的自然成长。这帮朋友的友情延续到读大学和工作以后，他们还会经常组织在英国境内和去欧洲其他国家游玩，实在是难得。

我换工作时，个人简历和求职信是女儿和她爸爸审读的。女儿看着我准备面试、面试过后被录用、最初工作的挑战等，从中学到了很多，也常常帮我。中学毕业后，女儿也想找个工作，就像当初她帮我一样，我也和她一起做了研究，陪她一起准备了简历，给几个机构发了信。在这个过程中，其实我只是陪着她，时不时地鼓励她一下，信和简历要根据机构和用人性质不同区别措词，她写的要比我想象的好得多——有针对性，不拖泥带水，语言简练而充满激情。大三时，女儿自己申请到两个在德国的实习机会，非常难得，这个过程她做起来得心应手。目前，女儿就职于伦敦一家咨询公司，做人才招聘工作，做得很出色，她也非常喜欢。

家里常来朋友，逢年过节有各种聚会，女儿练就了小主人的本事，一些拿手的小游戏常把男女老少逗笑，在饭桌上照顾客人也很得体，有了她，家里多了很多笑声，她自己也非常享受。生活在一个开放的家庭，孩子自然就学会了交友。女儿中学时就有了好几个朋友圈，学校里的、郡区乐队里的、音乐学校的、网球俱乐部的，还有她十一岁时参加一个国际和平组织后结识的一大批来自世界各地的同龄朋友。

女儿十五岁那年的春天,我们家里分开度假。我和女儿去了西班牙。从订机票、酒店,购买当地火车联票,到设计旅程,找路等,都是女儿来做。第一次做这么多,难免出问题,其实要我自己做,也会出些问题,所以我对她只是鼓励,有了问题我们一起解决。现在多出些问题,将来她自己闯世界时就会少出些问题。读大学后,她一切都能独立完成,万事都安排得滴水不漏。

女儿常常会流露对父母的感激之情,感谢我们给了她这么美好的童年,对这个家充满了依恋。但是也许是我们带她走的地方多了,她同时又充满了对闯世界的渴望,这种渴望随着年龄的增长越来越强烈,近乎痴迷。好吧,就让她用自己的美好去体会这个世界的美好吧!

二、两次拉钩

第一次是在女儿五岁左右,我们拉钩在另一个世界的玫瑰谷见,这次拉钩克服了她对死亡的恐惧;第二次是在女儿高中论文答辩之后,这两次拉钩是我们两个永生难忘的许诺。

女儿的论文指导老师是她的校长,她的论文得到了那位校长从业以来的第一个满分。论文答辩时家长也被邀参加,之后我和女儿到一家意大利餐馆里做了一个小小的庆贺。我们之间的谈话让我很感动,于是我便记录了下来。

“女儿,我真的为你骄傲。你今天的论文答辩非常优秀,重点突出,语言简单明了,外行人都听得懂。而且你一直在微笑,让所有的人都感受到了你对这个题目的热情。你的论文调研方法那一部分太出色了,你不但自己找到很多资料,而且能将这些资料按照自己设置的标准分门别类地进行深度分析。这点我是望尘莫及啊!你听到你校长说的话了吧?那可不是我一人的结论呦!”

“妈妈,可是我好紧张,我的手都在发抖!”

“真的吗,怎么一点儿也没看出来?你一开始就在微笑啊,你知道你的微笑有多甜,多迷人。说实在的,过去这几个月我一直有点担心,觉得你可能随时都会放弃,因为你选的题目是我和爸爸一开始觉得不可能做成的题目,我们又帮不了你什么,好着急。”

“妈妈,你好好想想,我什么时候说到的没做到?”

我沉思了一下,真的想不出来:“女儿,妈妈爸爸越来越帮不了你了。其实,现在很难说是谁在帮谁啊,妈妈经常要你帮好多忙!”

女儿突然伸出小拇指:“妈妈,拉个钩吧?”

“拉什么钩?”我很诧异,自从我们之间的玫瑰谷之约以来,从来没有再拉过钩。

“妈妈,你一定一定向我保证,不管我将来在哪儿,你若需要我帮忙,就立刻告诉我,一定一定……”

我没立刻伸出手指:“女儿,你也要向妈妈保证一件事情。不管将来你多么成功,一旦遇到难处,一定一定要告诉爸爸妈妈;不管在什么地方,一旦遇到低谷,一定一定要记得回家,千万不要以为爸爸妈妈帮不了你或者怕让爸爸妈妈担心而不告诉我们。”

“那你还要保证不要担心我,上次我去比利时,刚三天没信儿,你就担心了！”

“只要你保证有任何难处都告诉妈妈，那么即使收不到你的信儿，我也会知道你没事，我就不担心了。你若做得好，有好消息，只要发短信给妈妈，妈妈会和爸爸、弟弟为你庆贺一番，你就和你的朋友去庆贺，去享受好啦，不用惦记着我们！”

“谢谢妈妈！你还要保证一件事情——别让爸爸继续做弟弟的奴隶！”女儿指的是爸爸爱什么事情都帮弟弟做。

“女儿，妈妈知道你的意思，但这件事我不能保证。你知道弟弟也很独立，他不要求爸爸给他做这么多事，可是爸爸愿意做，做了他就舒服了。所以你和弟弟都该高兴才对，家里有愿意放手的妈妈，也有不愿意放手的爸爸，只要你们能独立，就成全爸爸吧。这么些年来，妈妈和爸爸都已达成协议，就是爸爸不会抱怨妈妈不给你们做事，妈妈也不抱怨爸爸做得太多。不过有时候还是会吵架……”

女儿笑了，她一定记得我们吵架的事儿。不过，现在她不会担心，也不会再问我还爱不爱爸爸了，她的笑好平静。

“还有，你要答应我，将来不要想着爸爸妈妈，利用一切可利用的时间和机会，去看看这个世界。”

“妈妈，到时你不会想我吧？你不会整天不高兴吧？”

“怎么会呢？你看我现在不是在做准备吗？妈妈有那么多朋友可以一起玩儿，将来弟弟不再需要爸爸了，妈妈和爸爸可能会到处走走呢，会忙得很！”

“好！拉钩吧，妈妈！”

“拉钩！”

女儿的手很软，很温暖……

三、剑桥面试

女儿在十七岁的那个冬天自己去剑桥参加面试。之前她慎重对待这件事，也认真准备了。她对自己选择的专业有了很深刻的认识，也听取和采纳了其他人的一些建议和想法。

晚上我到火车站去接她，看到远远走来的女儿手里拎着一个大包，她告诉我她利用面试和笔试中间两小时的空闲时间去做了圣诞采购，给朋友和家人买了礼物。看来至少她是放松的，随后我们一起去咖啡馆坐了坐。

女儿讲了一些面试的情况。我讲了我的想法：不管剑桥会不会录取她，她都是赢家，因为整个面试准备过程就是一次很难得的体验，在这个过程中她学到了很多，体验到了平时体验不到的东西，学会了放松自己，尽量发挥和阐述自己的想法和特长并为其找到充分的事实依据。我认为她不可能做得再好了。

"女儿，妈妈看着你长大的这十七年里，从来没有怀疑过你的优秀和努力，更没怀疑过你的能力。我怎么会让一个和你见面仅仅半小时的人的决定来影响我对你十七年的信任呢？面试官的决定仅仅是说明了在他看来你是否适合在这个学校读书，说明不了其他。所以，决定录取你，也只是他的眼光，不证明你就比那些落选的人要优秀多少；同理，不录取你，也只说明他认为你不适合，他的决定不代表我对你和社会对你的认同，更无法决定你的未来。"

这个道理适用于将来所有的工作面试。孩子们的命运不掌握在别人手里，别人会评判我们，会给我们下结论，甚至会决定我们是否走某一条路。但是，只要我们有信心和梦想，脚下一定会有另一条路——我们自己的路。

太多的家长把别人对自己孩子的评价看得太重，而这样的家长又无时无刻不在影响着孩子的自信，这些孩子成长过程中与生俱来的自信和无畏就这样在别人的评判和父母的焦虑中一点点被消磨了。

听了我的想法，女儿说她很感激，她早已平静。两周后，女儿拿到了面试结果——她被录取了！

在车站接到女儿时，我在她眼里看到一刹那的激动和幸福。后来才知道，那里藏着一个很美很美的故事。

四、初恋

一个是英国长大的传统华裔，另一个是意大利受古希腊、古罗马熏陶的欧裔，二人在众多优秀的英国大学里选择了同一所大学——剑桥大学，又在剑桥三十多所学院里选中了同一个学院。他们偶然在同一天走进了该学院的面试休息室，打个招呼就聊了起来。他们还发现彼此都报了同样的第二志愿——杜伦大学，一个学现代语言，一个学古典语言；都打网球，崇拜同一个网球大师；都听古典音乐，拉小提琴；都梦想着看世界……

两周后，二人同时被剑桥录取了。录取是有条件的，所以为了保险起见，二人约定去他们的第二志愿杜伦大学体验一番。男孩途经女孩家，顺道来访：“我一定要给你的父母留下好印象，这样他们就会同意你夏天到我家来玩了！”

与女孩的父母喝茶时，男孩诚恳地说：“我好希望你们的女儿能在今年夏天有机会到西西里岛——我家里玩儿。我们有一个大房子，她会有自己的卧室，我会好好照顾她，带她去海边玩儿，去参观教堂，体验古罗马的文化。我们的小城很小，夜不闭户，非常安全。我还不会做饭，但是我妈妈会做很好吃的饭，到时我一定会学儿手招待她……西西里岛我的家乡真的很美很美！”

“爸爸，妈妈，我可以也请他夏天到我们家玩一周吗？”

我看到了世上最纯、最美的幸福，没有任何杂质的，没有任何外在干扰的灵魂对话。我祝福他们，不管将来如何，愿他们能够尽情感受这种神奇的美。

我甚至不知道男孩的父亲做什么，在这么纯真、美好的感情中根本不用谈世俗；这个世界上，我最该相信的就是我的女儿和她的直觉、她的审美、她的选择。

男孩在我们家里小住一夜，第二天早晨二人一起坐火车去杜伦大学，天突然暖起来，太阳明晃晃的，我祝愿他们有一个愉快的旅程，女儿提前飞了……我愿她此生永远幸福！

五、爱和性

女儿有了一个美好的邂逅，这时候一个牵动所有父母内心的最敏感的事情就是——偷尝禁果怎么办？

女儿是在她高考的紧张复习阶段开始这一段情感旅程的，有人可能会说这不是谈恋爱的时候，会影响学习。可是情感怎么可能会有计划地来来去去呢？学习是一个多年积累的过程，我坚信不会影响她。

女儿从第一次和那个男孩见面时就没有瞒着我们，因为她知道她会得到父母最美好的祝福。我也不曾对女儿的感情过度地忠告、提醒、评判和下结论。这点上我很有自知之明。用我们这一代人的价值判断去为爱设置条条框框无疑会剥夺我们下一代体验人生最美的情感的机会，因为这一切完全来自一种根深蒂固的想法："孩子太小，不懂！"其实，太多太多的东西是我们自己不懂。

也有父母试图用自己失败的经历忠告儿女，什么样的人不能爱。其实我们的儿女受到这么多年来的家庭影响，到谈恋爱的年龄，他们的观念已经形成。

女儿感谢父母，说我们对她的男友很尊重、很友好。其实我们并非为了给女儿面子才这么做，她的朋友来看她，理所应当得到我们的尊重和善待。他们在一起的时候，我看到他们如此爱恋的眼光，看到男孩子愿意为女儿付出一切的决心，看到女儿纯粹的、不含任何杂质的幸福，看到他们彼此那么放松，没有一点做作，我无数次地在内心为他们祝福。

也许人长大了，会有更多的感情之外的考虑，如家庭、学历、工作等，而我们也不能说掺杂了这些因素的爱不是爱。但是，当他们的爱还没有任何杂质的时候，能够体验这美好的情感该是多么幸福的事。

当然，没有父母不为孩子担心，我也在之后的几个月里通过礼节上的交流了解了男孩的家庭。我不担心女儿会被骗，以女儿的智商她不会轻易受骗，她的成长过程也没有什么致命的问题可以被人利用；再者，感情的事谈不上谁骗谁，再好的骗子也装不出那一双充满爱的眼睛。

当然，爸爸还是有一些习惯性的担忧，父女关系和母女关系不同。这点当然还要妈妈从中调解，好在一切都可以沟通。

对于“偷尝禁果”的问题，我在女儿十三岁时对她的性教育，到现在她都记得很清楚。

我也听说过这样一件事：一位上大学的女孩儿怀了孕，跟男友分手后决定保住孩子。妈妈答应帮着看孩子，以便女儿完成学业。我很佩服这个女孩的勇气和对生命的珍惜。后来了解到这位妈妈是单亲妈妈，上大学时也是怀了孕和男友分手，决定自己抚养孩子，最后未完成学业，如今最后悔的就是当初自己没完成学业，所以要不惜一切代价帮女儿。这个妈妈既然如此后悔当初没完成学业，为什么还要让女儿重走自己的路？在女儿离家之前为什么不帮助她采取保护措施？

我和女儿谈了如何保护自己，如何选择合适的避孕方式。她在网上了解各种避孕措施后，自己约见了家庭医生，医生根据女儿的身体和年龄状况给出了避孕措施。除了这些，我还告诉女儿，每个药店都有 24 小时紧急避孕药，直接向药剂师要就可以了。

我曾经提到我刚生完女儿在医疗中心看到的一幕，一个妈妈带着几个十七八岁的女孩向医生咨询避孕事宜，那个妈妈很让我敬佩。可是我怎么也不会想到，一瞬间，那个妈妈就成了我，坐在医生面前的就是我当初怀抱中吃奶的女儿。

六、上大学之前的谈话

1.关于爱

两个相爱的年轻人一起开始高校新生活，这该是多么难得的事情。

大学生活是丰富多彩的，机会也是多方面的，将他们的爱变成彼此鼓励和进步的动力。我佩服他们两人之间的信任，因为从女儿那里得知，男孩子也有很多不同性别的朋友；而女儿也有好几个朋友圈子，男女都有。爱不是相互绑架，他们可以各自有自己的生活体验，能够通过分享而丰富彼此的生活。

2.关于压力

在大学工作的爸爸告诉女儿，大学里出于各种原因被深度压抑甚至患上抑郁症的学生太多了。而在一流学府，学习任务重，压力会更大一些，半途而废的例子更是层出不穷。我还是那句话，体验是真，不用在乎结果。但是我希望女儿能够对抑郁有一些认识，一个比较明显的症状就是会觉得平时很小的一件事做起来很难很难，还觉得自己很无能，看世界很黑暗。我告诉她，如果有这种事发生，要告诉妈妈。我知道，如果身患抑郁无处诉说也没有朋友理解的话，抑郁的程度会加深，我也知道何时需要寻求专业帮助。

不过，女儿对此早有准备，早在上高中之前，她就从各方面了解了高中生活与初中生活的巨大跨度，有了充分的精神准备，因此十分轻松地完成过渡。如今更是这样，社交网络上学哥学姐对新生的各种忠告，以及学院的阅读书目，女儿都已了解并开始积极准备。

3.关于傲慢与偏见

英国顶尖大学，尤其是牛津大学和剑桥大学，是英国式傲慢与偏见的温床。年轻人涉事不深，受各种家庭社会影响，难免看事情偏激一些。有人说，一到剑桥，就要"站队"，女儿说她对自己的根，对自己的家，对自己出生的地方感到很骄傲。我很高兴。其实，父母的世界观应该早已在她的心灵中有深刻影响了。在谈话中我知道她绝对不会为了迎合他人而改变自己，我也知道她会永远为提高自己而努力；她既不会因别人的出身而对人有偏见，也不会因别人的偏见而怀疑自己。

4.关于努力和机会

记得一个高尔夫球手在赢了大满贯时，有人说他很幸运，他回答："真是奇怪，我越努力就越幸运！"所以我不会把别人的成功仅仅看作幸运，说人幸运透露着那么点儿妒忌，也透露着对人家努力的忽视。女儿也明白，机会总会垂青那些努力的人。大学绝不仅仅是积累知识的地方，女儿要尽情享受自己争取来的一切机会。

七、住进了最糟的房子

剑桥是英国唯一一所可以为所有在校生提供住宿的大学。女儿第一年分到一间不错的宿舍，但是到了第二年，所有的学生都得抓阄排列分房，女儿排到了倒数第三，按顺序选宿舍，她只能住别人选剩的房子。

女儿被通知，她将住在学院外的一所房子里和八个学生一起合用卫生间、厨房等设施，能否和睦相处是件很有挑战的事儿。

其实我觉得这倒是一个很好的机会，女儿之前没有自己找出租房的经验，这就算是一次机会吧。而这也给她一年后独自赴德国工作、租房做了很好的准备。

我和女儿达成共识，合租的最终目的就是愉悦。无论发生什么，记住自己的最终目的就是愉悦。

我给她举了我自己的例子，有一个学期因照顾一位新老师，系里安排我和她共用一个教室，这意味着我三分之二的课要分别在九个教室里上，有科学实验室、英语教室、宗教教室和其他语言教室；这样我既不能用我自己教室的资源，又要腾出很多位置给新老师放她的东西，还要同时和其他教室的主人相处好。为此我就必须把每节课都提前备得很细致，要将所有教学用具和资源整理好，用一个小行李车推到各个教室。结果，我不但没有影响自己的课，反而教得更系统，学生也学得更好了，我的管理能力也大大提高。

因为自己的利益而让别人感到不舒服,或者一味地辛苦自己谦让别人都不是令人愉悦的事。愉悦是有能力创造一种环境,在这个环境里,愉悦的情绪影响着每一个人。

具体来说,如果大家都有早课,一起抢浴室就不太好,可以提议大家坐在一起商量一下,轮流早起,避免拥挤。任何不愉快的事说开了,总有解决办法,一定不要憋在心里,到最后一触即发。

其他的诸如用了浴室和厨房后要适当收拾一下,开派对时如有噪音通知一下别人,早起晚归时要体谅别人的作息等。女儿在家就是这么做的,所以我相信她的教养。

另外,往往一块漂亮的桌布、几张墙画、一束花、一只毛绒小熊就能让一间阴暗无光的屋子变得很温馨。我曾经带着女儿为来英国工作的中国老师提前装饰了他们的房间,我们一起去选了墙画、桌布等,女儿亲眼看着一间间屋子如何变了样。

总之,能够创造一个愉悦的环境是第一位的,然后才谈得上工作,心情舒畅会让人变得自信,自信的人才能更好地发挥潜能,更有效率地工作。之所以重视这些,是因为我觉得和人相处是生活态度和情商的问题,要比学业成绩更重要。

通过这一年与几个学生和谐相处,女儿对自己的小房间有了感情。大三时独自一人去德国工作,自己找工作、租房、交朋友,所有的一切都应付自如。

八、角色转换

女儿将要返校的前一天，我陪她去发廊，等待的时候女儿告诉我，她每次回家都不愿返校，而每次放假却又很留恋学校生活，还说真不想长大。我说："你总是这样，每到一个地方就会深深地喜欢上这个地方，每一个人生阶段，你也总是过得那么尽兴，难怪不想长大了。"

她不想长大，无非是对未来有点迷茫，接下来就要安排一年国外工作实习了，虽然她对未来异国他乡的生活很向往，但是难免内心有点紧张。

我对女儿说，人的一生要扮演很多角色，而每一次角色的变化都会有不同的压力，都需要去慢慢适应。比如现在你是妈妈的女儿，是学生，是你男友的女朋友；但是不久的将来，你就会是一个雇员了，你的雇主和同事就不会把你当成妈妈的女儿来看了，他们会期待你是一个合格的、有职业水准的雇员。再往后，你会成家，为人妻，会共同担负一个家的责任。

"你知道妈妈认为最难的角色转变是什么吗？"

"什么？"女儿睁大了眼睛。

"就是做妈妈。做妈妈之前，我也和你一样，有姥姥宠着，丈夫爱着，怀孕的九个月，更是被加倍地关爱，没想到你一出生，一切都变了。英国没有坐月子一说，当时姥姥、姥爷在国内也没能来英国探望。初为人母，手忙脚乱，巨大得让人喘不过气儿来的责任感，又长期缺乏睡眠,再加上你的一些幼儿疾病,基本把妈妈打垮了。"

我看到女儿眼里闪过一丝犹豫和恐惧。我接着说:"放弃儿时的梦想是痛苦的,但是换来的是一个多么幸福的家庭,你和弟弟丰富了我的生命,已经成百上千倍地补偿我的遗憾了!你想想啊,若一辈子守着儿时的梦想,不去体验各色人生,那该多么枯燥!"

女儿的眼光变得温柔平静了,我感觉她在思考,在期待……

关于女儿马上面临的工作问题,我举出了两位非常优秀的年轻人的例子,女儿认识她们,虽然她们都在大学毕业后很快找到了很好的工作,但是二人又出于种种原因相继失去了工作。因我和两位姑娘的妈妈是好朋友,得知失去工作后二人都在某个阶段情绪极其低落,甚至产生了自己很无用的想法。我问女儿是否觉得她们失去工作就变得不再优秀了,女儿立刻说没有。我以此例告诫女儿,丢工作是她也会经历的事情,这时候人极容易自卑,只要她知道自卑仅仅是一种情绪,一切都会好起来就可以了。这样,即便将来女儿走到情绪低谷,她也会想起这两个姐姐的经历——其中一位利用没工作的一段时间学会了开车,考过了职业资格证,并去梦想的新西兰旅游了一圈,虽经历了各种挫折,但终于找到了一个非常好的工作;另一位先找了一份虽不满意但可以积累经验的工作,其间一直关注就业市场,也终于做了自己梦想的外交官。

很多时候,就是认知的问题,意识到了,路会好走很多,具体问题还需她自己去解决,而解决问题的方法往往因人而异。很多父母整日局限在帮助孩子解决具体问题的琐事中,感到无穷无尽的压力和焦虑,其实有了大方向的孩子会发挥自己的想象,按照自身条件去解决问题,而他们主动解决问题的方法往往是我们做家长的想不到的。

九、生日惊喜

女儿19岁生日

5:30　今天是半期假的最后一天,天刚亮我就一下子清醒过来——女儿的生日到了,我的计划就要实现了!下午我和爸爸要做快递小哥,把女儿的生日蛋糕和礼物送到她身边。

6:00　和国内弟弟商量来英度假之事,查旅行公司,预订航班,等老弟确认旅行日期,不能忘了下午四点之前必须付款。

7:00　早饭匆匆两口,老公早起,给儿子做早餐。叮嘱儿子午、晚饭安排,微信通知好友取蛋糕时间,准备现金和致谢卡。洗漱,着正装;准备学生今天假期复习课的资料,准备考试局的项目,打印资料。对了,提醒老公给两辆车加油,洗车,检查轮胎压力,规划去剑桥大学的路线。

8:15　我的学生请求我给他们安排一节复习课,安排在今天上午9:00—11:00。先去商店给女儿男友买生日卡,昨晚计划有变,得知男友和她的生日差两天,所以今天的惊喜是给两个人的,已紧急通知好友稍改蛋糕设计。然后再给我的学生买点巧克力饼干之类的零食,他们假期来补课一定不会吃早餐。

8:30—9:00　去学校路上,一路上备课,考虑如何在两个小时内既给学生自信让他们充满希望,又能补充知识点。

9:00—11:00　一多半的学生都来了,他们的热情让我很感动,学校里基本没有学生要求假期补课。安排他们吃点儿东西,分两组辅导。很高兴学生走时都觉得补课非常有用,也对几天后的考试很有信心。

11:00　打印项目资料,安排一下周一课程。

11:20　开车回家,路上取蛋糕,记得到家给儿子发短信。

12:00　到家。得到老弟确认,网上付预订机票款,几次未成,老公电话联系,银行电话联系,付款成功,通知老弟。

12:30　老公忙着处理车和购买装修瓷砖。吃两口饭,安排好装修工人。写好卡片,带好礼物。法网直播,看一眼电视,纳达尔轻取第一局。看一下微博评论。

13:00　老公回来,卸妆,换衣,我把要带的东西整理好。

13:30　出发!

14:00　忘记提醒爷爷和外甥女,路上电话提醒。短信儿子。一路堵车。为了给女儿一个惊喜,告诉她周五下午等着快递。所以微信问女儿快递是否已到,女儿回:“十分钟前去门房看,还没有!”“好,别着急,可能周五堵车,快递小哥被堵了。”哈哈,我们就是快递小哥!

17:10　到了剑桥。先把东西搬到女儿学院门房。门房是一位穿制服的、彬彬有礼的绅士。我告诉他我们是来给过生日的女儿一个惊喜的。他立刻领悟,跟我要了女儿电话:“门房有你的快递,请‘立刻’来取,东西太大,占了我们门房好大的地方!”我朝他竖大拇指,他指了指里边的拐角,要我们藏到那里:“这里的事由我负责了!”哇,大家都进入状态了!突然电话响,门房说了两句就让对方挂掉了,说有“急事”处理。过了一会儿,听到人来来往往,这时门房走到里边和我们使个眼色,又急忙走出去和女儿对话。

我们就这么悄悄走出来了,看到女儿正在笑盈盈地和门房谈话,突然她像感觉到了什么,扭头,惊愕,下巴快要掉下来了！我们一下子拥在一起,女儿又哭又笑,眼泪哗哗地流到我的脖子里,抱着我不松开。有取信的大学生友好微笑地看着这一幕,一定以为我们是大老远坐飞机从中国来的吧。门房悄悄递给我和女儿两张纸巾,好久好久我们才平静点儿,门房好感动:"干得好,你成功了,我真高兴能帮上忙!"

我们和女儿端着蛋糕和礼物一起往宿舍楼走,女儿像在梦中,还是不能相信爸爸妈妈亲自送快递,有一万个问题想问,语无伦次地走到宿舍。她的宿舍门已有朋友给装饰了生日彩幅和气球,连共用的卫生间都装饰了。

有朋友来看,女儿介绍父母给朋友,朋友知趣地告辞,说要女儿在朋友圈里发今晚庆贺的事。看着依偎在我身边的女儿那一副世界上最幸福的人的样子,我立即成了世界上最幸福的妈妈。

又有人敲门,女儿的男友刚下课就来了,一进门看到我们,惊愕地踉跄了两步,手捂着胸口假装做出心脏承受不了的样子,女儿跳起来,连珠炮似的向他叙述我们是如何给她一个惊喜的。大家这才想起来一起看蛋糕,男友惊呼:"天啊,是拉丁语!"原来有心的朋友在蛋糕上用了七种女儿和她男友会说的语言,蛋糕是个地球,上边站着两只小老虎,女儿属虎。

18:30　我们催促女儿赶紧把今晚的派对安排好,告诉她我们还要赶着回去。女儿和男友希望我们多待一会儿,可是我们明白,年轻人的派对是不能有大人的,那样他们玩不痛快,我们给他们准备了蛋糕、香槟和酒杯。留不住我们,他们就一定要我们再次参观学院，恰逢考试季，整个剑桥大学都向游人关闭了，所以我们有了特殊的机会。几处花园修饰完好，游泳池也开放了。那是英国历史上最古老的室外游泳池，至今保留完好，周围树木已参天。

19:00　我和爸爸又出发了，这次是回家，一路上大雨滂沱。

十、初恋分手，感恩前行

女儿那场轰轰烈烈的初恋感染着我们每一个人，她周围的世界也变得像初恋般令人神往。

后来，他们分手了。

而两个年轻人分手的过程让我这个历经世事的母亲都格外佩服。

他们两个是手拉手一同跨进剑桥大学的，送行的父亲在学院登记处给他们买了黑色校袍，二人的甜美合影至今仍存。

不难想象在这种倾注了全部灵魂的、刻骨铭心的初恋中年轻人的许诺——这辈子我会与你同行！

剑桥大学的每一个学期都不超过八周，这八周里要应对自己的生活、学业、业余活动、各种社团、朋友圈、考试、实习和各种突如其来、转瞬即逝的机会，无疑给每一个打算全身心拥抱大学生活的年轻人带来了前所未有的压力。也许他们两个都还记得我的嘱托，美好的爱应该是“1＋1＞2”的爱，能够丰富彼此的生活，而如果沉溺于二人世界，可能会失去那些奋斗了这么多年争取到的机会。

虽然二人相互扶持，努力地面对挑战和机会，然而他们在创建各自新世界的同时也感受到了许诺终生所带来的约束和压力。具体到两个人所参加的不同乐团、不同的运动团体、不同的出国旅行计划等，因要考虑对方，所以有诸多不便，于是他们的爱有了些沉重和无奈。

这时候，女儿和男友有了一次深刻坦诚的交谈。他们决定先暂时撤出对各自的终生许愿，先不考虑对未来生活的规划，以便可以让他们的爱轻松一些。女儿的十九岁生日是他们两个一起过的，我和爸爸扮演外卖小哥驱车送蛋糕，给了他们一个大大的、永生难忘的惊喜，男孩送给女儿的生日礼物让女儿好感动，那是只有懂得女儿的人才能选择的礼物。

之后的生活闪电般紧张，虽然时常还能看到他们在一起的派对照片，但是各自的交友、社团、学业、游学、找工作等事情使二人连假期都难得在一起了……他们成了普通的朋友。

那段时间我很关注女儿，除了第一学期回来有些沉默以外，之后便很快恢复了她的阳光自信。谁也没预料到他们初恋就许愿终生，但谁又会嘲笑他们呢？爱便是爱，人生即体验，我为女儿体验到了一场挚爱而庆幸，更为他们能够相互尊重、互不伤害地理性地走出这段爱而折服。

那年六月底的一天，我和丈夫、儿子一起去剑桥参加女儿的夏季音乐会，一场音乐的盛典结束后，看到高挑的女儿抱着小提琴笑吟吟地走出来，我紧紧地拥抱了她，久久地不肯放手。寒暄过后，女儿大大方方地说："爸爸，妈妈，我想给你们介绍一下我的朋友！"这才抬头看到，原来女儿身后站着一位高高帅帅的微笑着的小伙子，远远地，也看到同一乐队的女儿的初恋男友，女儿见我在看，就平静地说："爸爸，妈妈，如果你们愿意，就和他打个招呼吧。"我和他远远地点头致意，他身边好像也有了一位长发女孩儿。

之后和女儿谈过，她说从这段初恋中学到了很多很多，女儿是幸运的，因为她拥有给自己创造幸福的能力。

十一、对妈妈说

这是女儿在给我的贺卡上写的话。

我最了不起的妈妈：

时光飞逝，在繁忙的生活中最容易忘记的就是——告诉我们最亲爱的人他们对我们有多重要。我愿借此机会告诉您，妈妈，我们爱您，感激您并珍惜您给我们的一切。

我小的时候不太懂得您为了让我拥有一切而付出的辛劳。有人会说那就是父母的责任。但是回想起来，我知道您付出了除责任之外的太多太多的东西，而且是充满着爱的付出，常常是牺牲了自己而去照顾我们。

现在我长大了，我明白了您的付出，也明白了拥有这样一位了不起的妈妈我是多么幸运。也许我不曾多说，但是我想让您知道——我爱您，谢谢您为我做的一切！

妈妈，您对我们太重要了。您用了如此多的爱和心思把我们养大，我们真的非常感激，我们就想告诉您：这个世界上对我们最重要的是知道妈妈爱我们！

A Promise in the Valley of Roses

第二章
儿子

人来疯，坐不住，挑食，情感勒索，
游戏上瘾，乱七八糟。

第二章

儿子

一、人来疯，坐不住，挑食，情感勒索，游戏上瘾，乱七八糟

儿子一出生就给了我一个下马威。

由于他的鼻子堵塞，每晚一小时醒一次要奶吃，五个月下来，我已人如“僵尸”，也无法照顾女儿。只好下决心断奶，不过也没费事，他从妈妈脸上读到了没有任何回旋余地的坚决，没敢反抗，乖乖喝了奶粉。不要以为婴儿没有意识，他们已经带着我们人类进化的最强基因，在阅读人的情绪方面已经有相当的能力。当然，也有人说妈妈应该无条件满足孩子的需求，说这话的人一定忘记了妈妈也是人，也有睡觉和健康的基本人权。

上小学时，儿子想要什么东西，回家会说：“妈妈，全班就我一个人没有了！”一开始着实让我有点心虚，后来碰到他的小朋友的爸爸，他告诉我这话也是他儿子的口头禅，从此我便不予理睬，断了他的情感勒索。后来大一点，我给他讲了我的消费观，他也不再人云亦云了。

小时候一到商店，儿子就往小推车里搬各种大盒玩具，一趟一趟不辞劳苦地搬。我不批评他。孩子们喜欢玩具太正常了，希望

拥有更多自己喜欢的东西不是最普遍的人性吗？所以我肯定他的愿望，平静地告诉他妈妈没钱给他买，不是他的错，他有要的自由。每次这样说，他会一趟一趟不辞劳苦地再把这些玩具搬回架子上。后来他自己有了零花钱，也有了支配零花钱的权利。买贵一些的东西，要和我们说三个理由，往往理由说到一半，就发现没什么买的必要了。这样做可以避免一时冲动，当然也鼓励了他理性消费；不过，一旦给出三个理由，他就可以如愿了。上高中后，我和儿子坐在一起为他每月的零花钱做了预算，每月我给他账户里转一笔钱，由他自己来支配，这时候买东西不用给出理由了，因为他要自己把每月的零花钱支配好。

家里一来小朋友，儿子就变了，对姐姐粗鲁，对爸爸妈妈无礼，会做一些平时不会做的捣蛋事。后来听儿子的一个朋友的妈妈说："你儿子在我家真礼貌啊，怎么我的儿子总是捣蛋？"我明白了，这就是"人来疯"吧。想做主人做过了头，想表现得酷一点却成了不折不扣的捣蛋，这就是成长的过程吧。我们大人何尝不会采取极端措施吸引关注呢？成长不是一天两天的事儿，常常是一眨眼的工夫，孩子就长大了，如今的儿子也成了社交场上的小明星。

小时候，儿子遇到不喜欢吃的饭会抱怨。我和他讲，爸爸妈妈做饭不容易，做出的饭菜不合胃口，也要谢谢父母的辛苦，抱怨就是不尊重人，从此他再也没有抱怨过。因为我们说的时候平心静气，没有责备他的意思，及时引导是父母的责任。当然，人的口味各异，他不喜欢吃的东西，也不能因为有营养就硬逼着他吃，更不能因为做饭辛苦，别人就非得喜欢吃不可。我们做饭是我们自己的选择，不能拿我们自己的选择去对孩子情感勒索，比如：妈妈上班这么辛苦,做了饭你不喜欢,对得起妈妈吗?孩子不喜欢的东西你硬逼着他说喜欢,对得起孩子吗?相互尊重才是良好亲子关系的基础。

儿子玩电子游戏也会上瘾,他就是那种做事爱上瘾的性格,其实就是做事比较专注。看好书也上瘾,用乐高做卖糖机也上瘾,学科学也上瘾,摆多米诺骨牌也上瘾,运动更上瘾,如今又痴迷弹钢琴。我们不能把一个完整的性格硬割成两半,一半是按照成人标准可以上的瘾,另一半是“无用”的、不可以上的瘾,你当一个活人可以像蛋糕那样切呢?再说,我们认为没用也许将来就有用了,谁能准确预见将来呢?多年后,儿子沉迷的多米诺、Nerf 枪和乐高卖糖机帮助他得到了英国的一个工程奖项,成为他未来职业的基石。因此,父母要了解孩子的个性特点,加点引导就成。我先和他谈他自己上瘾干成的事,那他当然愿意谈了,那个自制的卖糖机被一位博士哥哥误以为是商店买的,知情后大呼:“连图纸都没有,天才啊!”同时再谈谈一些激烈的电子游戏和由此产生的肾上腺激素对人体的影响,儿子有灵性,一点就通。他以后还会玩游戏,但是他有了这方面的知识,家人再帮着他学会管理自己,就没什么大不了的了。

儿子的屋子总是乱七八糟的,其实爸爸就乱得可以,收拾整齐了反而找不到东西了。有时我自己看不下去了,就收拾一下,甭指望他们能保持整洁。他自己的屋子,他有权按照自己的意愿生活。但是大家共用的屋子就有必要要求他为了尊重别人而保持整洁,后来,上学和运动需要准备的东西多了起来,有了管理自己的契机,这时我就帮帮他。先和他一起做,再慢慢让他独立做一部分,一直到全部。他负责的部分，我不会帮也不会提醒，忘了就自己承担一切后果，果然忘过带包、水、作业，被老师惩罚，给自己带来很多次不便，我不批评，因为连我自己常年做的事都有可能忘。他现在做得很不错了，最近在高中毕业班，既要应付高考复习，又要社交、恋爱，还要运动、音乐，当然最重要的是申请工作，他把一切都安排得很好。

小时候，儿子曾被一个孩子打肿了眼睛，当时我非常愤怒，但是等自己平静下来后，我和儿子一起给校长写了一封信。我们要求的不是处理打人的孩子，而是处理这种行为。我的信很奏效，校长立刻做出反应，在全年级搞了活动，使打人的孩子意识到自己行为可能产生的后果。其实很多孩子的出格行为是因为他们还不能从他人的角度看到自己行为的负面影响，这就需要父母和老师通过各种方式培养他们的同理心。同样，那个孩子不是坏，而是还没学会同理心，其实大人又有多少具备同理心呢？信中的每句话都是和儿子商量着写的，一方面可以告诉他无论发生什么事，他会得到父母的全面保护；另一方面，也可以防止他有意识地夸大事实；还有，他可以看到这种投诉信的文体和写法。处理问题的关键是不能带着情绪，温和坚决地提出要求更奏效。

其实，在亲子互动时，父母也有很多问题，虽这把岁数还需成长，希望他也能多担待。和睦的家庭并非人人优秀的家庭，而是相互尊重、支持和爱的家庭。很多人说我的女儿很优秀，其实儿子也优秀，因为他们都是普通正常的孩子——他们在我眼里没缺点。

二、青春期来临

青春期的儿子如同一头野性十足的小狮子，以迅雷不及掩耳之势狂奔到我们面前。面对这神奇的造物我诚惶诚恐，这头不谙世事的小狮子日后可否成长为一头英勇无畏、安全可靠、爱护家庭、保护弱小并对纷扰世事应对自如的雄狮？

我开始寻找机会，不想机会竟迅即而至。一日，儿子偶然因小疾卧床休息，我便有了母子静静谈话的机会。

我的宗旨：第一，让儿子懂得正面能量释放；第二，希望他将来做一个很酷的男朋友、丈夫和父亲。

先从人脑的发育入手。有的孩子往往右脑发展飞快，代表着色彩、行动和非理性，所以他们要行动，要逞强，要武力，要冒险，要开快车，要做超人；这时候负责理性思维的脑前叶跟不上，所以他们不经过大脑考虑就做傻事、危险事。反映在上课时，即便是在认真听讲，也不会静静地坐着，他们不停地敲铅笔，活动大脚趾，摇头晃脑，抓耳挠腮……有经验的老师会在不影响别人的前提下包容孩子的这种行为，只要他们在认真听讲。这个时期人体能量越聚越多，释放是必需的，如何释放？

史前时期，成年男孩要出行打猎，保护家园，能量就此释放；人类进化到今天，如果没有家庭、学校和社会的帮助，那么酗酒、吸毒、偷盗、抢劫、暴力和欺负女孩子都可能成为男性下意识释放能量的途径。我问儿子:“这样好不好?”“不好!”“那么浑身的劲儿怎么使出来?”“运动啊!”儿子自己想明白了,这就是我想说的正面能量释放。

“我是从哪儿来的?”这个问题孩子迟早会问,儿子小的时候我说:“你呀,本来是一颗天上的星星,想到人间来看看,眨巴眨巴眼睛,就选中了我们家。我们都为被你选中了感到荣幸呢!不想你一住下来就不走了……”不知为什么,他很喜欢这个故事,直到大一点看到一个科普片明白生命的来源以后,还常常提星星的故事。

责任心是个很重要的话题。我问他:“将来你会有女朋友,会结婚,会当爸爸。你和你心爱的女孩在一起,你是不是会感觉很好?”

“一定是吧!”

“那你会不会保护她,会不会带她去好玩儿的地方?”

“当然会啦!我还知道怎么坐火车,坐飞机,出海关,怎么规划旅行路线呢!”

“那你的女朋友一定觉得你是一个很酷的男朋友。”

儿子面露得意……

“那些欺负女孩子的男孩,你觉得他们好不好?”

“当然不好!”

“那些大街上拉帮结伙、酗酒吸毒的男孩子,我敢担保他们可能连伦敦的地铁都不会坐,更别说带着女朋友看世界了!将来你也许会和你爱的女孩子结婚,建立家庭。你会做个好爸爸吗?”

“会呀,像爸爸那样的!”

“那你会为你的孩子做什么?”

儿子想了想,随意列了几条:会爱护他们;会送他们上学和接他们放学,绝不迟到;他们做了好事,会奖励他们;会给他们安排不太难做的家务事,让他们有个挣零花钱的机会;会每年都带他们去看世界……

这些都是他爸爸做的,家庭对孩子的人生观的形成有多么深刻的影响啊!随着他们的成长,他们对好丈夫、好父亲的观念会有变化,但万变不离其宗,家庭是他们最重要的参考坐标。

家庭暴力、性别歧视、逃避家庭责任、对父母不尊重的行为多是由于男孩子在成长过程中没有得到正确引导,也没有优秀成年人作为参照。

三、自我管理

女儿是时间管理和自我管理的典范,儿子正相反,整天嘻嘻哈哈没个正形,面临中考,姐姐把复习考试的时间表和复习资料都给他了,他连看都没看。

我还是那个原则,对孩子不能武断,也不能用别人认为好的方法要求他,也许他有更好的办法呢?对每一个生命的尊重和敬畏促使我想进一步和儿子探索一下。

饭桌上只有我们两人,我开场:“儿子,近来复习得怎么样?有没有需要妈妈帮忙的?”

“很好妈妈,一切都在掌控中!”

“我也没看你做什么复习计划啊,儿子。”

“我不是那种做计划的人，我不喜欢做计划，做了计划也没用！”儿子说得斩钉截铁。

“那你怎么决定每天复习什么呢？是不是有作业做作业，其他随意？”

“不，妈妈，每天上课老师都会复习，老师复习不到的，我觉得自己掌握不好的，我回家就会看看。”

“这不就是你的计划吗？那要是一天上了很多课，每堂课都有要复习的内容，一晚上时间不够，你怎么办？”

“这就需要有个轻重缓急了，我会先复习最重要的。老师的作业如果很多，我会一条条记下来，不多就记在脑子里。”

“那你有没有那种一大堆事顾不过来的时候呢？”

“有啊，这种时候有两个办法，或者先做一件事，其他的不考虑。或者什么都不做，听听音乐，做做运动，和朋友出去玩儿，等大脑休息好了再做。”

“好样的，儿子，其实你非常会管理自己啊。你只不过没像姐姐那样把要做的事情按照时间写下来。计划都在你的脑子里呢！”

“写下来的计划不好，按部就班，没有灵活性，要是没做到就有一种挫败感，自己给自己找压力。”

“哈哈，姐姐的计划其实很灵活的，死的计划不如没计划。她把社交、音乐、运动，各种活动的时间都打出来了，甚至还把突发事件的时间打出来了，而且计划要按情况随时更新的。”

儿子点点头，若有所思。

“好吧，儿子，用你自己的方法来安排你的生活吧。你有没有想到你五年之后在干什么呢？”

“在大学学习工程,机械工程!”(这个五年计划不到两年就变了,把我和爸爸的世界彻底颠覆了)

“十年之后呢?”

“在一个大的工程公司工作。我希望到时候有一个自己的小地方。”

“你看你,又有远期计划,又有近期计划,还有每个月、每天的计划,你真是自我管理的高手呢。没写下来,只能说你的脑子很灵光!你想过女朋友吗?”

“这个不能计划吧,妈妈?”儿子说完,我们两个都笑了。

“好吧,你喜欢孩子吗?”

“嗯,养孩子看上去很累啊!”

儿子终于也看到父母的辛苦了。“你是不是觉得爸爸整天为你做事很累?其实这个过程爸爸都是在享受啊。他在和你一起进步和成长,有了你和姐姐,爸爸妈妈多幸福啊!”

“你看今天,妈妈做了一个拿手的汤,爸爸做了拿手的牛肉丸子,要是没有你在这里狼吞虎咽,我们哪有什么心思做饭,连生活都没有色彩了呢!”

聊到兴头上,儿子开始喋喋不休,说他小时候第一眼看见的世界是什么样子,还有一些可笑的记忆。难得儿子这么和妈妈谈话。我坚信今天的谈话又一次让他意识到了自己的强项,也同时明白了姐姐的方式方法,也许有一天,姐姐的办法他也用得着。

四、国际赛事专访

儿子将代表英格兰国家队参加一个国际公开赛。消息不胫而走，记者突然来家造访，和儿子单独访谈。在毫无准备的情况下，儿子的原话全文刊登在当天的地方报纸上，中文翻译如下。

被选中参赛我感到非常的骄傲！

在我钟爱的体育项目中，能够代表英格兰参加国际大赛是一个非常难得的机会。

不过我接到英格兰总教练的电话时还是感到有些吃惊，因为我从来都没有参加过这个级别的赛事。

大赛中，我会遇到世界级优秀选手。每个人都想赢。我会尽我的最大努力给我的每一个对手一次最好的竞争体验。

这对我个人来说应该是一次非常好的体验和经历。

我感觉我目前的竞技状态很好，训练也很顺利。

我希望做一名职业运动员，我的梦想是在奥运会上拿金牌。不过 2016 年的奥运会太近了，但我会争取下一届奥运会。

我和爸爸在报上看到儿子的原话也感到非常欣慰，他的即兴回答反映出这些年来我们的价值观对他的深刻影响。对于体育运动，虽然竞争极强，但我们永远不希望他陷入一种短浅的比较状态，比如盯住某一个对手，要超过他；比如和实力差的对手打不尽全力；比如赛场上各种不尊重别人的行为。我们的理念是，既然这是一项他选择的运动,就要当作一个职业去尊重,所谓尊重就是认真对待每一次训练和比赛机会,认真对待每一个对手,不管对手的实力如何。尊重对方就是要尽全力给对方一次最好的竞争体验。这样,如果对方输给你,也输得值;如果对方赢了,他们也会觉得赢得实实在在。反之,如果一个强硬的对手因水平高而不屑于认真和他打,他就不会喜欢这样的竞争,会觉得对方不尊重他。在团体赛时更是如此。

儿子在运动当中的眼光是放开的,他知道只要自己尽全力,输赢都是次要的。他不是单纯为了赢而打,而是为了实现自己的理想,为了在实现理想的整个过程中努力并尽兴。当然,在他这个年龄,尽兴是格外重要的。他所有的动力都来自他的激情。

我曾经对儿子说过,赢是暂时的,输是永远的,因为你前面总会有人,所以努力也是永远的。儿子不这么认为,他觉得根本没有输,每次失利他都会学到一些,进步一些,这么一想,输也是积极的,积极就不是失败,所以没有失败。这大概就是他这么些年来处理比赛失利更游刃有余的原因吧。

儿子没有放弃学业,相反,运动给了他强健的身体与无穷的精力。老师说他是最会利用课堂时间,最敢冒险,最不怕出错,也是注意力最集中的一个。

五、爱，如他所是

儿子那天终于考完了三十几门毕业考，每天晚上，儿子都会和我们开开玩笑，说说当天考的，有的太简单，有的考砸了。

在英国成绩不重要吗？当然重要。论儿子的资质有没有可能上牛津或剑桥？有可能。但是如果中考成绩考得不理想，能不能上牛津或剑桥？不能。如果儿子在这半年多的时间把过去运动和比赛的时间用来争分夺秒地复习考试，能不能考出好成绩？完全有可能。他争分夺秒地复习了吗？没有。成绩能不能达到牛津或剑桥不成文的八个 A*？不太可能。

有多少父母私信给我，抱怨孩子的各种“问题”。有的拖拖拉拉，明明可以利用的时间不会利用，明明可以考入前十名的却没能，明明可以认真听课却在白日做梦，明明可以通过努力上好大学却白白浪费了时间，甚至“断送了自己的前途”。

儿子大幅减少运动时间，说要应付毕业考，而且有了新的学科爱好，可是明明可以用来复习功课的时间，他不是玩儿音乐，就是和新打入的朋友圈的同学网上聊天或者出去聚会。虽然学校组织的复习课他都参加了，但除了把有限的作业写完，回到家里复习很少。老师给的一叠叠的复习题都是空白的，姐姐建议的语言复习方法没用，姐姐留的复习资料没看，儿子想学工程，而工程最需要的是数学成绩，他的数学考砸了。

焦虑，抱怨，把他的手机没收，不允许他出门聚会，不允许他玩儿音乐,语重心长地和他讲道理……这些是不是做父母应该做的?

三十几门的考试,对十六岁的年轻人造成的心理压力非常大。很多学生会恐慌,会抑郁,会放弃;很多家长在这段时间把孩子软禁在家里复习功课。儿子整个中学期间的业余时间都投入到运动中去了,在最后的半年里应付如此多的考试,压力之大可想而知。但是他克服了所有的心理压力,而他所做的一切都是有意识或下意识减压的事情。在八个 A* 和一个心理健康、阳光,能够应对压力的儿子面前,我毫不犹豫地选择后者。再说,玩儿音乐和交友,这不都是更重要的人生技能吗?

儿子没有像姐姐那样把复习安排得井井有条,我们是不是有理由指责他不在乎学习,不在乎成绩? 不是。他也许在用他自己的方式在乎,比如参加学校的复习班,比如和他的一个学习成绩很好的朋友比赛……对儿子我有足够的敬畏,敬畏他对运动和音乐的执着,对生活的阳光态度,面对压力的自我调节能力,而我看到的就是这些优点,其他的是他的个性,不是缺点。

如果我们都学会看孩子的优点,都对孩子的世界有那么些敬畏,我们的孩子就会自信、阳光,就会走出一条自己的路。

好吧,你也许说,丢掉牛津或剑桥很可惜,那里给年轻人将来的成功提供太多的机会。女儿就在剑桥,那里的机会我很明白,但是儿子要走他自己的路,这么些年来他就在走自己的路,走得踏实,走得自信,所以我爱他,如他所是,而非如我所想。

六、上高中之前的谈话

“儿子,妈妈需要和你谈谈话!”我和孩子们谈话,总是会语调非常轻松,而且强调是妈妈的需要,而不是他们做错了什么要家长指点。所以每次提出谈话,孩子们总是会立刻放下正在做的事。这样的谈话不多,一年也就几次,但是孩子们明白是值得相互探讨的重要的事。没必要格外严肃,谈话永远是在平等交流的基础上进行的。

儿子要上高中了,这是一个非常重要的时期,所以我很希望听听儿子自己是怎么想的,看看他是否需要家里支持,支持什么。我不认为自己可以指导他在这个阶段的学习,只是通过谈话,他也许能够弄清楚有些模糊的认识,或者谈话中会相互碰撞出一些好点子。交流往往可以疏通思路,激发灵感。

“儿子,你在中学这几年的业余时间都运动了,考试前复习也不多,居然还能考出这么好的成绩,你自己是不是也很骄傲啊?”开始谈话前总要把各自的心情搞愉悦了,这样的谈话才更有效,当然我说的完全是我的心里话。

“想必高中会难多了,估计光凭着课堂学习是远远不够的,儿子,你做好心理准备了吗?”

“妈妈,我会尽最大努力的!”儿子有十二万分的真诚。有了这么积极的态度,接下来就是技术问题了。

“儿子,妈妈知道你的学习方法和姐姐的不同,妈妈和爸爸也不太懂得如何应付。你选的数理化和法语,对我们来说都是很难的课程。”

儿子想了想,说他在学习当中,会找每一门课的“韵律”,只要找到了韵律,一切都变得非常简单了。他觉得科学和法语都非常简单,因为他找到了“韵律”,不太用复习就掌握得很好。这个“韵律”,我想应该是我们常说的开窍吧,但是他也有两门课至今未开窍,觉得学起来没什么规律,东一榔头,西一棒槌,所以也没考出最好成绩,好在以后不用学了。

想想我当初高考复习功课,其实也是悟出了很多课的“韵律”,就像是能够把整门课的内容用一根线串起来,线上也许会有很多小铃铛,但都会有规律地挂在线上。我把我当时学文科和社会科学开窍的过程和儿子讲了,儿子很惊讶,他原以为只有他一个人是这样学习的。有了共同语言,我们聊了很久有关“韵律”的问题,儿子也告诉我他自己更多的学习方式。

比如他喜欢给别人讲,因为每个人的理解能力不同,所以他要根据听众来决定自己从哪个角度讲,怎么讲。如果给妈妈讲科学问题,就需要各种比喻动作什么的,因为妈妈对科学的理解能力不太高。而跟姐姐交流就可以用专业术语,跟同学又是另外一种形式。总之用不同的方式讲也可以给自己提供不同的思维角度,一种内容如果从不同角度用不同方式都能给听众讲明白了,自己就已经非常扎实地掌握了。儿子突然说已经好久没给爸妈讲科学了,看来开学后免不了被他抓去做听众了。

这么一聊,儿子明白了自己找“韵律”的学习方式真的非常棒,因为有妈妈用自己的经验为他作证,这就让他对以后的课程充满了自信,而自信是成功最重要的因素。妈妈也终于明白了儿子是怎么学习的,因而对他也有了更大的信心。我坚信他对自己的强牌有了更进一步的认识,将来会打他的强牌。

谈话中我只字未提将来的成绩和大学,因为只要他懂得了如何学习,掌握了一套自己的学习方法,成绩不会太差,无论上什么大学,他都会给自己闯出一条路来。而这种学习方法是一生都会受益的。

沟通技能是情商的重要部分,如果妈妈能够非常好地掌握这种沟通技能,和孩子的交流就会很愉悦且有效。最有效的沟通从聆听开始,最该避免的是说教。

七、不想上大学了

儿子读高中第一个假期甩给我们的一句话把我和爸爸的世界彻底颠覆了。

“爸爸妈妈,我想了很久了,一直没和你们说,是因为我觉得你们一定会反对。我不想上大学了!”

从儿子的口气里,我知道他是铁了心了,没得商量了。爸爸进门,我把儿子的决定告诉他,他就那么从客厅走了出去,到厨房把一大盘冷饺子三口两口就吃完了,说是要压惊。

留下我面对儿子,我的心提到嗓子眼儿,又从嗓子眼儿里冒出去了,我支支吾吾,牛头不对马嘴地说了很多连我自己都不明白的“道理”。儿子就那么看着我,没吱声。

等最初的震惊过去之后,我和先生都平静下来。我们坚信儿子是优秀的年轻人,只是上了高中以后有些变化。大约他过去的世界很简单,随着年龄的增长,开始对未来有了更多的考虑。儿子动手能力强，最反感的就是坐在教室里听着老师满堂灌，也常常对英国的一些教育体制展开猛烈抨击，以前以为他说着玩儿，但其实他有着一个比实际年龄更成熟的渴望走入社会的灵魂，却被禁锢在目前对他来说是十分僵化的教育体系中，所以一想到这种被授课的体制还要在大学持续三四年他就加倍感到无聊。我曾在微博里写到他不愿意考牛津或剑桥，其实何止是牛津或剑桥，他不满意的是整个大学系统。

我所说的对孩子的敬畏之心，就在这个关键时刻得到最深刻的考验——我们没有斥责他，而是觉得需要进一步和儿子商讨，也许儿子的想法比我们的人生经验更有道理。

看到我们的态度，儿子来了精神，我们一起照他的设想在网上进一步搜寻。原来儿子自从一年前得到劳斯莱斯赞助的英国年轻工程领军人的荣誉后，就发现该公司有着完备的运行了上百年的学徒培训系统。我们一起找到了适合儿子的两个可选的工程项目，培训四年，边学边做，可以达到本科水平，也可以进一步深造。当然，得到这样的机会也绝非易事，他需要高考的好成绩，还需要跟他在劳斯莱斯的导师沟通，征求意见，安排实习机会，再进一步看看这条路能否走通。

虽然在英国也看学历，而且儿子的运动成就和工程领军奖能够助他考上好大学，而走学徒培训之路是“非主流”。然而，儿子一直以来的成长过程不就是用他自己的方式来定义自己的人生之路的过程吗？

我对儿子说，也许他在追寻的路上遇阻，也许他发现这条路走不通，没关系，那就再回来考虑其他路。他有的是时间，只要他是努力的，根据自己的条件积极探索，就一定能找到一条适合自己的路，我们也会一直支持他。有一点我们是有共识的，上个好大学绝不是最终目标，人生路漫漫，这仅仅是个开始，而具体怎么开始，儿子有他自己的想法。

儿子听到这些，不再犹豫，立刻给导师发信申请实习机会，又把闲置了很久的课业拿出来，疯狂学习起来。

感谢儿子能把他的想法告诉我们，给了我们一个支持他的机会。不得不佩服先生，这个一辈子没走出过校门的学者，成了儿子最坚实的后盾。

半年后，儿子通过年轻工程领军奖得到了去劳斯莱斯的工作实习机会，整整一周，这成了他人生的巅峰，过后他的老板在实习项目评语上写道："强烈建议公司给这个优秀的年轻人一个全职工作机会！"

不过，不上大学就意味着他要在最后一年高考的紧张复习中，做大三、大四的年轻人做的事：要大海捞针般地寻找各大公司的学徒机会。他要找的是能够在做学徒的同时得到大学本科学历的机会，这样的机会不多，竞争也格外激烈，每个公司都需要过至少五关：详细的申请材料、无法准备的网上测试、小组项目、面试和最后的高考成绩。当然除了以上这些，他还有自己的社交、恋爱、体育和音乐生活，一个十七八岁的年轻人如果能把这一切安排妥当，就已经成功了。一次我问儿子是否觉得太难了，儿子答："当初选择不考大学时，并没有觉得自己是选择了一条容易的路，我早有心理准备！"

儿子的未来仍然是个未知数。尽管付出了努力，但还是没有争取到大公司的工程岗位。高中毕业后，他利用了一个间隔年试着自己做生意，但又被疫情影响。不过，我坚信生活即体验，一年的创业体验让他认识到了自己缺乏很多创业知识，之后自己做了些调研，找到了一个和创业有关的专业，又进了大学。

八、选择

有人问，到底什么样的孩子才知道自己想做什么？对这个问题的答案是：所有的孩子本来都知道自己想做什么！然而现实中很多孩子却真的很迷茫，我想归根结底是我们做父母的无意识的长期系统的负面影响，我们苦口婆心地告诉他们，他们还太小，不会选择，即便是选择了，一旦一步走错，就会步步走错。

举例：

孩子说她喜欢吃冰淇淋，父母："这么冷的天，吃冰淇淋会肚子疼！"

孩子第一天上学，回家的路上父母问学了什么，孩子刚答了，父母就不耐烦："不是问你谁摔了一跤，问你老师讲了什么。"

对于乐器、运动和学校的选择，父母各处打听问询，唯独不征求孩子的意见，也不给孩子机会去试试。

孩子的朋友由父母来选。

不顾孩子的心理、生理成长规律，硬性规定早恋年龄和可恋年龄。

“你还小,你不懂”是我们的口头禅,说起来还往往语重心长,一副神秘莫测的样子,越发让孩子对未来充满恐慌,生怕出错,不敢选择,也不觉得自己有选择的能力。

来家里玩的大人,无不羡慕我的两个孩子对未来的选择,羡慕他们这么小就知道将来要做什么,常常会问我是怎么培养的,其实道理真的很简单,就是不要遏制他们的选择自由。具体如何操作呢?我们做父母的要有一个最基本的概念,就是即便是小宝宝,也有他的选择权。

比如牙牙学语的孩子,可以鼓励他们用“我喜欢”“我爱”之类的话来表达他们的喜怒。不过要记住,孩子内心的感受没有对错。如果在这个表达感受的初期,我们就去打压和评判,孩子就会慢慢自卑,不敢去表达了。

“妈妈,我喜欢吃那种糖!”

“吃糖对牙齿不好,不能吃糖!”

“妈妈,我想去游乐场!”

“游乐场人多,我们还是去博物馆吧!”

“妈妈,我不喜欢吃菠菜!”

“菠菜有营养啊,你怎么能不喜欢呢?来来来,多吃点!”

“妈妈,同学约我出去玩儿!”

“玩什么玩?看不见我已经做好饭了吗?吃完饭再去!”

以上都是父母无意识地对孩子的喜好进行评价或者打压,或者根本没有觉得孩子有表达喜好、做选择的权利。其实让孩子表达自己的喜好,就是给了他们培养创造性和批判性思维的最好的契机。简单得很,先态度诚恳地问个“为什么”,然后静静地听着孩子给你讲出他的小道理，不过这个过程一定要避免评论，哪怕是最荒唐的道理。

“因为糖纸好漂亮！”

“因为我想去游乐场玩滑梯！”

“因为菠菜太难吃了！”

肯定孩子的感受，如果真的不能满足孩子的愿望，就把原因归结到自己身上，而不能认为孩子的情感有错。

“游乐场的滑梯你玩过，真的是太好玩了哎，妈妈也想玩儿呢。可是现在啊，妈妈要去上班，看看咱们能不能约个别的时间再去。”

至于那个约了朋友的孩子，他的朋友又不知道你刚做好饭，做饭是你的选择，不能因为做了饭孩子就必须放弃和朋友的约定。

小孩子的喜好是感性的，只要父母鼓励，不打压，不评判，孩子在大一点以后，就会逐渐过渡到更理性的阶段，比如我强调孩子要买贵一些的东西时，都要给出三个理由，只要是发自内心的理由都算，说出来就买吧。

孩子在幼儿园或学校，父母都很希望知道孩子每天学了什么，做了什么。那么怎么问呢？给孩子发表自己见解的机会。

“宝宝，今天幼儿园有什么有趣的事儿？”

“儿子，周末的比赛有什么有意思的事儿？”

“女儿，这次夏令营你最喜欢的是什么？”

从这点入手，你会得到很多很多你意想不到的细节。

这样长大的孩子，知道父母尊重自己的感受，尊重自己的选择，知道无论做什么选择，都是一个成长的过程，没有什么对错，更没有什么一步走错、步步走错的道理。他们也越发会自信，会遵从自己内心的感受，也更会理性选择。其实我们人生的每一步，都是一系列的选择，没人有能力预测未来，所以没人知道我们目前的每一步是对是错，选择就是个过程，人生也是，享受这个过程，就会有个圆满的人生。

我的孩子并非比别的孩子更有想法，仅仅是因为我们允许、接纳他们的感受并维护他们的选择权。

那么如何面对人生的一些比较重要的选择？我们要谈谈两个误区，一是父母全部包办，二是父母撒手不管。

会有一些人说他们的父母给他们做的选择很好，因为他们一直过着安稳的生活。父母也会回头看看孩子的路子，觉得一切都按照计划来，很顺利很幸福。这里我举个例子，认识这位小伙子时他刚上高中，父母为他选了学医。父母本身不是学医的，但是看到医生朋友的生活，决定要他们的儿子来实现他们自己的理想。这个年轻人虽然很不情愿，但还是读了医学系，如今是医生，收入颇丰，已在伦敦买了房子。在别人眼里，父母是有多么英明，他们的选择要比十几岁的毛孩子的选择正确得多，没兴趣没关系，兴趣可以培养嘛。但是这个年轻人常常会和我聊天，我看到的是一个因没有机会做自己喜欢的事而在痛苦中挣扎了二十多年的灵魂，他恨父母，恨自己，恨工作的医院，恨病人，恨整个社会。他是个文艺青年，梦想做与文学写作有关的工作，然而医学是一个需要全部投入的学科，虽然也曾努力过，终究没有时间追梦。我眼看着一个当初乐观向上的年轻人一步步变成压抑、愤怒、痛苦不堪的中年人。

也有父母在孩子成长过程中一直都在替他们做选择，然后突然醒悟或迫于压力，放手让他们自己去选择，结果是孩子根本不敢选，因为没学会选择。这时候如果父母再盯着孩子，看他们到底能不能选对，那么他们一定会失望，因为刚学习的东西一定要经过试错，一旦发现错误，就认为孩子没有选择能力，结果只能是父母代替孩子选择一辈子。

也会有很多孩子逐渐适应了父母的选择，庆幸听了父母的话。如果发现自己的兴趣和父母的选择正好一样，那么祝贺你。但是我的生活和我的职业都是我自己的选择，我只能告诉你，激情下的努力真的很舒畅，成就感真的很高，过自己喜欢的日子，做自己喜欢的事那种感觉是无法用语言来形容的，生命的质量真的不一样。

这就自然地谈到父母撒手不管的这种情况，父母完全按照孩子自己的兴趣来，美其名曰给孩子自由，事实上是完全没有履行做父母的责任。

有人说这个度很难掌握，其实很简单，就是要帮助孩子做“知情决策”(informed decision)，即和孩子一起综合各种可能，做深入咨询，全面查找资料，进行各种体验，分析优势和弱势再结合孩子的特点做出的选择。这绝不是头脑发热的行动。

在前面章节中对我的孩子选择学校都做过描述，后面还会谈及他们在乐器、运动和专业等方面的选择，每一项选择都是我和孩子一起多方面调查研究后的结果。儿子换学校，列出了整整一张纸的优势弱势，还到新学校试了一天。世上没有一项选择是十全十美的，为了选择更适合自己的事，甚至会放弃自己喜欢的一些东西，这是一个复杂的过程——某种程度上选择就是放弃。至于工作职业选择，更是要父母帮助孩子做各种职业分析。有能力的父母应该在帮助孩子的前提下，鼓励孩子自己学会各种调研方式，认识到自己的优势弱势，从而做出选择。不管能力高低，父母只要鼓励孩子就行，他们一定能够逐渐学会选择。

有些父母把选择权交给孩子时会带着一个可怕的条件：“你自己做的选择，你自己负责，不要后悔！”我认为，孩子当然可以后悔。前文提到选的中学有变故，女儿后悔的事，谁也不可能料事如神。年轻人选专业、工作、男女朋友等，可能都会出现一些预想不到的状况，如何处理生活中的变故就需要强大的自信和逆商。这在后面的章节中会有更详细的叙述。

A Promise in the Valley of Roses

第三章
家有二宝

如果你在生二宝之前，帮大宝做了充分的准备，
当二宝出生后，大宝对其爱护有加，一派和气，
那么祝贺你，你是极少数的幸运者！

第三章
家有二宝

一、二宝来临

如果你在生二宝之前，帮大宝做了充分的准备，当二宝出生后，大宝对其爱护有加，一派和气，那么祝贺你，你是极少数的幸运者！

有人将二宝出生时大宝的感觉非常形象地比作丈夫将情人带回家时妻子的感觉，这绝对不是夸大其词，人类的进化决定我们会不惜一切代价追求安全感，当感受到突如其来的挑战时，人会出现各种负面情绪，成年人尚且控制不了，更不用说小孩子了。

我们大多数是普通人，我们的孩子也一样，所以在二宝出生的那一年里，我遇到了各种问题、各种压力，现在回想起来，我常有一种向全家疯狂道歉的冲动。

既然我们都是普通人，问题也避免不了，是不是就没有说的必要了？昨天远足，我和一位心理咨询师朋友说："如果当初我的二宝出生时，有人能够把这些问题解释给我听，也许我就不至于会那么烦躁，对大宝会更耐心和理解，至少可以和家人达成更多的共识，减少相互抱怨的可能。"

明智的父母在计划要二宝时，就会开始帮大宝做一些准备，借此机会告诉他新宝宝出生是怎么回事，让大宝参与给弟弟或妹妹准备东西等。当然，父母也会充分意识到大宝还是个孩子，所以不能要求他立刻担负起做哥哥或姐姐的责任，也不能要求他事事都要让着二宝。明智的父母更不会对大宝开那种有了二宝就不要大宝的玩笑或者借机在任何方面要挟大宝。

在我们为大宝做心理准备的同时，大宝会用他自己的尚未建立很多联系的大脑神经想象这个未来的家庭成员，而这个想象也许和我们大人希望的大相径庭，更可怕的是我们根本无法猜出孩子们想象的是什么情形。

记得女儿两岁零七个月时儿子出生，我们夫妻自以为让女儿做足了心理准备，女儿也常常抱着妈妈的肚子听小婴儿的心跳声，到了最后的几周，女儿和我们一样等不及了。儿子出生那天，爸爸带着女儿去买了好大的气球、鲜花和贺卡，女儿一路蹦跳着来到病房，可是一眼看到我在给儿子哺乳，她的笑容连同她整个人都凝固了，她脸上掠过了世上最复杂的表情，也许她小脑袋里的想象和现实太不一样了吧。在爸爸的鼓励下，她终于慢慢爬上了床，开始去摸弟弟的小手，然后大家都不知道怎么搞的，女儿突然摔下了床，大哭起来，也许她终于意识到，妈妈的全部关注都给了正在睡觉的弟弟，她不再有妈妈完整的爱了，所以用这种极端方式引起关注。

之后的日子很艰难。刚有二宝的妈妈很多都有这种心理，就是搂着弱小无助的婴儿，再看大宝，就突然觉得大宝哪儿都大，脸大，身子大，手大……心理也就下意识地认为大宝应该长大懂事了，所以也慢慢对大宝的要求高起来。记得我的英国朋友曾经对她三岁的大儿子训话:“你都三岁了,该懂事了,居然还做这种事情!”后来想起来颇后悔,三岁的孩子啊,才三岁……

大宝不但要承受爸妈甚至亲戚朋友对自己突然的苛刻,而且还要承受自己想象幻灭的打击——弟弟妹妹原来就是一个呆呆的肉球,还整天霸占着妈妈,也不能跟自己玩儿,而且更可怕的是,他永远待在家里了,退也退不回去了,简直是世界的末日啊……

这时候的大宝潜意识里就会觉得如果我回到了小宝宝的阶段,妈妈会像以前那样抱我。于是常常会出现“后退”的行为,本来相对成熟的大宝,可以讲道理的大宝,往往会变得脾气暴躁,因为回不去小宝宝阶段,争取不来妈妈全部的爱。大宝还有可能要哺乳,或者本来自己独立吃饭了,突然要大人喂;本来可以自己如厕了,突然又开始尿床;夜里有梦常常醒来,不能自己睡觉,甚至会莫名其妙地生病。

上幼儿园或者上学的大宝开始用各种方式来抢回爸妈的关注。最先可能是积极的,比如帮妈妈照顾弟弟等,一旦发现表现了半天,妈妈还是整日搂着弟弟,一招不成就换招,各种捣乱,各种反常举动,不但在家里,在幼儿园、学校都是,目的就是吸引人的关注,好的关注得不到,哪怕被妈妈骂一顿,也比不被关注强。

这一切更加剧了妈妈的烦躁,照顾新生婴儿本来就是一件艰苦的事,这时候多希望大宝能够自立,不用自己操心。这时候如果有爸爸来给大宝关注,可能会减缓一下矛盾,但是爸爸的爱是永远代替不了妈妈的。

当时我们意识到这些,女儿已经看上去消瘦了很多,她沉默了,不太爱笑了。之前我患了好几次乳腺炎,疼得根本不能抱她,晚上睡不好觉,白天对她也没好气儿。后来爸爸行动起来,带着女儿去游泳,出去玩儿,创造各种单独在一起的活动机会;二宝开始睡整觉,我也感觉好多了。再后来弟弟能和姐姐互动了,才又看到女儿的小脸圆起来了。

如果能够明白大宝行为背后的原因,能够意识到自己可能对大宝的期待过高,意识到这一切都会过去,会很快过去。如果能够在自己心情平静的时候安抚大宝,尽量给大宝一些关注,而不是一味地责备大宝,也许日子会过得快一些。

如果是五六岁以上的孩子,就可以和他们谈谈了,可以诚恳地告诉孩子妈妈爱你,并为要照顾二宝而忽视了大宝而道歉,然后再难也要给大宝独自拥有你的时间,每次都告诉大宝,二宝还小,才需要妈妈更多的照顾,但是请大宝帮帮忙。一旦有变化,一定就事论事地鼓励,抓住一点点细小的进步鼓励,努力去找大宝好的方面,只有这样,你才能把你的着眼点落在积极方面,这是唯一可以和大宝重建亲子关系的办法。需要的话,也可以和家人谈谈,让大家都意识到大宝也有需要,而你们把他的需要忽略得太久了。

辛苦时会觉得时光过得太慢,其实二宝很快就会笑,就会玩儿,而不是一味地吃和睡;大宝也会很快重新发现,二宝不是永远地占据妈妈,还可能成为自己的玩伴儿,这期间也就是几个月,不到一年的时间,以后便是终生的手足。如今我的二宝已是二十三岁的大小伙子了,目睹了他们在一起的二十多年的美好时光,想到他们这一生的姐弟情,那几个月的苦又算什么呢?

二、姐弟情

儿子即将出生时，我们有个选择，可以把女儿送回国内，这样我们好照顾新生婴儿。这也是很多在英国的中国家庭的选择。因为英国很难雇保姆，也没有小时工。

不过我们放弃了这个选择。我们的一家中国朋友给我们讲述了他们的经历:二宝快出生时,父母将两岁的大宝带回国内,留给奶奶,没和孩子告别就悄悄回了英国。两岁的孩子已经懂事,当时看到爸妈收拾行李就喊着坐飞机,只是奶奶带着出了趟门,回来行李没了,爸妈也没了,他认为爸妈不要他了。弟弟几个月大时,奶奶带着他回到爸妈身边,看到妈妈怀里有了弟弟,心想,原来爸妈不要他是因为妈妈被弟弟占领了,于是气儿不打一处来,想方设法欺负弟弟。

大宝从是爸妈的唯一到要和弟弟妹妹分享爸妈的爱,这是一个非常艰难的认知过程。现在再看女儿当时消瘦的照片还觉得心如刀绞。不过不到一年的时间,弟弟就可以和姐姐玩儿了,姐姐已经俨然是弟弟的小保镖,也恢复了从前的快乐,笑脸又回来了。

孩子们长大一些了,可以一起玩游戏了,问题又来了。儿子自然在玩游戏上不如姐姐,不过我的感觉告诉我,不能一味地要求姐姐让着弟弟,姐姐也是孩子,这对她不公平。哥哥姐姐照顾弟弟妹妹,这是人的天性,如果被父母强求,往往适得其反,因为哪里有不公平,哪里就有反抗,这样反而会伤害他们自然的亲情。再者如果在游戏中让,就意味着作假,反而失去了游戏的意义。一旦弟弟养成了被让的习惯，岂不是滋长了他的霸道？这个世上，除了家人，还有谁能一味地让着他呢？大宝、二宝有他们各自的命运，大宝出生有父母的全部关爱，二宝出生有了竞争环境，但也有了玩伴儿。这个游戏原则被我们用在生活的各个方面，只要我们能够公平对待两个孩子，他们之间就没有那么多负面竞争，而能够保持最美的亲情。

接下来，孩子们有了一些业余活动。很多父母为了方便起见，就让两个孩子参加一种活动，接送方便。其实若为了方便，在家待着岂不更省事？活动是孩子们发现个人兴趣的机会，也是孩子们寻找自己潜能的机会，两个孩子脾气秉性各不相同，自然兴趣潜能也不同。儿子、女儿有各自的特长和活动圈子，他们为彼此的进步加油，也交流彼此的感受。儿子的大赛事，女儿有时会参加；女儿的音乐会，儿子也会去听。这样，二宝也永远不会笼罩在大宝的成就里。

当然，毕竟是孩子，两人也会拌嘴，我们很少介入，拌嘴是他们生活中的一部分，也是解决矛盾的一种途径，慢慢地，他们会琢磨出更好的相处途径，这就是成长过程。父母一旦介入这个过程，会影响他们独立解决问题的能力发展。当然，有时我们也会给予一定的帮助，尤其是因为各自的情绪问题而迁怒他人的情况，比如姐姐有起床气，这时候弟弟就避免逗姐姐；弟弟青春期情绪爆发，姐姐也明白不是冲着她来的。

如今姐姐已经工作了，弟弟也要大学毕业了，二人早已分开，各走各的路，但他们的亲情常常让我们做父母的深深地感动。一年夏天，弟弟独自去德国看望在那里工作实习的姐姐，姐姐为了迎接弟弟做了拿手好菜,姐弟俩度过了一个难得的周末,弟弟回来后激动得不行。希望他们之间的亲情永远伴随他们一生。

三、兄弟俩

有个朋友，多年来在育儿方面给了我无尽的启发，每每遇到令人焦虑的事，耳边总响起她慢悠悠的声音："别急，别急，过两年就好了！"很多事情，没过两年就好了，没好的也都忘了。我在这里记下朋友的两个儿子的一些事情。

这位朋友在儿子们小时常常对孩子不放心,也常和儿子们争吵,吵不过儿子就到我这里来诉苦,一次终于把儿子战胜了,也到我这儿来报功。爸爸是儿子们的好朋友,爱和孩子们讨论事情,后来孩子们大了,懂得多了,开始嫌弃爸爸说话不严谨,动不动就要爸爸提供事实依据,因此也常吵。

两个儿子从一出生就打架,不,从开始会出拳就打。什么都比,比急了就打。一次两人都发烧了,还比,比谁的体温高,差点把妈妈也气发烧了。哥哥气盛,弟弟打不过,学会了“曲线救国”,做事委婉周到,人缘好。直到有一天为打网球的事把哥哥的手腕打伤了,哥哥自此不敢再轻易动手。妈妈私下高兴,老二也有了出头之日。

哥哥学习不用功,妈妈常发愁,逼又逼不得。哥哥的宣言是:用最少的时间达到最好效果。妈妈嫌他不细心,不追求满分,因为以他的能力完全可以拿满分,这又成了常年争吵的诱因。吵到最后，把儿子吵进剑桥大学去了，妈妈自此不再多说。

弟弟因要和哥哥比，所以相对用功一些，又深得人心，所以妈妈不大和他吵。十几岁的时候，哥哥极爱吃肉，长胖了，到了十五六岁，自我意识增强，开始注重外表，一身肥肉早已被练成一身肌肉。和朋友出去山地骑车，爸妈多次嘱咐他带上修车工具，他不听；车坏了，朋友陪着走了八个多小时山路，从此以后每次出行都认真带好工具。

吵吵闹闹的，孩子们长大了，进了最好的学府，父母也都老了。

对这两个儿子，你尽可以给他们贴标签：打架，不懂事，对父母不礼貌，对学习不精益求精……若不是他们两个双双进入剑桥，都是礼貌懂事的孩子，我们会不会得出结论：我可不想让我的孩子这样。

事实上，这就是再正常不过的孩子，打架是兄弟姐妹生活的一部分，一种特别的示爱方式。谁也躲不过青春叛逆期，程度不同罢了；谁都经历过自我意识强的时期，挑战社会，从挑战父母开始；不吃亏，哪里学得会。

我正在走的路，往往是我的朋友已经走过的，所以她会安慰我。有这个朋友我很幸运，没有她，我不会这么放松。下辈子我要比她先要孩子，也好安慰她。

A Promise in the Valley of Roses

第四章 沟通

最近有妈妈问，三岁孩子脾气倔强，
什么事都要由着自己的性子，怎么办？

第四章 沟通

一、和小孩子说话

最近有妈妈问，三岁孩子脾气倔强，什么事都要由着自己的性子，怎么办？

孩子在两三岁的时候自我意识大增，有了自己的各种要求。妈妈的抱怨无非是孩子没有按照父母说的去做。比如孩子要在外边玩，妈妈觉得天黑了，得回家吃饭了，可是孩子就是好说歹说不听，所以这个孩子太任性了。其实两三岁的孩子根本还没有发展出我们成年人的常识心，比如天黑了就要回家，到吃饭时间就要吃饭，妈妈要上班不能迟到，其他孩子的玩具不能抢，不能在马路上乱跑，等等。这些常识需要孩子在漫长的成长过程中通过观察和家长的耐心讲解才能逐渐理解。而他们现在能认知的是：我现在正玩得起劲儿，不想回家；我不饿，所以不吃饭；我喜欢那个孩子的玩具，我也要玩儿；在马路上跑很过瘾……

在孩子还未达到我们所要求的认知水平时，我们就给他们贴上不听话、脾气大和问题孩子的标签，这种想法是不是很荒唐呢？如果孩子们也像大人一样给人贴标签的话，他们一定会这么想：我本来玩得起劲儿，妈妈非不让我玩儿；我本来不饿，妈妈非让我回家吃饭，妈妈也太任性了吧。

这里有两条路可走，一条是我们蹲下和他们说话，也就是尽量去理解他们，因为他们理解不了我们。你看着孩子的眼睛告诉他你知道他想继续玩下去，但是妈妈的肚子饿了，需要宝宝陪着回家吃饭。其实不管你说什么，两三岁的孩子完全可以听到你的话，感受到你的情绪，即便他们不理解，看到你能理解而没有责备他们和看到你不耐烦地说他们任性时孩子们的感觉是完全不一样的。当然在我们努力去认知他们的时候也不能强求自己对孩子什么都懂，那是儿童心理学家研究的问题。当我们也不懂他们的行为的时候，请坚持一个想法，孩子有他自己的意愿，我暂时不懂，但愿意努力去发现和理解。

还有一条路就是在孩子更小的时候就培养一种习惯，让他们的生物钟适应家里的作息时间。比如晚上睡觉前要安静，避免玩激烈刺激的游戏，或者洗个热水澡，然后上床讲故事，看书……慢慢让孩子习惯这种作息时间。他们能够理解早起早睡身体好的道理，那是很多年以后的事了。

想告诉孩子打人不好，要尽量避免严厉批评，可以去安抚一下被打的孩子，然后耐心认真地告诉孩子打人不好，因为被打的小朋友会受伤。但是不能指望孩子一次就懂，就不再打人了，这同样有一个认知过程。

这里我只想替所有小孩向新妈妈们请求：“不要给我贴标签，我不是任性，我只是还不懂。”

二、一贴膏药

总有人问起："你是怎么教育孩子的？"就好像有那么一贴膏药，任何疾病都能药到病除。不过细想想，对于创建一个理想的亲子关系我的确有那么一贴膏药，特别灵，那就是"尊重孩子"。我所做的其实就是认真地尊重这两个小生命，如同我尊重我那些许许多多的学生。

爱，我们每个做父母的都有，是出于本能的。尊重就有些难了，而正是对孩子态度的不同，尊重的程度不同，造就了不同的亲子关系。

举几个例子吧。

先说有关吃饭的问题。我做自由撰稿人的那几年，工作常常很投入，有时先生做好饭喊我吃，我正在灵感当中，停下来真的很难，如果他能提前十几分钟告诉我，我就会把工作安排妥当，至少可以告诉他我还需要多长时间。换了孩子也一样，他们正在做他们认为重要的事情，比如玩游戏，看电视，与朋友聊天或者写作业，也同样很难立刻就放下。不要说玩儿不重要，每个人都有自己认为重要的事儿，我们永远不能把自己的意志强加给别人，尤其是孩子。再说如果他们是和朋友聊天，总要说个再见什么的，要不然多不尊重别人。所以我会提前十几分钟提醒他们一下，好让他们有时间把自己的事告一段落；如果他们需要更多一点的时间，我会考虑。得到如此的尊重和信任，孩子们也不会失信，因为如果他们一拖再拖，就是对父母的不尊重了。

吃饭的时候，是一家人交流的时间，既然给了预先提醒，手头的事情就可以放下了，如果吃饭还在玩手机，就是对别人的不尊重。当然，我们有更有意思的事情要聊，饭桌上常常是谈笑风生。

孩子在学校的情况，做父母的无疑希望了解得很详细，但是我们父母希望了解的往往是孩子的学习情况、有没有受人欺负等，而孩子需要成长到一定年龄才能体会到父母的重点，他们自己上学的重点可能就是玩儿。从这个角度出发，你上来就问今天在学校做什么了，可能根本得不到你想要的信息。想想我们自己做了什么事，别人问起来，我们总会先说自己认为最有意思的，孩子也一样，他们会告诉我们一些他们认为有意思很重要的事情。比如他们可能会告诉你哪个小朋友摔了一个跟头，或者谁上课放了一个响屁之类的。所以父母要想从孩子口中得到自己想要的信息，无疑应该从孩子认为的重点着手。比如儿子出去打比赛回来后，我总会在他看上去想聊天而且不是很累的时候，问问他这次比赛有什么好笑的事情没有，他说的事情即使不是我想知道的，我也会耐心听，这是对他的尊重，那么他就会滔滔不绝，把我想听的都说出来了。如果你总要和孩子谈那些他们明显不感兴趣的事情，久而久之，孩子就不会和你聊天了，因为他喜欢的不是你喜欢的，你又不尊重他，所以话不投机半句多。这里还是有个小窍门的，你只要问他们最有意思的事是什么，而且不对他们的话加以评判，孩子们就会愿意和你交谈。

再说说困扰很多家长的睡觉问题。父母除了可以给孩子创造一个合理的作息习惯，还可以这样，到了时间就给他们一个选择：

"宝宝是想立刻就上床睡觉,还是想妈妈陪着读十分钟书再睡呢?"如果宝宝都不要,好,"爸爸妈妈要睡了,你还想自己玩儿吗?"然后就去睡,宝宝一旦反悔,立刻鼓励,重新给选择。等孩子大一些,你认为他们的睡眠时间是个问题,就有必要心平气和地和孩子商量一个睡眠时间,至于如何和孩子商量,在我之后的章节里有具体办法。其实任何问题,都可以用这样的手段去解决,这种方法是建立在相互尊重基础上的,所以很容易建立一种相互信任的关系。但是对于睡眠时间,也不能一刀切,我女儿是那种晚上极精神的人,小时候就这样,和她商量好睡觉,很晚了还自己躺在床上唱歌,就是不困。当然她的睡眠质量是极高的,所以我就允许她晚点睡,只要白天不会因缺觉打瞌睡就没问题。儿子是早晨清醒那种,所以晚上要早睡,但长大了以后,作息时间和我们就很不一样,住在一起懂得相互尊重就行了,没必要要求孩子和我们一样。

家有二宝,会遇到孩子们相互攀比的问题:"为什么你给弟弟买了玩具不给我买?"有时家长会很生气。其实他们之间的攀比往往是家长造成的。"你看你,怎么就不能像姐姐那样稳稳地坐着?""你看弟弟吃饭吃得多好,你怎么什么都不喜欢吃?"如果家长时时拿两个孩子比,就别怪孩子们之间互相攀比了。我认为攀比是对孩子极大的不尊重。每个人都是不一样的,有的孩子在长个儿,会经历一段猛吃猛喝时期;有的孩子是"肢体智能",就是好动。我们家里,姐姐学习永远要在自己屋里安安静静地学;弟弟常常需要在和别人互动的时候学,所以他自己卧室里的写字台从来没用过。如果我们大人,包括家长和老师能做到尊重孩子,不拿他们乱比,孩子们就不大会互相攀比。

孩子很小的时候，出门前我常常要决定给他们穿多少衣服。英国天气变化多端，每次出门，遇到孩子不想穿衣服，我总会让孩子开门感受一下，看看是不是很冷，再决定穿什么衣服。我绝不会对他们喊大道理："这么冷的天，你穿得太少了！"孩子大一点了，会看手机的天气预报，自己决定穿什么。尽管如此，有时候他们还是穿得不合适，我还是老办法，出去先试试，如果很冷，我会说："外边真的很冷啊，女儿要不你自己试试，看看要不要多穿一件？"基于事实的建议要比基于经验的说教有效一百倍。

有专家会建议孩子要做多少家务，要多么独立等，这也成了很多家长焦虑的原因，回到家不管有没有事先教过孩子，只要他们达不到所谓专家标准，就会苛责他们："你都这么大了，这点自觉性都没有？"每个家庭的情况都不一样。在我的家庭中，儿子除了把自己的事管理好之外没有太多家务。女儿会熨衣服。有时我太忙了，会请他们帮忙。我想说的是父母要有足够的自信去打破条条框框，只要我们对孩子有足够的尊重，他们就会正常地成长。

也许有的父母自己就从未被尊重过，不知道如何去尊重孩子。可以试试这个想法，如果是自己不愿意做的，就不要强求孩子。"己所不欲，勿施于人"，尊重其实就这么简单。

三、和大孩子谈话

前两分别提到了和婴幼儿、小学生互动的方式，这节继续探索如何与大一些的孩子谈话。我要说的互动方式是我们家里多年来一直努力的方式，我坚信这对一个家庭的亲子关系、对孩子的价值观、对他们在学校和将来走入社会都有着至关重要的影响。

还是先举例吧。儿子正要往他的奶茶里放糖，爸爸顺口来了一句："糖是不健康的。"儿子回："那我们可以用半糖。""半糖？"我和老公都没听说过，不过老公接着说："用棕榈糖不是更好吗？"

儿子立刻反驳："不对，棕榈糖和白糖一样不健康！""怎么可能？"我刚想表示不同意，转念对儿子说："我去查查资料吧，看看咱们谁说得有道理。"

上节提到，基于事实的建议比基于经验的教育有效一百倍。我马上上网检索了一下，就看到有人说红糖比白糖健康，性子急的可能立刻就会把这条给儿子看。但是网络资料来源的可靠性需要考证，我看了一下此条的来源，属于广告性质。继续查，看到最新的一篇权威文章提到大家通常认为棕榈糖更健康的原因，并用加工程序的科学数据进行分析得出结果：棕榈糖和白糖一样不健康。

我立刻告诉儿子我的查询过程和结果，这时我和老公都开始认真听儿子讲解半糖的用处："其实大家认为棕榈糖更健康，可能是由全麦面包比白面包更健康那儿得来，而商家就是因此而大做棕榈糖广告，使得棕榈糖价格提高，欺骗了消费者！”

“好样的，儿子，给爸爸妈妈添了不少知识。可是若是十年之后，科学发展了，那么棕榈糖和白糖……”

没等我说完，儿子就明白了：“我说的至少是现在已经证明的科学。”

在我们成年人的生活中，有多少道听途说、基于经验，或者想当然的“道理”，我们常把这些“道理”当作科学拿来教育孩子，不允许他们辩解，根本不听他们的意见。家庭中的独裁实在是太普遍了，而我们的孩子在这种独裁环境中逐渐失去了对科学、对历史、对世界以及对人的敬畏。下边列出几条我们用来教育孩子的所谓“道理”：

冷天在外边玩耍会感冒。

吃凉的会胃疼。

简单的题都不会做说明你太笨了。

我的孩子打人是我教育的失败。

十几岁的孩子偷看色情片是坏孩子。

没有领导才能总跟在别人后边的孩子就是没脑子。

别人会的东西我的孩子不会就会影响他的自信。

多学早学东西会让我的孩子在其他孩子面前很自信。

学这个专业没出路。

兴趣爱好能当饭吃吗？

……

这个单子可以无限地列下去，我只是想说我们父母不是先知先觉，你过的桥比他吃的饭多也不证明你永远比他正确，要平等民主地和孩子互动。

四、沟通方式

首先绝不能唠叨！从做老师和做妈妈的多年体验中，我深知唠叨不但解决不了任何问题，还极有可能坏事，就是孩子对你所有的话都不听了。有人会说，多次唠叨都不听，那怎么办？既然多次唠叨都不听，为什么还要唠叨呢？

无论孩子多小，如果有需要想和孩子正式说话或谈话时，一定是要找一个双方都很放松的时间。原因很简单，我们平时可能会遇到很多这种情况，在外边听到或看到别人的孩子在哪方面很优秀，立刻对自己的孩子有了负面评价；或者和同事家人朋友闹了不愉快，心里不顺畅，回家看孩子也不顺眼了。所以从妈妈的角度，要找一个心理正常放松的时刻，以免因自己的情绪问题而对孩子不公平。有时候当下觉得是问题，过一阵子发现根本没事儿。当然，孩子如果正投入在自己喜欢的事儿上，不能硬让他们停下来，可以好好和孩子说："妈妈有事儿想和你谈谈，你看你做完了这些咱们谈谈可以吗？"或者，"你再做十分钟，然后咱们谈谈可以吗？"

这种正式谈话不可过多，否则任何谈话都正式了，生活还有没有乐趣了？该玩笑，该说点儿浑话，该不着边际天马行空一番就去做。玩儿归玩儿，严肃归严肃，这样孩子们和我们玩儿起来才放松，严肃起来才会认真。

最重要的是,谈话一定要在得到孩子全部的注意力之后。如果孩子三心二意,一定要等到他把注意力集中在我这里才行。这就是在告诉孩子,妈妈在认真和他谈话的时候,需要他的尊重。孩子只有学会了尊重父母,才能进一步去尊重别人。而懂得尊重别人的孩子,才会要求被尊重,要求被尊重是孩子在社会上立足的一个首要条件。我如何知道孩子的注意力在我这里?孩子要看着我,眼神不能游移。

在我要求和孩子谈话时,口气一定是平静而坚决的,让孩子感到这是一件重要的事情。在谈话之前,我会把要说的事情在大脑里整理一下,一步到位,干净利索。一旦拖拖拉拉,孩子立刻就失去兴趣和注意力了。这也是做老师的大忌。

我和孩子的这种谈话不多,记忆中有为了解决早晨拖拖拉拉不起床的问题,发现儿子撒谎,旅行前签合同,转校,是否坚持运动,性教育,看到他遇到困难而鼓励他,等等。或者家里有什么大的决定,比如当年我换工作或搬家等时和孩子商量,听听他们的意见。不过更多的是看到孩子们的成长和进步而发自内心地表扬他们。表扬也要正式,正式地告诉孩子爸爸妈妈看到了他们的进步,由衷地为他们祝贺。谈话时间长短不等,有的几分钟,有的半小时。对儿子,我常在他睡觉之前谈话,这时候的谈话多是告诉他我看到了他的进步,他听了会内心里喜滋滋地睡个好觉。

在上述所列的谈话中,其实只有早上不起和撒谎是问题,其他都是可共同协商的事情。即便是问题,也不能开口就批评孩子,这样谈话就没法进行下去了,永远记住谈话是为了解决问题。

可以把问题先提出来,看看孩子有什么解决方式:

“儿子,我看到爸爸每天早晨叫你起床,每天都气呼呼的,我相信你不想把老爹气死吧?那好,你想个辙吧,你总是比我有主意。”

“孩子们,你们知道妈妈爸爸每天下班回来要做饭,常常很累,做了饭你们若是抱怨这个抱怨那个,很伤我们的心。就像你们费老大劲儿做了什么,爸爸妈妈说不喜欢你们也会失望,是吧?”

“儿子,妈妈昨天在网上给你付款,看到你一直以来都没吃午饭……”

我的态度永远是诚恳的,因为我总是找一个大家都心平气和的时候。现在一说要谈话,孩子们会主动把手头的事立刻放下,他们都知道有重要事情,这是他们对我的尊重。当然如果孩子们想和我谈谈,我也会立刻给予全部关注,这是我对他们的尊重。

谈话的目的和方式谈了,如果是问题,解决要靠双方努力。对于大点的孩子签协议很有效,因为协议是双方的,有双方要履行的义务,不能随随便便把问题说成是孩子的错误。如果是表扬,要具体诚恳,不说大话空话。

举个例子。儿子小时候早晨起床很难,爸爸叫多了父子俩就吵起来了。于是爸爸唠叨,儿子照睡他的。后来爸爸开始威胁:“明天不叫你了,迟到了自己负责。”儿子赌气:“不叫就不叫!”结果到时间了还没起,爸爸怕他迟到,还是忍不住去叫了他,于是又开始了唠叨的恶性循环,搞得一大早就不愉快。后来和儿子坐下来,告诉他妈妈不喜欢每天早晨家里有人不愉快,人每天都应该高高兴兴的,问他怎么办?儿子说爸爸老催我。

“你不喜欢爸爸催你?”

“不喜欢!”

“那妈妈有个办法，妈妈给你买个‘炸弹’闹钟好不好？”

一听说“炸弹”闹钟，儿子来劲儿了，从那时开始儿子自己听闹钟醒。当然被叫了那么长时间，已经有了依赖，加之年龄又小，所以中间也反复了好几次。等我们和他说好以后不再叫了，就说话算数，儿子是绝对不喜欢让老师批评的人，所以有了两次差点迟到、我们也不催也不急的早晨，他才真正负起这个责任来。现在他手机订闹钟了，当然有时我也会去叫他。只要大家都愉快就没问题。

另一个沟通方式是就事论事。

先看看下面几个例子

“都几点了还不睡觉？这么晚睡明早怎么上学？”

“家里有多少橡皮泥，你怎么还买？”

“你看你把衣服都弄脏了！”

“考成这个样子，还想上大学吗？”

“作业写了吗？还没写？那你怎么玩得这么上劲儿？”

“垃圾食品吃多了不好，跟你说了多少次了还要！”

如果你说过类似以上的话，孩子可能就会恼怒，发脾气，或者不合作。只有在我们和孩子的交流语言中完全杜绝类似表达方式，我们才能真正做到“就事论事”，才能真正获得和孩子们沟通的法宝。

怎么做？先看这个情景：

你的客人冒雨而来，临走时忘了带伞，你拿起伞追上走远的客人，你会对他说什么？

“你怎么这么粗心把伞都忘了？”

“你忘性也太大了吧？你看害得我还得追出老远！”

“想什么呢你？伞忘了知道吗？”

相信我们对客人都不会用上述的语气说话，我们可能就是“就事论事”地说：“你忘带伞了。”

这就是我说的“就事论事”，和孩子交流，只需说事，毋需带任何情绪或者大道理。比如上面的几种情况，就事论事的口气就是：

“快九点了，你要准备睡觉了吗？要妈妈帮忙吗？”

这里用“要”而不用“该”，前者是肯定孩子的内在主动性，这时他即便是根本没想到睡觉，也何不顺水推舟地说自己在准备了，然后用自己真的去睡来证明。这点对爱人也适合。

“妈妈知道你喜欢橡皮泥，家里的都用完了吗？要是没用完，那咱们用完了再买好吗？”

如果孩子说不好，鼓励他给出理由。要平静不带责备地说。如果给出理由，就买吧。我们自己爱上了一个物件还不是买不够？

“好玩吗？衣服脏了，换了妈妈来洗洗吧。”

你若抱怨，结果还是你洗，而且是赌气地洗。

“尽最大努力就好了，咱们来看看哪方面还可以提高。”

“再玩十分钟咱们就开始写作业好吗？”或者，“把这个游戏告一段落就开始写作业好吗？”

“不健康的东西有时候也很好吃是吧？妈妈也馋了，咱们看谁能坚持住吧！”

相信吗？你给出的任何一种恼人的情况在我这里都有平静化解的办法。当然，如果你长期和孩子带着情绪在交流，那么这种方式也需要一段时间来建立，但是只要努力，一定能行。

再说两个上课时孩子捣乱的情况,也许对家长有用。

大家都在写作业,有一个最淘气的孩子一直大声说话。我不会立刻批评,也不会立刻实施学校的纪律制度,我会先平静地问他:“Josh,你写到第几题了?”或者,“Josh,有什么需要帮忙的吗?”多数情况下这句话就立刻让他安静下来。因为第一我没有带情绪地批评他,第二我让他觉得他正在做作业,而他也乐得我这么认为。

如果有学生的作业做得很糟糕,你认为他根本没下工夫,这时候批评也没用。我会这么说:“嗯,让我们坐下来看看哪方面我可以帮帮你。你能告诉我吗?”这样一来,他就得认真想想了,如果因为没用功,他就不需要我帮忙,自己解决;如果真需要帮忙,就一起来。

如何做到就事论事呢?一开始不容易,原则是永远记着给客人送伞的例子,你怎么和客人说话,就怎么和孩子说话。有人会问,你这不是把孩子当客人了吗?不是,我只是在尊重孩子。不信,你把前文那几句话改改词用在领导和你说话的情景,你一定会说这个领导不尊重你。当然这里是指你和孩子谈话的一种形式,还有其他幽默的不触及自尊心的方式解决问题等。

另外,摒弃大道理,什么健康食品,睡眠,学习的重要等,有工夫可以和孩子一同调研,看看哪种食品不健康,但是绝对不要每句话都带着大道理,比如“不学习怎么能考上好大学?”“睡不够觉明天就没法集中注意力听课!”“不健康的东西吃了会得病。”这个世界上没有比已经懂的道理还被千篇一律地提醒更让人心烦的事了。

五、和年轻人交流

和年轻人交流，要用我们最真实的感觉，绝不能用大道理。

用儿子生病举例吧。儿子十几岁那年的夏天得了急性阑尾炎，刚做完手术，用了各种大剂量止疼和消炎药，平时饭量不错的儿子一下子没了胃口。眼看着他几天之内就瘦成皮包骨，连说话的力气都没有了。

医院送了午饭来，儿子看了一眼转过头去。“不吃饭怎么行呢？吃饭才能有力气，才能恢复得快啊，一定要咬着牙坚持吃饭啊！”你会不会语重心长地这么说？

其实患者病的是身体，不是头脑，一个十几岁的孩子连这点道理都不懂的话就很令人担忧了。这样说只能引起患者的反感：“你来试试，给你肚子切一个大口子，再给你一边一个吊瓶，看你还能不能吃饭！”

我对儿子说：“儿子，知道你的胃口给这些该死的药搞坏了，别说你这么大的手术，我去年手指化脓吃了一点儿消炎药，不但没了胃口，还胃疼呢。看你的脸我好心疼，都这样了！”我用双手把自己的脸挤了一下，可能样子很搞笑吧，眉头紧锁的儿子居然第一次露出笑容。

“午饭不吃算了，你一定看了就恶心。咱多喝点水吧。不过下午茶的饼干能不能咬两口？等你吃一点点，说不定就有点力气，我可以扶你去休息室(在走廊的另一头)，那里有很多书，我也不知道你喜欢哪本，你可以自己去挑挑，怎么样？”

儿子努力吃了两块饼干,我扶着他去了休息室,他竟然真找到一本他喜欢的书,还给我介绍了书的作者。

出院回家,只有我能劝儿子吃饭和运动,第二天他就在后花园开走。我知道他的伤口非常疼,手无缚鸡之力,做这些都需要极大的毅力。病走如抽丝啊,儿子心里也很急,于是我记下他每一天的进步:“儿子,昨天还只能扶着走,今天就自己上楼了。”“嗯,今天肚子没昨天那么疼,止疼片都不用吃了。”“等你把消炎药吃完,我一定会用面条把你的脸撑胖!”(儿子最喜欢吃面条)每一点进步我都就事论事地提醒他,这样他的注意力就全部转到进步方面,不会再因恢复得慢而消沉了。

有人说这是说话的艺术,是情商,其实我仅仅是说出了我的感觉,一个做母亲的最真实的感觉。如果心里没有对孩子的爱、同理心、同情心以及尊重,再有说话的艺术也很难和他沟通,因为你的眼神和表情是最好的见证。

在学校,每一个老师都会遇到一些根本不把你这门课放在眼里的学生,常会有老师这么说:“你是给自己学的,不是给我学的,你搞清楚了!”有的英国老师会这么说:“你学不学,我都照样拿工资!你真以为我会为你担心吗?”

以上都不是我的方法。一对一和问题学生谈话的时候,我会先表示理解,不是每个学生都会对语言课感兴趣,尤其是我授课的学校,问题家庭很多,这个学生不知背着什么样的情绪包袱。所以如果学生满不在乎地甩出一句话:“我根本就不在乎!”我会马上平静地接下去:“可是我在乎。”这常常会让他们一震,因为他们可能会认为老师立刻就会被他们激怒了。年轻人也许看不到那么远,给他们讲大道理会引起反感，也许他正处在父母离异、家庭破碎的痛苦中，如果你让他知道这世界上还有个人在关注他，你会温暖他的心。

无数次的谈话都是在最真诚的交流中展开，孩子们呢，有的继续不在乎，有的明白了一点点。记得一个很优秀的女生跟我说：“老师，你也许不知道，那个平时捣乱的某某，都在家里认真复习功课了，考试的时候，我们每一个人都是尽了最大的努力了！如果你能在考场，你会看到的……”这真的让我感觉很温暖。其实我心里明白，孩子能够看出这个世上谁对他们是真心的，这是每一个孩子天生的洞察力。

所以要问我如何与年轻人交流，我真的没什么技巧和智慧，有的就是那份真心，谁都可以拥有的，永远都用不完、给不完的真心。所以当你遇到亲子问题时，要先问问自己，剥掉层层的面子后，你的真心在哪儿。

我最近在一次生日晚会上和从国内来度假的一个十岁男孩的妈妈有一段对话。妈妈受过高等教育，谈话也很有分寸，她的儿子时不时就跑过来问：“妈妈，我们能多待几天吗？”

“儿子不想回家啊，没办法啊，一开学又是各种班，各种作业，孩子就没有一点点玩儿的时间了，唉！”

“为什么要上那么多学习班呢？”

“别人都上，没办法啊！”

“如果你儿子不上会怎么样呢？”

妈妈怔了好一阵子，说：“不上学习班就跟不上啊，跟不上老师会骂的。”

“是不是老师会在家长群里发信息，指名道姓让你去学校？”

“是啊，多丢人啊！”

“是丢了你的面子了，你的孩子会像你那么在乎吗？”

这位妈妈好像又在想什么：“我知道丢的是我的面子，可是谁丢得起啊！还有家长互相攀比，有时候我会想，凭什么自己的孩子就不行！”

“为了自己的面子，为了和别人攀比而逼着孩子做他不情愿的事有效果吗？”

“上回让老师骂了，考试错了很多，天天考啊。放学回到家吃晚饭人都困得不行了，我还得逼着他背生字，哪有什么效果，第二天背过的又都忘了！孩子天天跟我闹别扭，觉得都是我在逼他，亲子关系很紧张啊！”

我的弟妹提到一个朋友的女儿没有考上私立学校，很失败。我问：“虽然没考上私立学校，上的学校也很好啊，为什么是失败呢？”

“唉，家长付出太多了！”

如果我们都静下心来，好好想想，把问题一层层问下去，看看到底哪些是自己的面子，哪些是没有事实根据地强加在孩子身上的面子，哪些是自己养孩子花钱花时间要求高回报的……把这些都剥离开，也许能够见到自己的初心和真心，见到自己对孩子的最原始的爱，那么把这个初心放大、再放大，我们会突然发现这个过程里孩子是有感觉的，哪怕只有很细微的感觉，因为这是他们天生的洞察力。

第五章 宗庭和育儿

有很多新妈妈对先生彻底失望就发生在生孩子前后，
所以写此篇是希望有心者能够得到快乐和幸福，
其实快乐和幸福就在你的身边。

第五章

家庭和育儿

一、角色转换

有很多新妈妈对先生彻底失望就发生在生孩子前后，所以写此篇是希望有心者能够得到快乐和幸福，其实快乐和幸福就在你的身边。

为什么新妈妈会对新爸爸失望？做姑娘的时候受父母的宠爱、男友的宠爱，孕期更是万千宠爱在一身。可是一旦孩子出生，那些宠爱除了妈妈的都在消失，大家开始对你有了期待，期待你承担起妈妈的责任。而你呢，生育后的疲惫，伤口的痛楚，对新生儿的束手无策，可能还有些抑郁。这时候比任何时候更需要被宠爱，宠爱的消失让你开始有了很多怨气，这些怨气就会加倍地撒在先生身上，因而他处处让你失望，甚至是彻底失望。

当我们谈到自己的父母时，大家都不喜欢那种“怨妇”——就是先生和孩子一辈子都欠了你的那种妈妈，可是我们有没有想一想，我们自己在对先生失望的这一刻，就已经有了怨气，而这种怨气如果一直存在，积累下来，人就成了名副其实的“怨妇”了。

问题的核心在于角色转换。当然这个命题是基于生孩子之前是正常夫妻关系。在从孩子出生那天起，我们的角色就已经转换了，不管你愿意不愿意，我们的新角色就是妈妈。传统的妈妈是相夫教子，现代妈妈最起码也是爱孩子、爱家的温柔形象。在这里暂时不讨论男女平等的话题，我们自己是不是都非常希望有这样的妈妈？可这样的妈妈都是天生的吗？不是，这样的理想妈妈过去也是有公主梦的小姑娘。她们当初可能也和你一样，只不过她们成功地完成了角色转换。

如何转换？失去宠爱的过程相当揪心，然而新角色会让你的人生加倍地充实起来。只要我们自己有这个角色转换的认识就可以了，这样你不会死死地揪住过去的美好，而把怨气一味地发泄在其他人身上。在我们进行角色转换的时候，其实新爸爸也有同样的经历。第一眼看到一个稚嫩的小生命，他们的内心可能是很复杂的，他们要肩负起对一个小生命和自己妻子的责任了，这个责任对于一个年轻人来说实在非常沉重。这个时候新爸爸可能真的很难顾得上去安慰自己的妻子，因为他们也在脱胎换骨。当然在国内有那种还没长大的年轻爸爸，有老一辈人给带孩子，在此不作论述。

虽然很艰难，但其实生儿育女是一对夫妻共同建设一个理性团队的最佳时期。

记得一个夜晚，我独自一人睡不着，看着身边疲惫熟睡的老公和刚满月的女儿，还有隔壁屋来英国看望我的妈妈。本想来伺候女儿的妈妈，因不太适应这里的生活，反而要我格外操心。我泪流满面地在心里告别了我的姑娘角色，无限留恋地承认了那种美好是一去不复返了。老公也在转换他的角色，那一定是很艰难的，因为当时我是半日制工作,产假之后是否继续工作还没定下来,而我们在英国举目无亲,还有房子的贷款。他的转换一定要比我的更艰难。

后来我们有了二宝,二宝晚上不睡觉,老公每天抱着新生儿子到半夜,我和女儿先睡,然后我和老公换班。白天老公上班,我带孩子,女儿送到幼儿园,两个孩子出生我都没坐月子,一是英国没有这传统,二是没条件。来家中走访的中国朋友会赞赏我们夫妻的麻利勤劳,其实周围的英国家庭都是这样,有了孩子,年轻的父母就得像一个团队一样分工合作。

当你意识到二人都需要角色转换,没有谁更容易,当你意识到现在你们就是一个团队了,每个队员都有自己的责任,而团队合作成功决定着你们一家的生活幸福,你就会慢慢适应。这需要两个人共同的认识,所以有必要大家一起谈谈。一旦谈开,哪怕你们还有怨气,相互也会明白怨气的来源,不至于影响夫妻的感情。

我写过很多有关情绪管理的长篇文章,其实很多是从角色转换的时候学到的。记得当时得了乳腺炎,医生给了我一个乳腺炎自助组织的联系方式,我立刻给负责人打了电话,对方也是一个得过乳腺炎的妈妈,她问我是不是老想流泪,总觉得整个世界都对不住你?我抓着电话哭得说不出话来,她就在电话那端静静地等着,等着我平静下来,告诉我这一切都是乳腺炎的症状,会好起来的。后来我把这些告诉了老公,我先后得过五次乳腺炎,各种脾气抱怨老公都忍受了,因为他知道那是病,不是因为他做错了什么。同样,带孩子很累,人累了就会情绪不好,我们明白了,就会相互担待一些。

我对情绪的认识和应对后来就传给了孩子们。记得我有时回到家开始对孩子、先生发脾气的时候，女儿会问："妈妈，今天在学校是不是个 bad day?"一句话就提醒了我，脾气也就没了。先生早起没睡好情绪也不好，常常吃早餐时找茬，我也会说："要是没睡好再回去睡一会儿。"话到此，脾气立刻就没了。昨天做家务我还找个茬儿发脾气了呢，先生问："又是什么事儿啊?"我一下子就明白了。我们全家都学会如何看待情绪，但这并不代表人就没情绪了，情绪还会失控，只不过我们能够相互提醒，这就是我认为比较理想的家庭团队。

每个女孩都有过公主梦，不过我还是那句，生命即体验，没有什么比体验做妈妈，看着一个生命成长更让人心动的事了。逝去的公主梦你的孩子会用加倍的精彩补偿你，向前看，把梦想换作温柔吧，温柔永远是一种选择，而只有坚强的充满爱心的女人才有能力选择温柔，否则温柔仅仅是依赖。给予永远比索取来得更幸福，也更深刻。

二、家庭矛盾

幸福的家庭不是没有矛盾的家庭，而是大家理性公平地解决矛盾的家庭。

孩子的安全感源于确定的周围环境：父母是恩爱的，这个家是稳定幸福的，他们的努力会得到父母的赞赏，犯错误就要承担相应的后果，有些事可以做，有些事不能做，等等。有了这些确定性，他们就有了安全感。家庭矛盾会对安全感产生挑战，父母要做的是把他们应有的安全感还给他们。

我们做不到完全没有矛盾,一家人都像外交官一样彼此彬彬有礼,相互谦让,如果不是作秀,就是有了问题。有了矛盾并不可怕,可怕的是矛盾得不到理性解决,逐渐升级、失控,造成家庭问题,孩子的安全感会受到最大限度地挑战。当然也不主张当着孩子一面,背着孩子一面。孩子从出生起就在读我们了,装出来的表情和话语孩子会很容易看出来,一旦看出来,他们就会觉得父母有什么事情瞒着他们,他们的安全感同样会受到挑战。

正常的成年人都具备成熟理性解决矛盾的能力,但我们同时又是有感情的人,尤其是夫妻之间,难免遇到问题会唇枪舌剑一番,没必要非做给孩子看,也没必要在孩子面前憋得像个胖胖鱼一样。如果事后能让孩子参与和解:“你们看妈妈那天发脾气了,原因是……若是换了你,会不会也像妈妈那样发脾气?”“嗯,你的做法可能更好,看来妈妈要向爸爸道歉,你说该怎么道歉呀?我有点不好意思呢!”这样做的目的是让孩子觉得他们也在出主意解决矛盾,如果很多矛盾都这么解决,孩子们就不会惧怕生活中出现矛盾,他们的安全感也就不会因此而受到挑战。

儿子闹脾气,向爸爸吼了两句,我听到了,非常严肃地批评儿子,告诉他,他没有权利这样吼爸爸。儿子当时在气头上,一脸不服气。没关系,这种时候总要给他一点时间消消气,我是想让他看到如果他伤了爸爸,就是伤了妈妈,这个道理一定要清清楚楚地让他明白。过了几分钟,我看他气消了,就建议他给爸爸泡杯茶,给他一个台阶下。看得出,儿子那杯茶泡得很认真,我又告诉爸爸儿子给他泡了杯茶。看得出,儿子非常幸福,他看到了父母的恩爱,相互帮助和相互保护，这给了他极大的安全感。

孩子们之间的矛盾更频繁，在他们还没有学会理性地处理矛盾时，武力常常就是他们解决矛盾的办法。这时候，只要不伤着人，大人还是退后好，孩子们会慢慢学会解决矛盾，因为每个孩子都是向往公平和爱的，这是他们的天性。

面对打人的孩子，一个好的做法就是同情弱者，给弱者关注和同情就会给打人的孩子造成心理压力，促使他思考。比如，与其去批评打人的孩子，不如当着打人的孩子的面去安抚被打的孩子。这样打人的孩子看到妈妈的关注给了被打的孩子，自己也想得到妈妈的关注，所以常在打人后还会假装委屈地哭，目的是换回妈妈的关注。如果我们用行动告诉孩子，打人得不到关注，他们可能会在打人之前多想想，或者用其他方式解决矛盾。但是，如果我们去批评打人的孩子，就是给了他们关注，对孩子来说，即便是负面的关注，也比没有关注好。得不到父母足够关注的孩子会调皮捣蛋，他们是用这种方式告诉大人他们需要关注。这种现象常常会出现在学校的课堂上，试图用这种方式引起老师关注的孩子往往是在家得不到父母足够的爱的孩子。

如果孩子们能够意识到他们可以用更好的方式解决问题，而解决不了的问题父母会帮他们解决，这样孩子们就又多了一层安全感。

有强烈安全感的孩子容易成长为一名有责任心、有理性、内心强大的人。如果没有安全感，他们往往会有很多心理问题，他们可能会用一生去追求安全感，但又没有能力给自己创造一个安全的环境，因为父母没有做给他们看。这样的人常常会胆小怕事，不能应对变化，或者用非理性的手段寻求安全感，我们身边就有很多这样的人。

三、关注孩子的同时，切莫失去自己

女儿很小的时候，为了能全心全意地照顾她，当然也是初为人母格外上心，我选择了半日制的清闲工作，放弃了很多社交，开始关注并记录她每一天的成长，给了她我的全部。

可是我丢了自己，忽略了先生、家庭和朋友，生命的全部意义都放在了女儿身上。这使得女儿的一举一动都牵动着我的心，不知不觉地开始对她带上批评的眼光了。无论她多么正常地成长，我总觉得不安，生怕哪一点点做不好就会前功尽弃，她做的每一件事我都会全力监督，有时指手画脚，因为她做不好就是我的失败，我已经把我生命的全部都赌在她身上了。

后来有了自己的追求，突然觉得生命豁然开朗，感觉像从一个沉重的躯壳里走了出来。我的追求丰富了我的生命，也丰富了我的孩子和家人的生活。我庆幸及时打碎了孩子身上的无形枷锁。从此我不再怕她犯错误，不再对她指手画脚，并开始欣赏她的每一点进步和每一次试错，我开始真心地为她骄傲。我终于明白，我必须先爱自己，才谈得上爱孩子和家人；个人的生命个人负责，不能让幼小的孩子背上两个生命的重负。

当然，生活永远不会一帆风顺，追求自己的同时，也常为没能陪孩子而内疚，这个度也许永远不能掌握得那么完美，但我为给孩子和家庭生活带来的新的层面而自豪，为孩子在我放手后的自由成长而欣慰，这种积极的影响远远超过了小小的内疚。

父母对事业的追求、业余爱好和社交生活都会在不同程度上把自己从一个狭小的世界里解脱出来，一旦解脱，海阔天空。

四、润物细无声

此篇要写的是 2019 年初的一个晚上我和孩子们的互动，既让我震惊，又让我陷入了深深的思考，感谢孩子们在新年之际给我的重要启示。

那晚我在微博上发了一条："再过不到一个月，这个家里就没有未成年人了。晚饭的时候，我问儿子，想到马上就十八岁了，进入他头脑的第一个想法是什么？他想都没想就说终于可以不用爸爸陪着住酒店了。晚饭后，我和孩子的爸爸、爷爷在餐厅聊天，待我们聊完回到客厅，发现儿子正在为他的十八岁认真地做着第一个准备，猜猜看，准备什么？"

儿子和女儿正各自认真地做着网上选举问题测试，看看他们更支持英国哪个政党的主张，为投出他们的第一张选票做准备。这个测试设计得很好，问题非常多，包括环境、经济、国家安全、内政外交、教育、医疗卫生、法律法制、交通、移民、科学发展和选举等各个方面。儿子表现得要比他的实际年龄更成熟一些，对这些问题有着自己干脆利落的看法。世界观没有什么对错之分，只有不同，所以每个题的测试选项也很多，他们也邀请我做了一下。

不过这不是重点，让我惊愕不已的是我们三个对如上一系列问题的答案选择在没有事先讨论的情况下有着惊人的相似。儿子倒是坦然,看着我惊掉的下巴:“妈妈,你把我养大的,不奇怪吧?”女儿却也有点不相信,她立刻从网上找到了一个比较权威的个性测试,我们三个又测试了一下,结果我们的个性不但大相径庭,有些方面还正相反。

也就是说,虽然我们之间的年龄、性格、成长环境、人生体验相去甚远,但是对社会生活的方方面面的看法却是一致的。

也许有人会说,你控制了孩子的思想。但我们家很民主,我们绝不会把我们的观念和主张强加给孩子,再说他们在英国出生,在英国的学校受了十几年的教育。儿子上了七年教会学校,八岁后的业余时间基本和爸爸一起在全国各地训练和比赛,女儿和剑桥的精英们也厮混了三年了。

也许有人说这是遗传。这更站不住脚了,我上学时所有老师的评语无一例外:“胆大一些。”年轻的我充满了偏见和狂傲,这些年不停地思考和学习造就了我现在的世界观。如果倒退二三十年,我的选择可能和现在的是根本不同的。

我和老公谈起这些,得出了一些很重要的启示,虽然这仅仅是个例。

个性的遗传可能会有,但可能没有我们想象的那么多。也许我们把孩子和父母极为相同的世界观误认为是个性的遗传而夸大了遗传的分量。

父母在抚养孩子过程中不断变化的世界观对孩子的潜移默化影响是深远的,超出一切的。我年轻时的偏见和狂傲应该是受到我父亲的影响,他是一位极有天赋且家境殷实的20世纪50年代的大学生,他的家庭和那个年代造就了他。但是我的孩子接受的是我的现在。这就说明父母如果肯不断学习反思,尽量开阔自己的视野,多去体验这个世界,孩子接受的将是你最好的自己。当然每个人都不一样,最好的定义也不一样,我们也只能按照自己能够认知的标准去提高和接纳自己。这里要强调潜移默化的影响,孩子看到了,而不是被唠叨灌输的,后者可能事与愿违,引起逆反。还是那句话,你做到了,孩子就做到了。但是你去做的时候不是为了要挟孩子,这种影响是下意识的,所谓润物细无声吧。

孩子长大离家,会有他们全新的生活体验,他们的世界观可能会发展变化,也许有一天他们也希望摒弃一些过去的东西,就像我自己一直在有意识地摒弃偏见一样,没有人是完美的。

五、父母金字塔

用我个人的反思和进步过程,把父母分成金字塔的等级。第一层是我的曾经,第四层是我仍然在奋斗的目标。

第一层:很有责任心的父母。他们认为孩子最终应该是完美的,而父母的责任就是在孩子的成长过程中时时找出他们的不足,希望他们不断改错而趋于完美。他们也认为自己是完美的,因为只要他们认为是错的就一定是错的,只要孩子们按照他们的教导时时纠正错误,就可以最终达到完美境界。这两个前提都经不住推敲。没有任何人应该是完美的,父母更不是。孩子的一生因此成为改错的一生,他们从不会到会的过程都变成改错的过程,使得孩子谨小慎微或者叛逆。他们很难对自己满意和感到自信,因为他们永远有改不完的错。

第二层:意识到孩子会有强项和弱项,意识到孩子要鼓励,所以虽然会有上述的责任心,但也会克制自己,多去鼓励孩子。但是由于眼光仍然是在孩子的弱项上,并用孩子的弱项来比别人的强项,希望孩子取长补短,所以鼓励也来得有些牵强附会。任何不是发自真心的鼓励都会被孩子们轻易地识破,而父母也不可能永远克制自己,所以很容易得出鼓励没效果的结论,而落到金字塔的底层。孩子会在成长过程中时时关注自己的弱项,时时从自我身上找毛病,或者会加倍地需要父母的鼓励,以此寻找安全感。而当父母一旦穷尽了自己的空头鼓励,孩子的自信会大打折扣。

第三层:既从心里接纳一个不完美的自己,也接纳不完美的孩子。真心地为孩子的进步感到自豪,掌握了鼓励的艺术,就事论事地表达对孩子的赞赏。对孩子的兴趣强弱项有很好的认知,主动为孩子创造机会发展强项,对弱项也会温和指出。这样的父母是不是很完美?不是,因为父母还是站在高处评判孩子:“你这点做得好,妈妈很欣赏。”“这点做错了没关系,下次注意就好了。”所以我们下意识地把自己摆在了孩子的审判台上,尽管我们的审判充满了正能量,但审判毕竟是审判。比如在我的孩子成长过程中,有很多事情我认为是值得提醒的,但后来发现原来是我自己没了解清楚。孩子也做出无数让我惊讶、让我做梦也想不到的事情。其实我们自己永远不可能成为全能的审判官。这样的孩子,可能会很自信,但独立思维的能力需要进一步探讨,因为父母随时可能限制他们探索的空间。

第四层:父母真正地把孩子作为一个独立的生命去尊重。父母对这个新的生命充满了敬畏,为孩子每一点点的努力而感动,每一点点的进步而欣慰,从孩子每一步的成长中学习、体会和反思,努力提高自己,和孩子一起进步。他们不会去评判孩子,只是平等地和孩子探讨事情。他们深知,生活的经验并不能赋予自己高出孩子一等的权利,因为孩子的经历将会是全新的。父母和孩子之间有着最牢靠的相互信任。十七岁的儿子经过深思熟虑为自己选择了不上大学直接工作的人生之路,这是我们这种背景的父母做梦都不敢去想的事情,但是认真研究考虑之后,我们反而觉得这条路更适合儿子。这样的孩子不但自信,而且独立,敢于创新,敢于探索。

我就是从第一层开始进步的,现在仍然在向第四层努力。把这个金字塔看成一个光束,第一层是一端,第四层是另一端,每一层都有很多人,所以我们的旅程并不孤独,每个人都在以自己的方式和速度进步着。

有人善意提出,这样的分类是否该有个时间轴,言外之意是在孩子很小的时候,我们是不是可以评判、指挥他们,因为他们可能还什么都不懂。这需要举些实例。

我认为对新的生命应该有一种敬畏,所以这一分类是没有时间轴的,这个生命还在我肚子里的时候,我就有了敬畏。比如第一次做孕检,看到四厘米大的小东西居然有五个指头,还会打嗝。

有朋友告诉我她很累,哺乳期每晚都要把孩子弄醒喝水。我问她睡得好好的,为什么要把孩子弄醒?她惊讶地看着我:“孩子不喝水怎么行?”母乳喂养的孩子进食前是不用喝水的。我们不是儿童营养师、心理咨询师、医生或助产士,所以对孩子我们知之甚少,因而对传统的经验做法一定要问一个为什么。这就是敬畏,也是探索新生命的过程。

也常有人问我孩子发脾气的问题如何解决。孩子发脾气不是问题,问题是我们是否了解背后的原因。两三岁为什么脾气大?比如公共汽车上一个小宝宝踮脚尖去按铃,还是够不着,一个好心的老人替孩子按铃,宝宝气得大哭,大庭广众之下撒泼丢了妈妈的脸。宝宝在努力做一件事,希望自己通过努力能做到,我说过成就感是最深刻的幸福,结果一个好心人把他的机会弄丢了,那对孩子是件多么失望的事情,当然会撒泼了。很多时候孩子们在想什么,到底是什么让他们如此愤怒或伤心,这点我们很难看得那么清楚,儿童心理是个永远在发展的领域。所以需要心怀敬畏,努力去学习和理解。

有一次,我带孩子旅行。儿子四五岁,看到爸妈都有旅行箱他们也想要一个,那次旅行要倒十多次飞机和大巴,四个人四个旅行箱,真的很麻烦。可是看到孩子们拖着自己的旅行箱倍感成熟的幸福样子,麻烦也得做,这对他们太重要了。在机场,儿子小脸憋得通红努力把行李箱提到大巴上,我和老公站在那儿看着。这就像在公共汽车上按铃,他想向满车的人证明自己是个小男子汉,可想而知这时候你去替他把箱子拿上去会导致什么后果。

再比如儿子放弃上大学,第一层的父母会说:“这绝对不可以,不上大学就找不到好工作,你会后悔的!”第二层的父母会说:“我们知道你喜欢工程,这虽然是你的强项,但你如果不上大学怎么比得上那些上过大学的人?”第三层的父母会说:“我们觉得你想走的这条路也不是不可以，以后你觉得需要了也可以再进入大学学习。”第四层的父母会和儿子一起研究探索一下这条路的各种机会以及儿子自身的各种强项，告诉他我们是他的坚决支持者，并因儿子为我们父母开拓了思维而感恩。

朋友的孩子小学时数学一直不开窍，第一层的父母会说：“怎么这么简单的题都不会做？笨死你了！”第二层的父母会说：“你的语文一直很好，可是数学有点儿差，你向人家二胖学学，人家回回考满分。”第三层的父母会说：“没关系，人都有强项或弱项，咱努力就成。你看今天的成绩就没比上次的更糟，下次会做得更好。”第四层的父母则不予关注，深知自己都不是学理科的，指望孩子数学有造诣不现实，也深知孩子的大脑发展和别人不同步，有的会突然开窍，有的一辈子开不了窍。把关注力放在孩子的强项上，坚信鼓励会激发孩子的自信，自信的孩子会创造奇迹。

那么如何做第四层的父母，关键在于我们是站在高处审视，还是蹲下来平视。

年轻时我曾经去荷兰出差，周末去了那个有名的“小人国”，到处都是世界各地的迷你建筑。当时我看到一个高大的爸爸带着一个三岁左右的女孩，女孩指着一个小城堡的小窗户，激动地大喊爸爸，可能是让爸爸和她一起看看那扇小窗里的东西。爸爸当时就全身趴在了地上，认真仔细地看，好像真的看到了什么也激动起来，就那样一大一小，一个站着，一个趴着……那个画面至今都浮现在我眼前——我们成年人，站在高处是看不到孩子的世界的，只有蹲下、趴下，和他们的视角平行，才能真正欣赏让他们动心的世界，也才能理解他们的行为。

道理大概谁都懂,做起来却不容易。举几个例子吧。

孩子们在外玩耍,很多家长会担心孩子把衣服弄脏,有的妈妈会很开明,告诉孩子弄脏衣服没关系。这在我看来还是站在高处的审视——这次我允许你弄脏衣服了,下次允不允许是我的决定。那么再进一级:我们自己儿时有没有体验过那种彻底忘我的玩儿?爱玩是孩子的天性,和他们一起玩,或者静静地享受他们的快乐,听着孩子的笑声,体验他们的幸福,把自己的儿时感受充分唤醒,你哪里会顾及衣服?想想我们和孩子有多久没能一起畅快地笑了?

再谈谈学习。开明的家长会对孩子说:“我们不要求你的成绩。”想一想,我们把他们带到这个世界上来,是不是就自动被赋予了对孩子成长的设计权?他们的每一步都要按照父母的设计来成长,而一旦我们允许他们在某些方面有自己发展的一点点空间,就会自诩开明家长,就有了提条件的权利。比如“我们不要求你的成绩,但是你必须……”其实我们本来就没有这种设计权,孩子的每一点成绩都值得我们为之欣喜和鼓掌,更多的,我们要和孩子一起按照他们自己的轨迹耐心地成长,并为每一个小小的进步而欣喜。

和英国的父母相处,感受最深的就是他们真的没有赋予自己这种先天的设计权,他们把孩子看成一个独立的个体,他们的生命成长轨迹是自然的,独立于父母的。父母给予的是无条件的爱和支持。所以就会出现孩子的任何一点点发展,参加了足球队,上台表演,做了义工,考试及格了,或者仅仅就是健康成长,父母都会有发自真心的感动和感到骄傲。学校开家长会时我对一个家长说她女儿的成绩很好,那个家长当时就痛哭流涕了;另一个慢班的孩子家长,我说她女儿最近在努力学更难的口语,妈妈同样十分感动。因为他们没有事先设计,所以没有衡量孩子是否达到自己设计标准的内心考核,也就没有失望,也就没有对孩子严格要求的以达到设计目标的机制,更不可能把对自己孩子的设计建立在其他孩子发展的轨道上。相反,我们的孩子哪怕已经相当优秀,父母还会“负责”地提出更高要求,因为随着孩子的进步,父母的设计也会上一层,这样我们可以美其名曰对孩子负责,以免孩子骄傲,其实最真实的恐怕是自己赋予了自己对一个独立生命的掌控权。

再举一例,孩子做作业磨磨蹭蹭,没有一点时间感;自己喜欢玩的事情却可以安排得井井有条。父母可能会不高兴:“就知道玩,怎么不把玩的心思放在学习上?”用心的父母甚至会尽心尽力地培养孩子的时间管理能力。其实如果我们蹲到孩子的高度,就会发现在他们的世界里,玩是至高无上的,谁不喜欢玩,而且玩又是最好的学习和社会化的方法(这里不包括沉迷于各种电脑游戏)。孩子能够自己安排自己的事情就证明他们是有时间管理能力的,只是学习的确枯燥,尤其是面对自己不喜欢的功课。如果父母有心,能够和孩子一起给枯燥的学习增加一点点乐趣,比如搞个比赛,比如给孩子树立成就感,比如对孩子在学习上每一点的投入发自真心地赞赏,比如不拿孩子和别人比,等等。这里父母可能会质疑,如果孩子贪玩,彻底不想学习了怎么办?我想说的是,一个蹲下来的父母和一个居高临下的父母面对孩子不学习的态度是完全不一样的,尽管可能做法相似,前者的态度更容易让孩子接受,后者可能会导致不良的亲子关系。

最近接待了一批来访者，他们观摩了我的一堂高中小班课。一位中国学者和学生一起围坐在课桌边，耐心地听学生的口语话题。我的学生提到有关兵马俑、传统节日和留守儿童的话题，每个学生都给出了自己的看法和依据。这位中国学者听完后，逐个评判了每个学生看法的对错，输出了大量的知识和自己的看法，替我讲了半节课。

如果让我用父母金字塔来看这位学者，他还达不到第四层。每个学生都对一个主题有自己独到的见解，虽然这些见解和这位学者以及我自己的不尽相同，但每个孩子都在做了一定研究之后，用自己的文化生活经历去理解一个遥远的国度，视角当然和我们的不同。认可孩子们有基于研究的想法，鼓励他们全面寻找各种依据，有理有据地证明自己的想法，就是批判性思维。其中的道理和依据不是唯一的，视角是多元的，理解是不同的，而我们这些教育者就是要鼓励这些孩子们，为他们提供多元依据，帮助他们更好地、更条理化地把自己的见解交流出去。

所以我说，不管我们自己多么博学，如果在孩子成长过程中没有给予他们发表自己想法的自由，反而用我们的见解去评判他们，替他们定论，而且时时为自己的评判寻找“事实根据”，并把孩子对自己的崇拜当作沾沾自喜的资本，这个世界如何进步？

如果我的孩子和学生方方面面都崇拜我，那是我最大的失败。

六、信任

做了妈妈，就踏上了一条不能回头的路。每每感到疲劳，就有孩子叫妈妈的声音，提醒我，这个世界上有两个小生命需要我，我能让这两个小生命放出灿烂的光，也能使他们黯淡无色……

我从不哄孩子，因为哄和骗差不多，别以为孩子会忘，就算是他忘了这一次你哄了什么，但他会记住："妈妈会哄我，下次不能信她。"

女儿两岁时，和朋友一家到餐馆吃饭，朋友的女儿莎莎和我的女儿年龄一样大。选餐时女儿选了香肠，朋友没让莎莎选，而是要了平时她爱吃的。莎莎看到女儿的香肠，不要自己的了，非要换。朋友哄："今晚妈妈一定给你做香肠。"然后扭头悄悄对我说："到晚上她早就忘了！"莎莎没忘，一年后进学前幼儿园时莎莎一直不相信妈妈走了还会再来接她。

在平时生活中，向孩子答应的任何一件事，许诺的任何一句话我都会认真做到，绝不马虎。偶尔出现超出我们控制范围的情况，要尽量预测，并和孩子说清楚："如果下大雨，我们就不能出去了，但妈妈会……"如果实在预测不到，好好告诉他们："因为发生了……所以……但下次妈妈会小心。"

女儿四岁时向圣诞老人许愿要一个有小公主的水晶球，我跑遍了两个城市的大街小巷终于买到了。圣诞一早，女儿哆哆嗦嗦捧着水晶球找到熟睡的我，眼睛亮得像天上的星星："妈妈！妈妈！你说的没错，我要是个好孩子，我的许愿就会灵，你看你看！圣诞老人真的给了我一个水晶球!”时隔十多年,她早已知道圣诞老人并非真的存在,但那个水晶球一直摆在她的书桌上,时时擦拭……

女儿的表妹和她一样大,几年前回国差两天误了表妹的生日,表妹问明年能不能回来给她过生日,我沉思许久答应了。第二年,虽然行程不好安排,但无论如何,我们一家还是在表妹生日前夜带着小礼物出现在她面前,这一切女儿和儿子都看在眼里。之后我又向表妹和上大学的表哥许诺,带他们几个一起到九寨沟游玩,爸爸因事未成行,我就一人带着四个孩子上了路。四个孩子在迷人的山水之间享受着亲情,度过了快乐的时光。

这些事情两个孩子都看在眼里,记在心上。为了和孩子建立一种相互信任的关系,为了孩子长大也成为一个对自己、对朋友、对家人、对社会负责并有信誉的人,这是我愿意尽全力去做的事情。

不需要教孩子如何守信,如何对自己负责,看到爸爸妈妈这样,他们自然就学会了。这种关系的一个最直接的效果就是,孩子们从来不会怀疑父母,安全感极强,也从来不畏惧选择,因为他们自信能够为自己选择的道路负责,从不后悔,永远向前看。

七、父母的安全感

小孩子需要有安全感，大人也一样。如果我们自己没有什么安全感，或者我们的父母没有给我们足够的安全感，那么我们可能会穷尽一生去寻找安全感，包括养育孩子的过程。

面对孩子这样一个新的生命，我们有些诚惶诚恐，不知会发生什么，生活中的未知数便成了一个最大的不安全因素。就像过去在国内过马路，夹在众人当中才感到安全。如果我们的孩子和大多数的孩子一样，不管是不是合理，是不是符合自己的孩子的个性，我们都会有一定的安全感。如果出了问题，可能别人会先去解决，我们只要跟着就行了，因为我应付不了自己的孩子和别人不一样而出现的各种后果，所以我们宁愿我们的孩子随大溜，一旦发现自己的孩子有点不一样，立刻就会感到焦虑，并且不惜一切代价让自己的孩子从众。

所以人家的孩子都学乐器了，我的孩子也得学；别人都背唐诗，上奥数，我的孩子也得去做；别人的孩子出国了，我的孩子也要出去；别人的孩子上名校，我的孩子也要上名校……

如果自己的孩子没做这些，我们会事先为自己因失去安全感的恐慌而想好一个借口，那就是“如果别人都会，而我的孩子不会，我的孩子会自卑”。因为有了这个固定思维，我们会把孩子出现的蛛丝马迹当作自卑的症状，然后告诉自己以后千万要与别人保持一致。事实上,孩子的自卑可能就是源于父母的自卑和缺乏安全感。

没有安全感的父母或许会让自己的孩子随大溜,或许按照自己认定的经验要求来教育孩子,着眼点绝不是孩子,而是如何消除孩子成长中的不可知性,由此获得自己的安全感。

这种父母喜欢孩子成长的条条框框,比如一岁的孩子该做什么,五岁的孩子该会什么,因为有个尺度,就好规范孩子,而一旦自己的孩子不合尺度,家长立刻就不淡定了,觉得出问题了,需要专家指导了。一旦孩子合乎条条框框,立刻有了安全感,全然不考虑这些条框的前因后果。他们也喜欢一些大众的推荐清单,比如家务清单,好书清单,等等。我们盯着孩子的学习成绩不放,因为成绩不好就没有前途。我们很容易听风就是雨,很容易用简单直接的逻辑来解释一个复杂的生命。

这种对安全感的追求带来的是最不应该有的控制欲以及对孩子的零信任。有安全感的父母,不需要去预知孩子的未来,未来对于我们永远是不可知的,但是会将着眼点放在这个小生命身上,去观察,去感知,去认识他们,去爱,去尊重,去敬畏他们,你会发现他们成长中的每一天都能够带给你惊喜,因为时时都有让你不曾预料的事发生,而这种发生既让我们的二次成长中充满了惊喜,又给了我们无穷无尽的探索的机会。我们坚信,只要我们的孩子有了充足的爱、尊重和支持,他们就会生根发芽,长成一棵参天的大树。

八、"我不敢远走……"

这句话是一位年轻人说的，因为"父母在，不远游"。我听了感到格外的沉重，为这些本该海阔天空自由飞翔的孩子感到沉重，为他们的责任心、爱心、负罪感和无可奈何的选择感到沉重。

我的孩子也长大了，我要他们知道，生养他们是爸爸妈妈自己的需要，因为有了爱又因爱而有了家之后，我们就会自然地希望共同创造出生命来，这个生命里有我们两个的印记，养育他们对我们又是一种全新和神奇的体验；生养他们不是为了传宗接代，更不是养儿防老，我们要细心呵护，让这个弱小的生命健康快乐地长大，看他们羽翼逐渐丰满，看他们飞翔，以他们体验的世界来丰富我们的生命。

所以我们要感谢他们来到我们的生命里，感谢他们让我们体验到的一切，感谢他们给我们的深刻的毋庸置疑的无条件的爱。他们从出生起就不该背负什么情感债务，他们来到这个世界的目的不是还债，而是去尽情地体验。

所以在他们离开家的那一天，我早已准备好我自己的生活。我对他们说去吧，好好享受这个世界，努力去实现自己的梦想，但是如果需要，这里总有他们累了歇脚的地方。我绝不会让他们感受到妈妈对他们半点儿的依赖和无奈，我告诉他们我自己丰富忙碌的生活，他们也会告诉我他们的新世界，这样即便我们不在一起，我们也可以将相互的世界变得更丰富。

我们之间只有爱,没有情感债务,因为背负着情感债务的爱太沉重。我们的孩子将来也会有家有自己的孩子,我们每一代人有各自的活法,我最不想看到一代人为了另一代人而活。

A Promise in the Valley of Roses

第六章
学习

我们的孩子聪明吗？
如何发现孩子的天赋？

第六章

学习

一、多种智能

我们的孩子聪明吗？ 如何发现孩子的天赋？

很多人认为,考试成绩好的孩子就是聪明的孩子。美国心理学家霍华德·加德纳(Howard Gardner)认为这只是智能的一种,智能可以分很多种。这是每个人的天赋,父母和老师的任务就是及早帮助孩子发现自己的天赋。虽然最新的神经研究给我们揭示了大脑更复杂的结构,每种智能都不是固定的,没有一个人单纯有一种智能,大脑神经是多元化的。加德纳总结出了八种智能,认识这八种智能可以帮助老师认知每个孩子的学习方式,按照不同的方式因材施教;也可以指导家长从中找出孩子的强项,发展潜能;更可以让孩子认识自我,按照自己的自然条件有意识地安排自己的学习和生活。家长很有必要看看这八种智能来帮助孩子认知自己的强项。

文字智能:文字能力强,喜欢阅读和听故事,喜欢讨论。可以鼓励带头讨论。

数字智能:很容易发现数字中的规律,逻辑思维能力强。可以用数字或规律解决问题。

音乐智能:有乐感,能够听出其他人很难听出的乐曲韵律,唱歌时调很准。学习时可以用音乐做背景,用音乐帮助思考。把要记的知识编成押韵的顺口溜。

身体智能:动手能力强,手脚协调好,跳舞、球类、游泳或其他运动突出。学习时可以通过各种动手动脚的活动方式,也可以用实物。

图形智能:对形体、图形有感觉,方向感强,很会看地图,喜欢画画或图形想象。学习时对表格理解和设计有天赋,可用思维导图或其他图标,连环画或图形想象来帮助学习。

他人智能:能和他人和谐相处,对他人的感觉也很敏感,有同理心。学习可以是小组方式,给别人讲自己的知识想法并听取别人的知识想法。

自我智能:对自我认识清楚,明确知道自己想要什么,喜欢什么和如何达到目的。自我认知能力强。学习时可以自己解释描述所学知识,为自己设立目标。

自然智能:与自然界的动物、植物和环境相处融洽,擅长识别不同的物种,对周围环境敏感。学习时可以尽可能接近自然,用植物、动物和自然环境做比喻。

如何测试每个人的智能?下面是英国一所小学的32道测试题,每个问题从最低一分到最高五分。比如问题23:我喜欢写字。如果你一点儿也不喜欢写字,就给自己打一分,如果你非常喜欢写字,就是五分。一般喜欢是二分,三分或四分。

1.我动手能力强,会做东西。

2.我会找路,有方向感。

3.我很会给别人调解矛盾。

4.我很快就能记住歌词。

5.我做事的时候总是一步步地来。

6.我对自己很了解,知道我的行为背后的原因。

7.我喜欢小动物。

8.我喜欢交朋友和社交活动。

9.我发现如果和别人交谈、讨论,我会学得更好。

10.音乐能改变我的情绪。

11.我能把事情向别人解释得清楚明白。

12.我喜欢玩文字游戏,处理逻辑问题。

13.我从图画、海报和图表中能学到很多知识。

14.我对别人的情绪和感觉很敏感。

15.任何事情和知识,只要我动手做了,就能学会。

16.我就想尽可能地到户外活动。

17.我如果给自己定了目标,就能学得快一点。

18.我学习和做事的时候喜欢安静。

19.我能听出乐曲中用的不同的乐器。

20.如果有人伤害动物或毁坏环境,我会很生气。

21.我可以很容易地记住某个地方或某人的脸,他们在我的脑海里有清晰的图像。

22.我的词汇量丰富,我还想学更多。

23.我喜欢写东西。

24.我平衡能力强，喜欢跳舞。

25.我很会理解图表，计算能力强。

26.我很有团队精神。

27.我的观察能力强，经常能观察到别人忽略的东西。

28.我很难坐稳，手脚总要动。

29.我喜欢自己做事。

30.我能认识多种鸟、树或其他植物。

31.我喜欢作曲或唱歌。

32.我数学很好。

每一种智能都用四个问题来表现，将这四个问题的分数加起来就是这个智能的得分。相对得分高的智能就是你自己的智能。有的人同时有几个智能，有的人一两个智能特别突出。每个人都不同，发现自己的智能是要来指导自己找到适合自己的学习方式。当然这种形式的测试从来就不是绝对的，只能起参考作用。

他人智能：3、8、14、26

自我智能：6、17、18、29

文字智能：9、11、22、23

数字智能：5、12、25、32

图形智能：2、13、21、27

身体智能：1、15、24、28

音乐智能：4、10、19、31

自然智能：7、16、20、30

这种智能理论引来很多争论，具体是不是科学的，不是我们做父母的一定要探讨的内容,我们只需记住每个孩子会有自己独特的强项和学习方式,帮助他们在发挥强项的同时建立强大的自信。智能不靠遗传,所以孩子的智能倾向是独特的,没必要从父母身上找根源。每种智能的孩子充分发挥自己的智能强项都会是优秀的孩子。智能也没有高下之分,但是因为我们的教育系统是以文字为主,是在封闭的课堂上课,所以文字智能、自我智能的孩子往往会占优势。

下面是应用举例。

我的女儿是文字智能,反映在学习上,她不喜欢被别人打扰,喜欢安安静静地自己学习,但是她同时对音乐敏感,所以有意识地用色彩和图形来帮助自己记忆。一个人的智能可能是多种的。认识儿子的智能却费了些周折,他是动作和他人智能,所以很不喜欢安安静静地坐在自己的书桌前学习,总要招呼着大家一起来,或者给我们讲,或者自己又唱又跳的。我认为,如果能够把学到的知识讲给别人听,那是最高等级的学习,所以他在小学时就被老师安排和后进生一起,他给人家讲题,帮了别人也帮了自己。但是到了高中,家里的房子扩建,他有了一个又大又漂亮的卧室和漂亮的书桌,我们不知不觉地就指望他会像姐姐那样独立学习。结果却不是这样,他除了和朋友约着一起做题之外,很少能坐在自己的书桌前学习,我们谈了一次,儿子很抵触,说坐在那里安静地做题是天下最无聊的事,他根本没法集中注意力。这时我突然意识到了,原来是我们父母的问题,明知道他的学习方式却还要对他有着不切实际的期待。我问儿子如果他在客厅给我们讲题,会不会觉得有意思一些。第二天,爸爸把当年给孩子们买的大白板从车库里拿出来,儿子把他的书拿下来,我就这么认真地听他边做边讲,我学到了很多我不知道的数学英语词汇,儿子也过了把讲题瘾。但是,假期我有时间给他当学生,开学就难了,不过儿子也很快找到了自己学习的方式。他会和朋友到附近大学的图书馆,边带着耳机听音乐边学习。

这里还有一个朋友的例子。读小学时她几乎是一个要掉队的孩子。当时小学课本都是文字,很少有色彩和图片,市面上绘本也很少。而她是一个对文字极不敏感的孩子,无论怎么用功,成绩永远是倒数。她的自信也因此而降到冰点,认为自己是最傻的人,整日除了画画,基本不出去和其他小朋友玩。到了中学,课程文字量加大,她的痛苦也加深了,她的父母决定将当时个子很小的她送到篮球学校,以此找个出路。可是训练太苦,她跑回了家。

后来凭她的画,她勉强上了一个艺术学校。在这个艺术学校里,图形、图像、色彩成了她生活的重要部分,她突然发现,只要是和色彩图像有关联的文字,她就有了感觉,一种强烈的、从未有过的开窍的感觉。自此,只要是文字的东西,她都会特意用图像来联系,后来一发不可收拾,即使是别人认为最枯燥的艺术史课程她也应付自如。她的自信从此爆发,成了全年级各门功课的佼佼者。后来她接触了智能理论,才明白自己是图像智能,慨叹如果小学就有人指点,怎么会有那么多年的自信丧失的痛苦;也慨叹她有了机会发现自己,否则一生都会生活在黑暗中。她学英语的时候,在英国到处收集商店厚厚的产品广告册,其中既有文字又有图片,学习那些英语单词真是如鱼得水。

再举一个例子。这是一位刚刚离开大学三年的却已经有了一个自己商业团队的英国小伙子,我曾把他请到我的课堂,希望他把自己学中文并用中文创业的故事讲给我的学生听。我注意到他演讲时肢体动作很多,吃午饭时请他坐下来边吃边休息,没想到他吃了两口又站起来走动。聊起来才知道他有多动症,大学考试时老师还让他到另一间教室,以免影响别人。目前他有了自己的一个公司,雇了自己的大学同学,一位安安稳稳能给他打理一切的朋友,他自己主要负责市场营销之类,需要东跑西颠,而这正是他的强项。多动症对于很多人来说可能就是个需要解决的问题,但在我看来,这只是人的不同罢了,没有一个人是没有"问题"的,关键是我们如何发挥自己的特长,把它变成一个强项。

做老师常能看到孩子们的不同。我有一个学生,听力很棒,可是连续两次模拟考试听力都考砸了。我和他长谈了一次发现了问题。原来这个学生在注意力非常集中的时候会下意识地弄出点声响,比如在课堂上会玩一下笔或者水瓶子,这就是他集中注意力的方式。其实很多人在集中精力的时候都有着下意识的动作,比如摇椅子,啃指甲,玩笔,等等。英国的老师在上课提问时常会用一个大海绵球,提问谁就把海绵球扔给谁,很多学生会边捏球边认真思考。有的人需要背景音乐或其他声响,更有的人会动脚动腿的。我们只要看看著名网球手纳达尔发球时的一系列动作就明白了,他一定要做出这一系列的动作后才能集中注意力发球。这种下意识的动作一旦被打搅,往往就影响了人的注意力。在模拟考试时,我的学生因为要有意识地随时提醒自己不要弄出声响(弄出声响会被赶出考场),所以分散了注意力,听力题就考砸了。我和他谈话的时候他眼睛看着我,手在下意识地玩自己的手表链子,而我也明白，他其实是在认真地和我谈话。我提出如果他愿意的话，我会和学校交涉让他独自在另一间教室考试，他说他希望自己能够再学习掌控一下。

在课堂里，我尽量用图像、动作、空间、音乐和视频来上课，有时还要对学生的情感和味觉进行刺激，使他们对所学的东西记忆深刻。我也会在平时和他们一起探讨一下各自的智能，使学生对自己有效的学习方式都有一个初级了解，也主动会用适合自己的方式来学习。成绩好不好是次要的，我希望他们将来都能够充分利用自己的职能优势，扬长避短，闯出一番天地来。

谈这个话题的目的是想继续鞭策自己，也给其他的父母一个参考。虽然我自己已经很注意孩子们的个性不同，但还会在不知不觉中因从众而焦虑，所以需要细心再细心地去观察孩子，你会发现任何两个孩子之间都是没有可比性的，现实中的教育体制、考试体制和就业市场往往是在抹杀孩子的个性，如果我们父母也这样，孩子的个性会逐渐泯灭。而这个世界，我相信原本是为多彩多样的人生准备的。

二、孩子学习不好怎么办？

除了各门功课都是顶尖的学霸家长，恐怕其他家长都多多少少有过这样的焦虑。用我做老师和做家长的经历来谈谈吧。

我们先考虑一个问题，为什么要让孩子学习好？如果你是为了给自己脸上增光，而祖上就没一个考上重点大学的，那么就不用往下看了，因为你的孩子智商不高可能是你的遗传基因，你们家几辈子都做不到的事没有理由要求孩子做到。

如果你觉得其他孩子都好,自己的孩子不能不好,自己也不比别人差,那么也别往下看了,因为永远有比你强的,你永远也比不完。

如果你觉得孩子学习不好,会被老师骂,家长没面子。这个问题我也解决不了,但是因为你不喜欢被老师骂,反过来骂孩子,那孩子就喜欢被骂吗?

再看看这个逻辑:只有孩子学习好,才能考高分,进好大学,才能找到好工作,才能幸福生活。但是如果除掉中间的步骤,学习好是不是幸福生活的充要条件,不是。这个不用我说,每人身边的例子都有很多。

那么是不是学习不好就不用管了? 不是的。作为老师,孩子们学习不好我是要丢工作的;作为家长,孩子若学习有问题,我不帮助谁来帮助?

学习不好有几种可能。

第一,资质正常的孩子对这个学科根本不感兴趣。不过没有兴趣也可以有动力,人最深刻的动力源于成就感。不过即便是非常感兴趣的学科,也会因整天受到批评说教而把兴趣带来的动力消磨干净。那么面对不感兴趣的学科,如何提高学习成绩? 我在本书后面的章节会详细介绍怎么做。

第二,孩子的大脑发育速度不一,方面不一。比如一个资质正常的孩子,其他科目都可以,学习也很努力,就是数学学不好。这个最不能急,最需要家长的耐心。孩子已经足够努力,最不需要的是你的焦虑,因为你的焦虑会彻底打消孩子自信,使一个资质正常的孩子觉得自己非常笨，而完全忽略其他不错的学科，把眼光放在了短处，用自己的短处比别人的长处，这样对孩子更不公平。这需要父母有耐心，坚信孩子有一天会开窍，而如果想让开窍的这一天早点到来，非要给孩子自信不可。自信的孩子能够创造奇迹。当老师的都有这个经验，我自己也经历了这么一个突然开窍的过程。也有焦虑的家长会问，如果一直不开窍怎么办？我也想问，你是不是样样都拔尖呢？你也没因此耽误生活吧？还是那句话，扬长避短，谁也不会傻到专门去做自己不擅长做的事。把精力放在自己的强项上，用强项带动弱项，那是智慧。

第三，学习障碍。学习障碍是要医学诊断的，在英国是法律上的概念，因此每个学校都要配备专业人员来支持有学习障碍的孩子。但是因为每个孩子的学习障碍都不一样，而学校的资源有限，不可能做到每一个孩子的方方面面都照顾得到，所以有智慧的家长能够深入学习了解自己孩子的特殊性，和孩子一起共同研究对策。

举个例子，大卫(化名)是儿子的好朋友，天资聪颖，但在小学期间被诊断为有学习障碍。他的特点是大脑思维要比身体的反应快得多，所以最明显的表现就是身体还未取得平衡，大脑就指挥向前了，所以总是冲冲撞撞，不知摔过多少跤受过多少伤。一般的父母可能会非常气愤，因为孩子不听话，不能慢慢走路非得跑。但是他的妈妈很了解自己孩子的特点，会在他受伤时提醒他、关爱他。在学习上，他数理化很厉害，语文很糟糕，常常写不成句子，也没有标点符号。他的思维太快，手跟不上，往往一句话没写完，就在想下一句。妈妈一直在和儿子一起想办法、找对策，请教专业人士并及时和学校老师沟通，和儿子一起研究出一些对策，其中一个就是在写完之后，要养成重新看几遍、点标点符号、完成句子的习惯。整个对策的培养过程很漫长，最终大卫以优异的成绩考进了一所大学，又顺利毕业，如今是一位税务咨询员。

一个孩子在某一方面有了学习障碍，他极有可能在其他方面有一些过人的本领。所以一次聚会时，听到朋友坦然告诉我她的小女儿有学习障碍，我平静地问："哪方面？"她说："数学。"我又问："那么她应该还有些天赋吧？你发现哪方面了吗？"妈妈此时十分骄傲："对，她有过人的社交技能，别人都愿意和她交朋友；对音乐也极有感觉……"那么以后的路就明显了是不是？扬长避短！大卫也有过人之处，那就是他是极端的图形智能，妈妈基于这个发现，鼓励他学中文，他对象形文字很有感觉，再加上他是我儿子的好朋友，自然有了兴趣。他的中文毕业考试的口语是我给他考的，程度远远超过 A* 的要求，中文写作更是厉害，完全没有不成句和标点符号的问题。

学习障碍往往是天生的，但是可以采取应对措施，这个过程很漫长，但是孩子天生如此，家长用一生的精力去帮助孩子不过分吧？另外把眼光放在孩子的与众不同之处吧，你会有惊喜的。

第四，孩子的大脑或者身体发育有严重问题，这就不在我谈论范围之内了，需要去看医生。但这也有程度上的不同，有的孩子可以过正常生活。

总而言之，对有学习障碍的孩子，我更愿意把他们叫作有天赋的孩子，父母的职责就是和孩子一起发现这份天赋。

三、写在高考前

简单说来，人的思维判断能力聚集在前额叶，人一旦面临压力，血液向后涌，就会迫使我们用后脑部分思维，这部分的思维判断能力远不如前额叶。若想恢复前额叶的思维能力，有时需要长达四十五分钟的时间，可能考试的一半时间都过去了。这就是为什么有的人在紧张的时候看到卷子，大脑一片空白。

最重要的是放松，不要相信“临阵磨枪，不快也光”的说法。你可能会幸运地猜对一道题，但大脑过分劳累而来的压力会让你的整体思维受影响，从而影响各科成绩。让大脑得到充分休息是第一位的。

放松的前提是要认识到大学不是人生的唯一出路，就算失败，也可以重新再来。人除了生命，其他一切都可以重新再来，你才是你的人生故事的作者，唯一的作者。你的故事里也许有很多人物，父母、老师、同学和朋友等，但你是主角，唯一的主角。

走进考场时，看看广阔的天，想想自己，年轻就是资本。我已尽力，这就对得起自己。坐在考场上，深呼吸，那种肺部全部张开的深呼吸，告诉自己，我的人生起点从这里开始，路还长，终点还远，我有的是机会。

接下来你要知道，碰到难题先越过，不要看着旁边的人写得快自己就有压力，一旦有压力，思维就不清楚了，写得多不一定对。

考完一门彻底忘记,那些劳什子的东西可能一辈子也用不上。

不要和别人比,相信自己,未来的发展还要靠自己。

四、学外语

为什么学外语?

要思考我们鼓励孩子们学外语的目的是什么。为了将来好找工作?为了去其他国家旅游方便?为了考试成绩?为了可以向别人炫耀?为了出国留学、工作?现在大多数的翻译都能被人工智能代替,那么我们学外语的目的又是什么?

我的目的一直很明确,是通过语言了解文化,从而丰富和扩大我们的精神世界,培养跨文化思维,消除文化偏见或地域歧视,真正成为国际型人才。如果有了这些,那么找工作、旅行、考试、在国外留学生活等也就是自然而然的了。

目的不同,对待孩子学外语的方式方法也不同。

女儿十一岁时,我鼓励她参加了一个国际慈善组织的夏令营,营里有来自十二个国家的同龄小朋友。女儿回来说,原来美国的小朋友和她说不一样的英语,日本的小朋友喜欢给别人很贵重的礼物,中国的孩子和大人无一例外都对她的父母是干什么工作的格外感兴趣……这便是对多文化的一种启蒙认识,她的视野由此开阔了。至于她在营里学了几个外语单词,实在不重要。有的父母把孩子送到国外夏令营,回去先问学了什么外语,没学会就是白花钱,这显然和我的目的不同。女儿在申请大学的个人宣言中提到,那次夏令营让她开始对语言文化感兴趣,对不同国家的人感兴趣,这就是她选择学语言的原因之一。

我不会特意花钱给他们报外语班。会几个单词,说几句话实在是最无足轻重的语言学习,因为语言无法和文化脱离,完全没有必要为这个耽误了孩子玩耍、运动和休息的时间。孩子的兴趣应该来自他们自己,来自我们给他们创造的机会。女儿的夏令营、儿子的国际比赛、我们一年一度的回国游玩、小侄女来英国度假、甚至英文电影歌曲等,都能给他们助力。

我不会在孩子认知水平还没发展到一定程度时就和他们谈学语言的远大目的,也不会探讨外语和工作的关系。因为这对于他们太遥远也太虚无了。如果为了他们根本不懂的目的而逼着他们学外语,结果就是把他们推到了语言的门外,道理就像学钢琴一样。其实,女儿二十岁了,我从来都没有跟她分享过我鼓励她学语言的目的,没有必要,她有她自己的看法。儿子也想继续学语言,只是因英国高中改革而受阻,我不担心,只要他想学,将来自己能找到机会。

我会在生活中刻意寻找一些机会,给孩子创造学语言的动力,而这一切都要遵循我的最终目的,因为机会因目的而来,需要耐心,不能焦虑。如果看到别的孩子说了几句外语,回家就逼着自己的孩子学,那就偏离了最终目的。当然最关键的一点是:目的是我们的,不是孩子的,对于孩子来讲,他们感到有趣的,学起来有成就感的,能够和自己的生活息息相关的,就会去学。

我们看到的双语往往停留在日常对话中,看到一个孩子能流利地用两种语言对话就是双语,其实能够用两种文化思维,至少可以对两种文化有共识和理解才叫真正的双语。很少有孩子能够在深层面上同时运用两种语言，即便是双语，也会有其中一种是主要的。在那些带孩子回国的日子里，我尽力为他们解释一些中西文化的不同，就是这个道理。

无论是中国还是英国，外国语教学都有待提高，考试体制更是如此，能够真正考察孩子能力的考试方式恐怕还没有被设计出来。那么如何应付考试？我自己学英语就是一个例子。四级勉强过了，花费了不少时间；后来喜欢上了英语角，发疯地开始学英语，很短时间内六级就考出了好成绩。对于孩子也是，兴趣是主要的，有了兴趣，应付考试不在话下。我的学生要求我在假期给他们补课，我欣然应允，实为兴趣所致，否则没人想在假期里继续工作。我教给他们几个应付考试的技巧，学习的方式方法就成了。

我坚信，语言就是看世界的窗户，掌握一门语言就打开了一扇窗户；语言也是心灵的窗户，掌握一门语言，了解了一种文化，你的心会变宽、变广。至于将来孩子们会从事什么职业，是否愿意从事和语言有关的职业，那就不在我的考虑范围了。我想最可怕的不是人的闭塞，而是根本不曾知道你生活中缺失了什么，根本不知道外面的世界有多精彩。

五、华裔子女学中文

华裔子女要不要学中文？有人说，孩子在英美生活，英文重要，中文学不学都没关系。那些逼着孩子学中文的家长，最后往往让孩子恨中文。的确，我看到了太多的被家长逼迫终于彻底放弃中文学习的华裔后代。但是也见过两位年轻人长大后自己回国见祖父母,对中国文化产生了深厚的兴趣,悔恨当初不曾学中文,没法和家人交流,现在正吃力地自学。

我生长在中国,后来学了英语,英语助我在北京找到了两份非常好的工作,也让我年纪轻轻就有了看世界的机会。那么谁能说中文不会给那些华裔子女带来机会和更多的选择呢?据我所知,英国就有很多大企业、大公司需要有中文背景的人才。女儿在申请德国实习工作时,就有几家公司看中了女儿的中文能力。当然,学习语言不仅是为了交流,更多的是培养孩子对民族文化的理解和尊重,培养孩子的跨文化思维能力,消除偏见。那么有什么比身边有华人父母而学中文更方便的呢?中华民族如此博大精深的文化,西方人尚且要学,而我们的孩子得天独厚,失去这样的遗产岂不可惜?

那么如何学中文?下边说说我的做法。

我的两个孩子都是从很小就开始学中文了。我的一个宗旨就是在玩和游戏中学,以鼓励为主。他们都去过本地区办的中文学校,他们的课程都曾由我个人来教,孩子们很喜欢听。但是后来我不能继续教了,中文学校师资不稳定,我怕孩子们对中文的兴趣被不负责任或者不会寓教于乐的老师给毁掉了,就停了他们的中文课,自己在家里教。无论在学校还是在家,关键是“授人以鱼,不如授人以渔”。

第一,在游戏中学。在中文学校时,几个孩子一个班。这么大的孩子他们生命的全部意义就是吃喝玩乐,吃喝在家解决,我的任务就是带着他们玩乐。当时他们通过各种游戏,把拼音和汉字笔画都玩会了,玩扎实了,这就是授人以渔的“渔”,因为他们具备了一定的自学能力。我也讲了很多故事,如《仓颉造字》《西游记》等。语言就是文化的一部分,万不可孤立来学。

第二,寻找契机。停了中文学校的课以后,我开始在家教。纯粹的识字、写字非常枯燥,生活中用不着,也没有小朋友一起做游戏,所以干脆放弃了。儿子喜欢枪炮,喜欢战争故事,放假时我拿出一个小锦囊,一个诸葛亮锦囊妙计的故事打开了儿子对三国的兴趣,配以电视连续剧《西游记》《哪吒闹海》《宝莲灯》等。女儿迷上了《红楼梦》,后来自己还做了一个红楼梦的族谱呢。

这时候我们开始带着孩子每年回国看看,看看家人,再到各地旅游。几年里,大江南北走了很多地方,在每个地方都可以体验到珍贵的历史文化自然遗产。不过最大的收获是有几次带着他们的表姐表哥一起出游,他们之间有了深厚的感情,当时儿子对读大学的表哥崇拜得五体投地,学中文的兴致来了,在很短的时间内中文就讲得很流利了。有了内在的动力,任何事情都能成功。这个动力可以来自任何契机,契机就在我们平时的生活中,只要父母细心观察就能找到。一位住在法国的朋友,希望他的儿子学英文,起初儿子不干,但是他喜欢游泳,一次到英国来参加游泳培训,接触到了一些英国小伙伴,这下来劲了,开始学英文,以后每个假期都找机会到英国来参加游泳俱乐部,同时学英文。

儿子在中文的听和说两个方面已经不错了,读和写怎么办?这又需要契机。女儿的读和写已经不错了,她是属于会自学的那种,而教儿子就要动点脑子。没有什么比上来就让认字、写字更枯燥的事了,逼着学需要大量的时间投入和重复性记忆,我自己坚持不下来,儿子更是不会去做他觉得没意思的事情。女儿的中文那年在英国第一阶段中等教育会考中取得最高成绩,我们当着儿子的面表扬姐姐,这对儿子有了点刺激,男孩子的竞争心理被激活,问我们会考的写作都有什么要求,我认真给他讲了,发现不是很难,相约假期我们一起学习——机会来啦!

那个假期学中文的目的就是帮助儿子准备中文考试,顺便共同探讨几种适合他的认字、写字的方式方法,以后他可以在需要的时候独立学习。这又是"渔"。

一方面,心理准备很重要。有科学研究表明,人在有压力和情绪低落的情况下,大脑的正常思维区域会改变,造成低效学习,反之则高效。所以要在心情好的时候学习,心情不好的时候就创造好心情。整个过程强调自主学习,注重鼓励,不随便批评。这样不但调动了他的积极性,而且给他带来了自信。自信就是学语言的关键。

另一方面,每天如何开始也是关键。最烦人的莫过于让孩子坐下,打开本,开始写。我事先要计划一下每一天的内容,留出给儿子选择的余地。拿出孩子们小时候玩的白板,一些很好玩的彩笔,妈妈扮演学中文的小学生,儿子是老师(儿子学习是他人技能,喜欢给人讲,我就成全他),他要把仓颉造字的故事有声有色地讲给我听,然后想象一下仓颉当初是怎么开始创造汉字的。有时候他会天马行空地乱编起来,把汉字乱编成故事、画成图像等讲给我听,达到目的即可。人的认知原理告诉我们,知识如果能讲出来,就能掌握和牢记90%;而被动去听讲,只能掌握20%。这同时也是"渔"——用讲故事的方式来识字。

其他的方式也很多,儿子是动作智能,是个坐不住的孩子,所以我们用了很多肢体语言。比如老师的师字，他忘记右边了，我站起来，微抬肩膀，让他想象我头顶有个博士帽，字就出来了。图像、字谜、连环画都可以用来帮助认字。认字多一点以后，声旁形旁都学会了。用我们共同发现的这些办法，让他来教我识字，我会随时给他创造讲解的机会。一些较高层面的游戏可以是找不同，即从几个字或几个词中找出共同处和一个与其他不同的字或词，这种游戏往往没有一个固定答案，孩子可以发挥自己的想象，可以是偏旁不同，笔画、意思、词性等不同。再进一步就是让儿子自己设计游戏和编写游戏规则，让我上他的圈套。设计游戏的过程就是一个深度思考的过程。设计的游戏也可以是他小时玩的桌游，比如蛇梯棋以及《大富翁》等。游戏可以是识字的、文化的、读音的、深度思考的、语法的、逻辑的等。不管多么枯燥的东西，只要变成游戏，孩子们就会喜欢。当然，他设计的游戏我上课还可以用，一举两得。这就是寓教于乐。

教学中最关键的还在于 context，这个词很难翻译，大意就是要把学的知识和孩子们的现实生活联系起来，让他们产生共鸣。如果学的东西和现实生活没有任何关系，就失去了学的意义，孩子们会觉得枯燥无聊。所以每天我和儿子一起学的东西都要建立联系，让他觉得有意义。孩子们最喜欢谈的当然还是自己，所以我们从他自己开始，然后是他的家庭，他的度假经历、喜欢的食物等，这样就把考试的内容都串起来了。但是和现实的联系是什么呢？写给谁看呢？正巧我们有一家老朋友，他们领养了一个男孩，和儿子一样大，是他的好朋友。十几年前领养时我是作为推荐人参与的。朋友一家经过了非常严苛的审查，包括要写一个自传形式的材料。

借这个事,我给儿子讲了领养的过程,我充当领养机构负责人,儿子是一个要领养孩子的父亲,他要给我写一个简单的自传,同时要把他对一些事情的看法写出来,过去经历的、今后的计划也要一一列出,这些都是考试的高分语法点。这个自传就成了他考试两篇作文中的一篇,另一篇是儿子针对当时英国广播公司(BBC)播放的有关中国式教学的纪录片有感而发的。

这样一来,我们就可以把考试的内容融入和他生活息息相关的事情上来。整个过程都是儿子在自主学习,我只是起了一个配角的作用,时不时地鼓励一下,给点奖励。我绝对不会因为他忘记字或写错字而批评他,只鼓励记住的。对一些错的、没意识到的,我会搞个小游戏,把正确的和错误的放在一起,由他来找不同。我的关注点永远是"渔",这样他才有自我提高的能力。

我对那些死背硬记的考试不想妄加评论,但是能够应对考试是人生的一大技能。如果我们能把死背的东西变活了,变得和我们的生活和认知有关联了,我们就能战胜考试。第二年儿子参加了中文考试,得到了最高成绩。

文化自信也是关键,无论是自己成长国家的文化,还是父母、祖父母的文化。如今儿子、女儿除了具备自学中文的能力,还对中国文化有了一定的了解和敬畏。女儿开始对父母、祖父母成长的中国社会背景感兴趣,她在高中选修历史,学的是冷战,如今能够把这段历史和最亲近的家人联系起来了。儿子是从音乐、运动和审美的角度理解中国,曾经带着朋友们去看张艺谋的《长城》,回来谈到自己和英国朋友的不同感受。这也许就是跨文化思维吧。

六、亲子阅读

亲子阅读是多么美好的事情。想象一下孩子入梦之前，若是有爸爸妈妈陪伴床边，共同享受一本好书或一个好故事，那他们的梦一定也会充满色彩。

我在女儿一岁多时就给她买了很多书，发现她最喜欢的是那种很小、很薄的绘本，大概是她的小手可以拿得过来的那种，妈妈给读完也快，有一种成就感，而且这么大的孩子注意力集中的时间往往很短，不太适合很长的故事。她还喜欢有特殊设计的书，比如绘本上的小动物是用人造毛做的、立体的，有很亮的镜子的，散发水果味的，有音乐按键的，等等。这些可以从视觉、听觉、味觉和触觉上给她多感官刺激。这时候她往往喜欢上一本书就不放手，要妈妈反复给她读，每次都那么陶醉，不过可苦了妈妈，那些书我到现在还可以倒背如流。

最初的书多是绘本，有重复的短句，有很多感叹词或象声词，比如："小猫来啦，喵喵！"每次我读到这儿，女儿会跟着"喵喵"两声，渐渐地，她读的越来越多了，从词到句子，到整本书。这是个识字与阅读共进的过程。这期间只要是孩子喜欢的，有多感官刺激的书就可以做亲子阅读的好材料，没必要刻意追求名著。如果有意向孩子介绍名著，可以将名著的故事改成小孩子能够明白的小故事，绘声绘色地讲给他们听，或者一起做角色扮演。不过一些早期的经典名著，出于历史的原因，很多情节对于现在的孩子过分残酷，父母可以避免这些，以免小孩受刺激，引起恐惧。我曾经给五六岁的孩子讲过咱们春节的“年”兽故事，一个小男孩因此而噩梦连连，我很是后悔，也一直在思考如何给年纪尚小的孩子做亲子阅读和讲故事问题。其实很多怪兽或残忍场面，完全可以变成幽默的动画故事，这样更容易让孩子们接受。英国的电视台一般不在晚上九点以前播放打杀的画面，也是这个道理。

在英国的小学，评估一个孩子的阅读级别是靠孩子对文字或故事情节的理解水平，所以老师、家长在和孩子们阅读时，往往读了几句话就停下来，让孩子们想象一下接下来会发生什么，前面为什么这么写等。在学校里，老师着重分析一本书时，这样做是必要的，但是在亲子阅读时，很多孩子很反感这种做法。设想一下，如果我们自己在读一本精彩的书，总有人从中打断问这问那，烦不烦啊？如果想发展孩子的想象力，可以有多种形式，比如有机会可以给孩子设定一个故事的开头：“小姑娘站在林子边上，望着前边黑乎乎的森林，犹豫了……”下面让孩子们尽情想象吧！

孩子对故事的理解和着眼点往往与成年人不同，就是成年人，也是仁者见仁，智者见智。但是成年人往往因为孩子看不到故事的深刻寓意而责备孩子没有理解力，这是不公平的，孩子的想象力或洞察力和成年人是不同的。一些绘本和故事书往往会添加很多寓意，这些多数都是年纪尚小的孩子无法理解的，因为他们还没有对这个社会规范有认知能力，道德对他们毫无意义，所以他们更喜欢故事情节，而不是所谓的深刻寓意。为了享受而阅读，是英国知名儿童作家们一直在倡导的事情，他们认为小学的阅读模式从一定程度上毁灭了孩子们对阅读的激情，把阅读变成了一种负担。这还反映在家长要孩子读名著，按照成人标准为孩子选书，总想让孩子读超越他们阅读能力的书,对大一点儿的孩子读幼儿绘本嗤之以鼻等。这些都是在亲子阅读中需要避免的事情,永远记住,阅读是为了享受,所以千万不要在里面添加太多的功利,这样可能会毁掉孩子对阅读的兴趣。

在英国的小学,等孩子们可以读一两百页的书时,他们就成了"自由读者",也就是老师不再给阅读上的指导,孩子们可以自由阅读了。以后一生的阅读,不管是故事书还是学术书,都是孩子们自己的事情了。我认为这是一个误区。"自由读者"只能证明孩子们识字够多了,并不说明他们会阅读了,真正的阅读其实才刚刚开始!

七、阅读技能

阅读的学问很大,对学术著作以及信息类图书的阅读技能直接影响学习成绩、工作效率甚至是否拥有财富这样的问题。

技能之一是把握精读和速读的关系。我们往往认为它们的关系是相反的,读得越慢理解得越好,这是一个误区,其实是读得越快理解得越好。道理是我们阅读过程中用的是大脑的短期记忆,试想在一分钟内读一段话和读五段话,哪个更能使读者深刻全面地理解作者的意图?这里的速读指的是一目十行,而不是中间省掉大段文字不读。速读法是澳大利亚专家发明的一种系统的阅读法,可以在短时间内使人的阅读速度大幅度提高,能让公司老板、政府官员、出版社校对员及中学生等各类人受益。他们提供的数据证明，中学生接受速读培训后其毕业成绩提高了很多。英国书籍期刊校对员都有每分钟2000个以上英文单词的阅读速度（普通人达到500就不错了），但任何一点小错误都逃不过他们的眼睛。对于普通人，一旦阅读速度超过每分钟500个单词，理解能力直接就会有一个飞越。

技能之二是明确阅读目的。是为了消遣享受而阅读，还是为了查找资料数据而阅读。目的不同，阅读方式也不同。前者或速读、精读、慢读，或读一会儿玩一会儿，或一气呵成随意；后者需要学会扫描和跳读。从中学到大学阶段，学生们往往会有查找信息资料的需要，信息类图书或网上信息浩如烟海，如果不会扫描和跳读，会觉得无从下手。

技能之三是阅读学术著作一定要掌握的，就是如何查阅索引和参考文献。前者可以大大减少查阅时间，直取要害；后者可以顺藤摸瓜，查遍查全。

技能之四是对一手资料和二手资料的认知以及批判性阅读的态度。尤其是历史资料，学生要认识到作者身份、写作目的以及出版年代对作者历史观的影响，要能对比不同作者和不同时期的资料，要能有效地选择史料来论证自己的观点。网上资料还要注意网站的可靠性和权威性。读科学著作不但要尊重作者，还要对现有研究成果的局限性有所认识。对作者的尊重表现在引用原作时的标注，而不是随意用网上搜索来的东西做标识，这是盗窃，是学术欺骗。对科学的局限性认识反映在读者的发展观和质疑态度，无论多么权威的作者都有被质疑的空间，敢于提问、敢于质疑是最科学的治学态度。

技能之五是查阅参考资料的能力。年轻人多数认为网络能解决一切问题。的确,现在网上的检索功能很全面了,但是严谨治学的人都明白网络检索和信息的局限性。当然,人工智能的发展可能会根本改变信息检索的方式,人们借助人工智能可能会有更全面的检索能力。

最后说一说名著。很多经典名著距离现在上百年、上千年了,他们的写作历史背景、道德和伦理与现在的已经很不一样了,所以一些书孩子们不愿意读是自然的。阅读就是寻求共鸣,有了共鸣就有了兴趣。不过这些经典名著之所以流传至今,往往是它们触及了人类灵魂深处的东西,能够跨越不同文化和历史而引起多数人的共鸣。那么这就有了矛盾,如何让经典的东西和孩子们产生共鸣?一个模式是将经典名著用现代语言改编、简化,使孩子们对故事情节有一个了解。比如莎士比亚的作品就由后人改编成无数版本和舞台剧,这些都可以和年轻人更接近。而对莎翁语言的学习,那是英国语言文学课的内容,不是亲子阅读的重点,家长大可不必因过分操心而影响了阅读兴致。

那么如何将孩子引进经典文学的殿堂?我的经验是耐心等待机会。名著改编的电影、戏剧、和电视剧,甚至一些电子游戏就是契机,还有生活中的体验等。时机到了,孩子们对名著感兴趣了,如果父母和孩子共享名著就又有了一层动力。亲子阅读不仅仅局限于和婴幼儿的阅读。我和 14 岁的女儿、12 岁的儿子之间也常有亲子阅读,这时候的共享就又上了一个层次,充满了挑战和幸福。

每个人的阅读习惯不同,选择图书的视角也不同。遗憾的是,我们的经典著作往往偏女性,造成男孩子不太爱读经典的现象。

但是他们往往爱看绘本，爱读信息类书，比如百科全书和吉尼斯世界纪录，还有恐怖猎奇故事等，这不能表明男孩子没有女孩子有品位，人是多样化的，经历是多样化的，我们应该鼓励不同。

我之前说过，阅读不仅局限于文字，对图画、音乐、视频、自然和对人、对社会都要读，而读懂后者所要求的技能就更复杂高深了，本书不做论述。

八、阅读兴趣的培养

我曾有机会长期观察青少年读书的习惯和选择，也曾大量地读过英国儿童文学作品，发现很多获奖的儿童作品未能引起小读者的关注，而一些“登不得大雅之堂”的书却风靡了全世界，比如《饥饿游戏》还有 Anthony Horowitz 的恐怖小说。关心孩子阅读的父母，都巴不得孩子们在很小的时候就能够爱上那些古典和现代名著，各种阅读书单也多数是把获奖著作列在前面，更迫使父母到处寻觅所谓高雅的书给孩子们读，结果往往适得其反，孩子们或者对读书没了兴趣，或者就读自己喜欢的书。

为什么那些并不受小读者青睐的书会获儿童文学奖？

原因其实很简单，书是成年人写的，也是成年人评判的。我把这类书归结为写儿童的书，而非给儿童所写的书。前者指的是书里的主人公多为儿童青少年，但是其语言和幽默都是成年人的，成年人用自己的眼光和审美角度再现儿时的经历，因而引起共鸣。比如就我曾读过曹文轩的一部小说，寓意丰富深刻，将社会背景展现得淋漓尽致，对儿童的内心把握得恰到好处，读来如同看到另一个原先的自己，实在是好文字。但是我怀疑会不会有很多青少年像我这样对此书大加赞赏，因为这是给成年人写的。写儿童生活的书，我会买来看，但不大会推荐给我的孩子，因为他们还没有到回味儿时生活的年龄，他们正在度过这个年龄。这类书往往有很深刻的现实意义或审美内涵，而这种深刻的东西只有成年人才能感受到。英国两年一度的儿童文学大师称号获得者，也多写这类书。比如 Anthony Browne(也曾获安徒生文学奖)的绘本，记得一次和女儿的教父一起看他的绘本，琢磨半天，才悟出图画中的一些隐喻，一旦悟出，不得不为作者的创意而拍案叫绝，他把几位当代著名欧洲画家的名画、经典名著的文字，那么自然和独具创意地融到自己简单的几笔画当中。这些东西，如何让几岁乃至十几岁的小读者去体会？

再有一类就是给儿童青少年写的书，比如《哈利波特》《饥饿游戏》，还有 Jacquline Wilson、Roald Dahl 的书等，多被拍成电影，深受小读者青睐。但这类书，除了《哈利波特》，往往难登英国最高儿童文学的大雅之堂。这类书往往是用纯儿童的眼光看世界，用他们的语言和幽默，用能够引起他们联想的经历来写，这就有了难度，因为上述一切都和成年人的不同。用儿童时代的眼光和经历，用成年人的描绘技巧来写书是一项相当大的挑战，然而，正是这类书，可能点燃儿童对读书的真正兴趣。

这里对两类图书没有褒贬之意，之所以写出来，是希望解答一些父母因孩子对读书没兴趣的问题。一个误区就是父母会把自己认为的好书推荐甚至强迫孩子读，而孩子自己选的书常常被父母否决，不是文学水准不高、内容不高雅，就是没被列入某某书单，怕对孩子造成负面影响。比如恐怖小说和吸血鬼小说等等。父母给孩子选了书之后，往往希望孩子们从书中读出深刻内涵或者道德启示，读不出来就是孩子没读懂，其结果就是孩子读书不是享受，而是要去做不折不扣的文学批评。

其实读书作为一种享受(也只有享受了才能培养兴趣)，源于一个拿自己的经历和书中人物的经历相互连接的过程，无论是现实的还是想象的。而孩子最初读书时能产生联系的往往是那些给儿童写的书，也就是第二类书。不管是否有珍藏价值和文学价值，先鼓励孩子们有这么一种体验，一种享受，他们的个人品位慢慢就会出来。

《哈利波特》是经典，无论从文学角度还是从内容角度都是经典，作者给了小读者一个脱离现实、脱离禁锢完全自由的想象空间，难怪孩子们爱不释手。

我的女儿和儿子都爱读书，但他们两个的选择大相径庭。女儿雅俗共赏，儿子的阅读心理到现在对我还是个谜，一本我认为文学价值并不高的书他能翻来覆去读很多遍依然津津乐道，但是文学写作向来是他的强项。他一开始不爱读书，因为我也是走了那个误区，直到他的一位智慧的小学语文老师给我推荐了几本名单外的恐怖小说，儿子才自此迷上了阅读。

我们父母做的就是允许孩子们选择他们自己喜欢的书，不对他们的选择妄加评论，和孩子们分享读书的乐趣，适时按照孩子心理成熟年龄和阅读年龄(可能和实际年龄不同步)给一些引导。

第七章
课外生活

在英国，四年级（约八岁）的孩子开始上乐器课。
有地方政府提供弦乐、管乐和打击乐三类乐器，
孩子们可以随意挑，喜欢哪种学哪种。

第七章

课外生活

一、家有琴童

在英国，四年级（约八岁）的孩子开始上乐器课。有地方政府提供弦乐、管乐和打击乐三类乐器，孩子们可以随意挑，喜欢哪种学哪种。当然这之前也有家长给孩子找私人老师在家开始学乐器的，我们家没有这样的安排。

八岁的女儿挑了小提琴。乐器可以自己带回家保管，在一周一节课的日子自己把乐器带到学校。不管多贵重的乐器，当时每年只交 45 英镑的租金(租金的多少随地区的不同有变化)。有的孩子选了上万英镑的管乐器带回家，女儿的 2/4 小提琴 100 镑。十八岁离校时将乐器还给教育局。

除了学校的乐器课，英国几乎每个地区都有教育局组织的儿童青年乐队，乐队参加费用每年是 30 英镑。乐队分管乐、弦乐和声乐等，分级别，初学乐器的孩子也有机会参加，每年都有地方演出。青年交响乐团，也就是最高级别的乐团每两年有到其他国家巡回演出的机会，女儿已经和这个乐团多次出国演出了。

女儿练琴，我们除了鼓励之外没有干涉过，想练就练，不想练就不练，一切都从兴趣出发。学了两三年，老师推荐她参加一个星期日开放的青年音乐家学校，考试通过后她去试了一天，很喜欢那个地方，于是开始了更系统的音乐学习。这个音乐学校的费用很高，但政府按照家庭收入也给极高的补贴，所以有音乐潜能的孩子即使家庭负担不起费用，照样可以上这个学校。这个学校成了女儿的第二个家，一帮挚友情投意合，一起演出，一起上课，一起出去玩，每年送走上大学的一批还要哭一场。

这个学校开了作曲、乐理、即兴创作、室内乐队、表演、第一乐器和第二乐器的课。女儿在这里迷上了钢琴，那年她十岁。于是我请朋友去琴行给她挑了一架很便宜的二手钢琴，用到现在。

学到小提琴四级，她个子长高了，教育局提供的小提琴不够用了，所以我们就考虑给她买一把。在西方，手工小提琴很贵，她的老师推荐了一家上海的乐器行，这家乐器行国际知名，据说他们制作的小提琴质量不错，价格也低，网上服务十分周到。女儿的老师帮着挑了一把，200 英镑，一直用到她要准备八级考试。

到了八级，学生小提琴就不够劲了。那年夏天我带着她和她的音乐老师远途到一家琴行去选琴。有些父母为了孩子学点东西不惜一切代价，四五岁的孩子就可以拥有几万元的钢琴。这不是我的消费观。在去琴行之前，要做准备。我和女儿取得共识，我们有一个预算，超过预算的琴，不但不买，连试都不试，原因是小提琴价格无上限，几万、几十万英镑的不少，上百万的也有。接下来我和琴行事先预约，电话告知我们的预算，要求他们将预算内的小提琴价码全部拿掉,以免在选琴时在心理上受价位的影响。其实有些价位低的音质反而更好。到了琴行,店主已经将所有可选的十几把小提琴摆在桌面,价码都去掉了,只有序号。我将女儿和她的老师留在琴行,我自己出去逛街,一小时后回去,只有两把琴还留在桌上。没料到店主悄悄将一把超出预算的琴混在其中,就是女儿和她的老师挑出的两把之一。店主随即向我道歉,允许我们将两把琴都带回家试用两周,决定取舍。

每一把小提琴都是有历史的,有生命的,有个性的,因为每一个拉琴的人都是不同的,虽说是人挑琴,但其实往往是琴挑人。琴不认人,人拉不出感觉。有一把百年老琴,女儿拉得随心所欲,音质优美,而她的老师选中了另一把琴女儿却没看上,两人换拉,音就不太一样了。再看墙上几排古旧的琴,好像每一把都在等候着自己的主人,而躺在桌上的两把颇有得意之色。女儿一见钟情的这把琴,偏偏是店主混进去的那把。后来女儿选中了那把琴,就用自己的零花钱凑足价格。这两把琴,一个是去年造的,一个是百年老琴,音质都很好。不过除了工厂大批造的琴,任何一把手工造琴,都不会随着时间的推移而贬值,多数会增值,所以很多人把琴当作投资的古董,而琴到了一定的价位,音质就不起决定因素了,是琴的年龄和制造者决定价格了。

父母的钱不是子女的钱。英国的普通人不大会出现年轻人毫不在乎地大把花父母的钱的现象。我在微博上提到过,一个家境比较好的孩子被妈妈送到乡下吃苦,指望他学会珍惜和努力。孩子问当地的小孩为什么这么努力,答:“为了住大城市的大房子,过好生活。”于是孩子问妈妈:“既然那些农村的贫穷孩子努力读书是为了住大房子过好生活,我现在都有了,为什么还要努力?”这个问题难倒了太多的中国父母。我也问过儿子和女儿,他们想都不想就答:“大房子和好生活是爸爸妈妈挣来的,他们将来得自己去挣自己的。”我常带女儿出去购物,因工作和其他应酬的需要,我会买一些较高档的服饰,女儿不会艳羡,她自己选的都是物美价廉的东西。我们也不会一味把好吃的东西都留给孩子。如果真有大家都爱吃的东西不够了,也要平均分配,希望孩子学会尊重他人,先要从尊重父母和家人开始。希望孩子独立,就告诉他们父母的不是他们的。

女儿对音乐,尤其是古典音乐至今都保持着浓厚的兴趣,但决定将来不读音乐学院。其实音乐的就业面很广。英国几所顶尖的音乐学院的毕业生大概只有百分之五从事表演工作,其他的有创作、乐器制造和销售、音像出版物、电视电台评论员、摄像、音乐教师、音乐课程设计、音乐经纪人、电影音乐等。孩子们将来要从事的职业很可能现在还不存在,所以为此担心是没太大必要的,我们所能做的是保护他们的兴趣,给他们多提供体验的机会。

二、兴趣和激情

如何在漫长的岁月中发现和滋养孩子对音乐、运动和其他方面的兴趣和激情?

女儿拉的《辛德勒的名单》电影中的一首曲子,小提琴八级考试的曲目之一，感动了在场的所有人。她学小提琴八年，钢琴六年，对音乐一直近乎痴迷。到了大学，加入的第一个社团就是交响乐队；在德国工作实习一年，又加入了当地的交响乐队；她自己找的一个实习公司就是音乐家经纪人公司，干得风生水起，从而也有机会到现场观看了无数场音乐会。

有朋友问我是如何在枯燥的练琴过程中帮助孩子保持兴趣的，先举个例子：多年前女儿开始学网球，我也参加了一个妈妈网球班。通过这个妈妈班我明白了一个道理：看着容易，做着难。这是多么简单又是多么容易被父母忽略的道理！那时常常有小朋友的网球比赛，有个很有意思的现象，所有参加过妈妈班的妈妈们都是在旁边大声叫好，鼓励他们的孩子，无论输赢；而没有参加妈妈班的父母往往是看着孩子输球就着急，对刚刚输了球的孩子不去安慰，而是一个劲儿地批评还要他们立刻找原因。为什么？就是妈妈班的人都意识到要求孩子做的其实自己都很难做到，赛场上无论多么有经验的成人也会常常情绪化，顾了头顾不了尾，所以看到孩子每一点进步都知道太不容易。

这个道理可以延伸到孩子做的任何一件事情。比如女儿学乐器，对此我一窍不通，所以教的任务就是老师的，我的任务就是赞美和欣赏。我是由衷地赞美，因为我也试过。如何鼓励和赞美？我一贯主张论事不论人，可我是音乐的外行，谈不来事，所以我就和女儿有了很多约定，这些约定来自我们的玫瑰谷之约，就是将来妈妈先去了玫瑰谷，女儿要在妈妈的墓碑前拉妈妈最喜欢的曲子。第一首曲子就是女儿最先拉的几首曲子中我最喜欢的，也可能是最难拉的一曲。我当时觉得女儿可能要下很大工夫才能拉好这首曲子，不过她好像很快就把这首曲子拉得很好听了，听她的琴声我真的很激动。不久她又开始学其他的曲子，我总能找到喜欢的。女儿问我为什么最喜欢的曲子总是在变，我说："你拉得越来越美了，原先不知道还有更美的曲子呀！"从此女儿也习惯了我动不动就宣布："对，就它了，我最喜欢的曲子，到时我也想听这首！"如今我喜欢的曲子已经数不过来了，女儿也长大了。

孩子的成长过程中，可能会尝试很多活动，说不定就喜欢上哪个了。当时女儿的网球教练和游泳教练都劝我把女儿培养成专业运动员，说她有这个素质。我的态度是，只要她喜欢，时间安排得过来就去玩玩。大一点后，女儿不再游泳了，没时间；网球还在俱乐部打，目的是和朋友们一起锻炼和社交。女儿倒是喜欢音乐和旅行。这些年对各种活动的体验给她的人生带来无数的色彩。生命贵在体验，能够有体验的机会就是幸福，而体验的过程应该是美好的。我不相信什么"现在的苦是为了将来的甜"之类的话，因为你的生活永远有将来，这就意味着你永远都得苦下去。什么是成功？人类的本性决定了成功永远是短暂的，那我们为什么不能把过程看作成功？有两个孩子学琴，一个觉得要忍受现在的苦，为了将来的甜；另一个就是享受音乐，享受过程，我坚信一定是后一个孩子进步得快，坚持得久。做任何事都是如此。至于如何将别人认为苦的事变成享受的过程，就需要家长的鼓励了。

另外再说说音乐考级。有人采访过很多有音乐天赋，很快就达到八级的孩子，他们都会这么说，如果能从头来一遍，一定不会急着去考级,而是要慢慢享受和欣赏一下自己喜欢的乐曲。考级的曲子是固定的,喜不喜欢就那么几曲。如果整个学习过程都是应付考级,那该有多枯燥。所以女儿和老师达成协议,平时多练一些自己喜欢的曲子。级别制度应该是一个鼓励手段,因为音乐无上限,每学一段,给孩子一个鼓励,一个可见的目标,这是好事。但是如果我们把考级看作学乐器的唯一目标,岂不本末倒置了?

三、儿子玩音乐

为什么中国这么多琴童,却很少有对乐器格外痴迷的孩子呢?

我认为,学音乐、爱音乐才是最根本的,现在来看看儿子的"野路子"学琴过程。

其实他在很小的时候就对音乐感兴趣,喜欢流行音乐。八岁时小学开乐器课,他挑了大提琴。虽然也喜欢练琴,但他坚决不练不喜欢的曲子,所以考级就不考虑了,因为考级的曲子都是他不喜欢的。不过倒也让他拉出点儿眉目,后来进了地区乐队,成了乐队里重点培养对象,昂贵的大提琴就让他免费扛回家了。学校为了鼓励男孩子学乐器,就让他在全校学生面前拉他最喜欢的曲子——Pink Panther。据说一曲下来,酷得不行,一大帮男孩子要学大提琴,儿子成了一个小明星。

后来儿子迷上了运动,紧张的培训比赛,把音乐课和乐队的时间就挤没了。几年前,他决定不走专业运动员的路子,业余自由支配的时间多了,就把音乐又捡起来。家里只有一架姐姐用过的旧钢琴,他便开始在钢琴上做文章了。他因对音乐的深爱而去试着寻找一个载体,而不是为了考级要学的指法技法。问他想不想找个老师,他坚决拒绝。他能看着一些音乐视频几个小时不停地反复学弹一个曲子,连早晨上学前、吃饭前后和晚上睡觉前哪怕有几分钟也要用来练习。如果孩子在没有逼迫的情况下练到这个地步,那就是真喜欢了。

很多人问我,你儿子是如何自学钢琴的,这个问题我真的无法回答。如果是为了学钢琴而学,就不要问了。如果是像我儿子一样对音乐有了兴趣,希望找个载体来进一步玩音乐,那么他自己就可以找到办法。传统路子找个老师很好,"野路子"得自己摸索。也许有人问,你儿子都要高考了,还有时间自学钢琴?对呀,这就是劳逸结合啊。

有人说他是"自学成才",那就要首先界定一下什么是"才",在我眼里,儿子一出生就是"才"了,生命之初从几亿个小伙伴里胜出的,不是"才"是什么?所有的孩子都是"才",只要不毁在我们手里。儿子弹钢琴很自信、很享受、很投入,他在学校的开放日毛遂自荐给老师学生家长弹奏,演奏的都是现在年轻人喜欢的流行曲子,惊艳了很多人。

四、儿子的运动

儿子最早接触运动的大概在四岁。当时英国的男孩子们都开始踢足球，学校社区也有各种足球活动。我们也急了，心想自己的孩子也不能落后。不顾儿子的不情愿，爸爸带他去了一个室内足球课，儿子不上场，爸爸陪着坐在墙边的长凳子上看，可是足球不长眼，乱飞，吓得儿子躲到凳子底下，从此再也不能在他面前谈足球了。此举会不会给儿子在心理上造成阴影？也许吧，哪个家长是圣人？谁也不是“家长学”毕业了才生孩子。

这期间他参加过游泳、攀岩、高空绳索、滑雪、儿童橄榄球、网球、乒乓球、羽毛球以及其他各项团体个人球类活动，我们的初衷并非要在哪一方面培养他，有些是学校的必修课和课外活动，更多的是全家度假时或社区组织的各项活动，唯一的目的就是玩。有几项运动他做得很突出，自己也喜欢，就坚持下来了。

2008年北京奥运会，儿子在电视机前看到了一些赛事，开了眼界。一年后，一个为期一周的假期活动，正好有几项他当时电视上看到的运动，儿子好奇就去了。他手脚协调能力比较好，被教练看中，当时还有另外三项运动的教练向他发出邀请。儿子参加英国体育明星工作坊时发现，几乎每个体育明星都遇到过这样的情况，运动的技能往往是通用的，所以一项好了，其他的也会好，但时间精力有限，往往要放弃一些同样喜欢的运动项目。后来儿子试了几个俱乐部，自己选了两个。再后来开始比较严格的训练，两个项目难以兼顾。两个教练也有些不同意见，认为项目间相互影响。儿子自己选择放弃了其中一个项目。那年他九岁，有了一个奥运梦。

选定了项目，就开始训练，因为喜欢，所以并不觉得辛苦。各种比赛、各种奖杯、各种荣誉、各种媒体采访、各种颁奖典礼，父母沾足了光，儿子也越来越自信，成了一个小名人。媒体对他一致好评，“明星”大概就是这么造就的吧，普通的故事卖不出去，媒体要把他变成天才。儿子参加过很多体育的颁奖晚会，一次给他颁奖的是英国橄榄球界的一位传奇人物，他提到了一次让大家深受启发的经历。一次酒会上，一桌在座的是当时全世界包括他在内的六大橄榄球传奇人物。最年轻的他在其他五位耀眼的光芒下不由得发表言论：“在座的可能只有我自己是完全没有天赋的人了，诸位都是橄榄球天才，我是靠流汗苦练出来的。”没想到这话竟戳痛了所有人的心，原来他们每一个人都是这么想的，觉得其他人都是天才，只有自己是苦练出来的。

爸爸一直陪着儿子，尝够了酸甜苦辣，好在这么多年来，爸爸和儿子一起成长，都变得成熟多了。我很少参加儿子的训练和赛事，所以能够保持平静和积极，就负责在他们失望回家时宽慰他们，在捧回奖杯时和他们一起激动，在父子吵架时分别劝劝。

竞技体育走入低谷是难免的，一陷入低谷，各种负面言论也来了，一时好像谁也对他没了信心。我需要和儿子谈谈——这是我这些年来的第二次介入。第一次是有关尊重运动和尊重对手的谈话。

我想知道儿子是不是还对这项运动有激情。这些年爸爸为他安排训练和赛事,常常催促他,我想知道他到底是主动还是被动的。我坚信儿子如果真正喜欢这个运动,他是不会被暂时的低谷或训练的辛苦打败的。但是如果他不喜欢了,从心里不愿意再继续坚持了,我们就不会逼他,因为我同样相信,他无论做什么都会尽自己的努力,都会做得很好。这些年的运动给了他非常宝贵的人生体验,他完全可以把这些技能用在他有激情的事情上去。我先和爸爸取得共识,然后在爸爸在场的情况下,在儿子心情平静的情况下谈了一次话。

我猜想失去明星光环的滋味一定不好受,这么大的孩子一定会担心自己会不会就此没了朋友。如果是因为这些顾虑而不愿放弃的话,问题就比较麻烦。他会被动坚持,但被动的人不会有创意,没有创意、没有思想、没有激情的运动还不如不做了。

我先问他,他的那些好朋友是什么时候交的?他回答是小学时交的。那时他还是一个普普通通的孩子。我再问他,这些朋友会不会因为他放弃运动而不愿和他做朋友了?他回答不会。我又问,如果有人因为他的成就而不是他本人跟他交朋友,这样的朋友丢了有什么可惜?不可惜。这样第一个可能出现的焦虑就解决了。

我再给他举出了无数他可以做得很好的事情:学习不错,对科学有激情,对设计更投入,他自己设计的乐高卖糖机让理科博士哥哥误以为是商店买的,设计的多米诺骨牌的摆法很神奇,他的大提琴也不错，只不过没时间练放弃了，再捡起来没问题。我看着他的眼睛告诉他，妈妈坚信他只要对任何事情有激情，他一定能做好！

他还有一个担心，就是家里为他的运动花了很多钱，爸爸付出了很多时间，虽然我们从未提起过，但是他在给爸爸的生日卡上自己提到了，感谢爸爸为他做的一切。如果他是因为家里投入太多而不放弃的话，他就有了心理负担。所以我和爸爸都表示花钱花时间是我们自己的选择，有关我们的“消费选择”，儿子懂的。

排除了所有可能的心理障碍，我建议儿子在家休息一周，好好想一想。如果没有了上边的因素，他选择继续下去，那就是真正对这个运动有激情，那样我们会支持他，当然我们也做好了他最终选择放弃的心理准备。结果一周没过，儿子就给自己制定了新的训练计划，自己开始管理自己的训练了，他真的不能忍受没有这项运动的日子。看看那些体育明星，每个人的成长的路都不同，只有一点是相同的，那就是每个人都走了自己的路。所以认真倾听自己的孩子，让他们来引领我们，让他们的激情发光，让他们自己造就自己。

什么是成功？在我心里，他已经成功了。如今他已走出低谷，创造出新成绩。未来不可知，但是我还是坚信，只要他自己想做的事情，一定能做好，他已经向我们证明了这一点。

两年后，他面临了一个更严峻的选择。

五、艰难的选择

因为运动，儿子这些年来课业耽误不少，遇到国际赛事，一周一周的课程被耽误，没有时间做作业，因此在学校受罚也是常事。我曾经和他谈过对策，唯一的办法就是要利用课堂上每一分钟的时间高效学习，这点他做到了，中学会考成绩多数是A和A*，这已经就是一个了不起的成绩。

然而运动员到了十六岁即将上高中前就需要做个选择，或者走专业运动员的路子，放弃上高中；或者做业余运动员，继续上高中，参加高考。两者不可兼得，选择格外痛苦。

选择前者，就可以追寻他九岁时就有的奥运梦，父母会支持他。选择后者，就意味着将运动变成业余爱好，学业成为重点，父母同样会支持他。

虽然他对工程格外倾心，这源于他从小就爱动手设计，有很强的原创能力，但是如果选择学业，他放弃的可不仅仅是运动，而是运动带来的所有荣耀，他需要重新开始给自己定位，从一个运动员变成一个普通人，可能还要忍受其他人的一些说三道四。好在这些年来，虽然他在我们这个城市和郡区已经大名鼎鼎，成了各种媒体的常客，但是所有老师都评价他是一个非常理性和谦逊的年轻人，并未因此而傲慢。

尽管如此，面对各种突如其来的压力——毕业考、选校、选课、工程奖项竞标、运动比赛、训练等，儿子还是陷入迷茫。有一天，这个一米八三的大小伙子竟然掉眼泪了，我尽力安抚，但也知道这个选择谁也不能替他做，虽然我们和他一起分析了各种可能，比如学业可以晚一些重新再来，运动也可以在放下一段之后再捡起来，所有选择都可以重新再来等。我们眼看着儿子的焦虑，心如刀绞。但我心底里一直有那么一个信念，我的儿子是个逆商高的人，运动中的大起大落他都能坚持下去，他也一定能从这里走出来。我们所能做的就是尽量让他放松，维护他的自信，同时在心里做好无论什么选择我们都会尊重和支持的决定。

这个选择不是一下子来的，儿子在重新定位自己，他选择了一个新的高中，选择参加工程竞标，选择了一个能够把工程和运动经历结合起来的设计项目，这个项目在工程能力测试中脱颖而出，为他争得了英国年轻工程领军人的称号和赞助。之后他又选择了具体的大学工程种类——机械工程，根据这个工程种类，又选择了四门高中课程——数学、化学、物理和法语。同时他的社交明显增加，拓展自己的朋友圈。

圣诞过后，儿子终于走了出来，又恢复了过去那个阳光自信的心态。他的运动篇章翻过去了，但体能训练继续坚持，从八岁到十六岁，他从运动中得到了太多的人生技能，为自己创造了太多的机会，从中得到了无穷无尽的快乐和难得的人生体验。我坚信，生命就是体验，儿子小小年纪已经有了许多不寻常的体验，他是幸运的。

他没有放弃运动，因为运动已经融在他的血液中了，高中的学科进展顺利，他所担心的朋友圈问题更是出乎他的预料——他的朋友更多了。

六、学习和玩儿

有人说，决定孩子一生的不是成绩，而是会不会玩儿，用我的孩子和学生的实例反思一下。

这个命题也许很多家长不同意：光玩儿不学习，如何考得上好大学？在当今社会，没有好文凭就难以立足。那么为什么会有这个命题？成绩其实是个副产品。我着眼的是孩子多方面的发展，一个自信、阳光、有创造性、有批判思维和对生活充满正能量的孩子，学习效率自然就高，这样的孩子成绩好是自然的。试想，我们大人感到压抑的时候，往往有拖延症，一点点小事可能会变得山一样沉重。一个被压抑的和一个快乐自信的同样资质的孩子哪个成绩会好一些？其实大多数的孩子资质都差不多。我曾经劝说一位考试前为孩子贪玩而焦虑的妈妈："如果考试考的是平时的努力，考前玩玩可以放松；如果考的是前一天晚上是否背熟的知识，这种考试理它作甚？"

儿子小时候爱玩的东西很多，比如多米诺骨牌，一定要摆出一些自动机关才罢休；再比如玩具枪，积攒了一大箱了，却全都让他拆坏了，各种改装。后来喜欢工程，儿时的经历让他写到简历中了，在以后申请工程奖项和工作实习时起到了很大作用。女儿喜欢大自然，六七岁时在一个城堡的园子里发现很多小鼹鼠的洞，这种动物极易害羞，人一般很难看到。女儿手里有食物，就那么趴在洞口耐心地一动不动地等，一直争取到小鼹鼠的信任，我们远远地看到小鼹鼠露出头来吃她手里的食物。她在那里喂了两个小时，很多大人远远地照相。之后发现她和小动物有着一种天然的联系。

玩儿没有高低档次,玩儿就是玩儿,只要没有大人在旁边指手画脚就行,因为他们在“玩”当中得到的可能是我们成年人无法想象的。召集几个小伙伴在家里玩儿,你再不动声色看看孩子的玩法,比我们的想象力大多了。不用去刻意强调玩什么,只要孩子高高兴兴地玩儿就可以。当然玩儿电子游戏要适度。有人说父母是孩子最好的玩伴,你可以为他打开一扇窗,其实我觉得孩子才是孩子最好的玩伴儿,很可能是孩子为我们打开一扇窗。

在孩子紧张的学习生活中,玩儿、运动和音乐是最能让他们放松的事情。劳逸结合大家都明白,但是很多父母就会逼着孩子在学习上耗时间,把他们变成学习机器,导致孩子彻底失去玩儿的能力。

七、电子游戏

我个人非常反对小孩子长时间玩暴力电子游戏,·儿子、女儿也都很懂事地放弃了对一代又一代电子游戏的追求。放弃这个追求不容易,因为他们要独立承受来自朋友的各种压力,学生们在学校多谈论各种新出的游戏,免不了以此作为炫耀的工具,而在这方面落伍的孩子往往有被同伴看不起的危险。不过事实证明,儿子、女儿的放弃不但没有使他们变得孤立,而且让他们活出了自己,甚至影响了一大批同学。

我们要让孩子理解为什么不能长时间玩暴力电子游戏。我曾和一位心理学家聊天,他的讲解让我茅塞顿开,随后又读了一些相关资料,再加上孩子们身边的例子,终于成功地让孩子们意识到玩暴力游戏会带来种种情绪和行为问题。

简单来说就是人处在极度危险的境地时,体内会产生肾上腺素,让我们心跳加速,行动迅速,精力旺盛,其结果是在不通过大脑的分析判断的情况下本能地行动。这是人体的自然保护机制,比如在遇到野兽向你奔来时,你可能想都不想拔腿就跑,事过之后,人往往会感到极度疲劳。如果长期处在这种紧张状态,人会失眠,变得易怒、暴躁和没耐心。孩子们在玩暴力游戏时,一个键按慢点,就会丢掉一条命,甚至可能会输钱,所以他们的身体和精神会长期处在极度紧张状态,不停地产生肾上腺素,其结果是身心俱疲。人在疲劳时当然会暴躁。儿子有一个同学,父母离异后过分补偿,各种新款游戏都有,但常在学校因暴力行为被纪律处罚,这就是典型的电子游戏综合征。

我给儿子用他能听懂的语言讲了这些。接下来的几年,他用他的运动走出了自己的路子,也积极影响了周围的孩子。儿子不是不玩游戏了,但是他明白如果玩久了就可能发脾气没耐心了,不能把怒气撒在家人身上。

八、接近自然

现今社会，一个孩子没有手机和网络好像就缺少了什么。未来社会，科技会有更大进步。可是如果一个孩子失去了和大自然的联系，他们缺失的就会更多。

我们在工作学习之余，希望休息一下，于是有人拿起手机打开电脑上网聊聊、玩玩游戏，觉得这是休息。事实正相反，这样会增加大脑的紧张程度，引起大脑过分疲劳。我们多边立体的感官和思维全部局限在一个二维焦点(屏幕)上了，只有接近自然，把我们的周边环境还原回多边立体环境，人类的感官和思维才能全面放松，才能达到休息的目的。

接近自然，感受天人合一的身心愉悦也是一种习惯，如果不是从小就有这种习惯，把孩子从电子游戏上引开需要一个过程。当然，孩子最初不一定会合作。但我们要坚信，孩子的天性是追求快乐的，一旦享受到自然给予他们的快乐和放松，他们终究会走进自然，走进自己的本真。

有条件的家庭，自然对于他们可能是绿野和海边，其实自然也可以是身边的一草一木，甚至是家里种的花草、鱼缸里养的金鱼。只要开始观察，有了感觉，自然就在我们身边。

带孩子出行，先问问自己的目的是什么，是感受、体验、寻找归属，还是为了拍照？若是后者，就不用往下读了。感受和体验须全心全意，所以先把工作、作业和家务等一切有可能影响我们充分感受自然的因素全部卸掉，只有父母轻松启程，孩子才能有机会感受。

规划行程，最好和孩子商议，从一开始就让孩子参与。不能上来就问孩子：“你想去哪里玩？”若是孩子想到月亮上去，你能吗？先做一个简单规划，给孩子几个选择，然后听听孩子的想法。若孩子没想法、不感兴趣，那就从现在开始争取给孩子一个让他们难忘的行程。

孩子们小的时候，每次出行我都会和他们签一个旅行合同。签合同的目的是让孩子们感受到大人给予的尊重。合同条款商议决定，最终目的就是能有一次愉悦的旅行，为了达到这个目的，合同双方各自要做到的事情要在合同中列出来。以下是一份我们与孩子签订的合同，仅供参考。

1.合同双方要尽一切努力玩得痛快。

2.合同任何一方不可无理争吵。

3.合同双方要公平合理对待彼此。

4.所有签约人都要对自己的行李背包负责。

5.所有签约人出行时都要随时携带手机，并随时报告去处。

6.所有签约人在参与各项冒险活动时都要认真听取安全讲解并严格遵守安全指示，尤其是独木舟和高空绳索之类的活动。

7.所有签约人要合理消费。

儿子小时候不会写字就按手印，合同随身携带。这一招有奇效。至今我们无数次的旅行收获的都是令人难忘的快乐体验。

出行会遇到种种问题，比如塞车、排长队、误车误机和受骗上当等，这些我们在旅行时都遇到过，但是它们很少会把我们的旅行兴致彻底毁了。只要我们大家一心一意寻找快乐，就没有找不到快乐的时候，至少可以把一切都看作一种体验。上次回英国，误了飞机，滞留在荷兰，居然度过一个轻松浪漫的夜晚。云南一行，全车老少都受我们快乐心情的影响。记住我们是出来找乐的，决不允许任何事情坏了我们的心情。心情是自己的，由我们自己掌握。

既然是接近自然、走进本真，就尽量避免时刻给孩子讲解，教育孩子。其实个人的体验和感受才是受益终身的，想想自己小时最深刻的体验，哪些是父母的唠叨带来的？小孩就是喜欢滑梯，荡秋千，爬树，玩沙等，何不让他们玩个够？不要太强调要去你觉得有用有教育意义的地方。你说小区大院就有滑梯，为什么这么兴师动众出来找滑梯？那么我最喜欢吃荷兰酸奶酪，为什么不从家附近的超市买了，而要到荷兰去吃？道理相同，体验是多边的，感觉是立体的。

出行需要体力，从来不锻炼的人需要事先做准备，活动筋骨。驱车旅行孩子们会不耐烦，可以下载几部动画片或是听书。旅行回程孩子会累，累了就会发脾气，大人也会累，对孩子的忍耐度因此下降，烦到发誓下次再也不出行了。其实这都很平常，孩子、大人累了，不是对旅行不满，休息过后再回味一下，说不定立刻又想起身了。

旅行向来是人越多越热闹，若是多家一同出行，不要去抱怨别人家的孩子如何如何，坚信一点，孩子们在社会环境下生存，都会有意无意地戴一个面具，你的快乐自然可以帮助他们还原他们的快乐本真。我们一家的中国之行，每次都遇到最美的大人和孩子，我们坚信是大家的快乐在相互感染，我们看到的是人性最美的一面。

我说过自然就在我们身边。如果不能出行，和孩子们搞个自然日记如何？选择一种植物、动物或自然现象，每天或每周观察一下变化，照下来，画下来，记下来，一年过去，就是一个非常珍贵的记录。目的是教会孩子观察，观察自然界的细小的变化，通过观察将自己的大脑放松并认知这个世界。

旅行的第一要务当然是安全问题。我们事先会把安全条款写进合同，比如合同一方决不可以擅自离开父母。其他比如车中带毯子、水、食物和孩子的安全车座等都是常识。

有人问，如何将孩子从电子游戏中引开，如上是否为一种解决方案？

我还想谈谈旅行合同。旅行合同是为了大家都玩得愉快，为了旅行安全，为了孩子们能参与旅行计划，能对自己说过的话负责，能对各种社会契约、商业契约有一点点初级的认识，而不是控制孩子们的行为或者无理要求孩子去做方便于大人的事。

我不主张借用别人的合同条款，因为这样违反了合同精神。合同条款是一定要和孩子商量而定的，不能强加于孩子，这样会起到相反的作用。合同措辞也一定要以孩子为中心，不同的年龄和不同的旅行需要不同的合同。如果是年纪很小的孩子，其合同条款可能只有两三条，先问问孩子喜欢玩什么，你们要去的地方有什么适合他们玩的，然后问问他们需要父母做什么。那么合同条款可以是以下两点。

1.爸爸妈妈保证带宝宝去宝宝喜欢的地方玩。

2.宝宝保证随时跟着爸爸妈妈，不到处乱跑。

这个时期的合同可能没有什么特别的现实意义，只是让宝宝熟悉这个形式，只要按了手印，就需要尽力去做。不要怕孩子提出一些不像合同的要求,只要是他们认为合理的,就可以写进去,切忌太复杂。

我的孩子从第一次出行就开始签合同,当时儿子是按手印。以后的出行在计划阶段他们都会自动想到合同,因为合同让他们有一种参与决策的责任感和公平感。当然,孩子们也会不经意地违约,这时只要拿出合同提醒一下就行。有时父母违约了,孩子也会提醒我们。我们所签的安全条款都是孩子们自己想出来的,对培养他们将来独自出行的安全意识有很大帮助。

合同写好后,一式两份,各自携带,严肃对待。再说明一次,合同万不可当作父母控制孩子的工具,孩子父母都可能违约,只要相互提醒就达到了目的。所以我们的合同里没有什么违约惩罚措施,除非孩子们自己提出来——人的信誉不是靠惩罚建立起来的。

前文的合同就是女儿十五岁和儿子十二岁时我们商量草拟的,那次度假有很多冒险活动,在合同条款中也反映出来了。这是我们的最后一份旅行合同,之后孩子们大了懂事了,就不需要了。

九、家庭游戏

先说桌游。桌游一般有固定的游戏板(board),二人到多人参与,每人有一个为此游戏设计的“棋子”,“棋子”可以是金属小物品,可以是圆片等。还要有骰子,大家按照规定轮流来。游戏配有说明书。

英国的桌上游戏已有很长的历史传统,过去曾是家庭的重要娱乐方式之一。传统的游戏常常会出新版以适应社会的变化和发展。其实中国的桌上游戏也有很多，比如跳棋、扑克牌等。这种游戏不仅能给家庭带来无穷无尽的娱乐，往往多数还能锻炼孩子、大人各种技能知识，比如《大富翁》游戏往往能让孩子学到很多地理、历史和理财的知识。我们的各种扑克牌对算术能力的锻炼更是不用说了。下边简单介绍一下我所熟悉的桌游。

小孩子玩的典型游戏是蛇梯棋，年纪更小一些的孩子既可以在玩的时候数数，又可以锻炼耐心，体验最初的输赢。有年纪更小一些的孩子玩的最大数字是25的，也有大一点孩子玩到100的。每人轮流掷骰子，掷出多少就走几步，遇到梯子可以爬到头，遇到蛇头就得顺着蛇身子下来，往往眼看就赢了却遇上了蛇头，所以各种欣喜和失望，孩子都得承受，非常有意思。

我们全家和朋友们最爱玩表达游戏(Articulate)。适合多人玩，两人一组，一人按照分类卡上的词描述一番，另一人猜是什么。非常锻炼人的语言描述能力、动作表达能力、反应能力和知识面。所猜的内容分类，有自然类、人物类、动作类和地理类等。有时候孩子如果愿意，我们会和孩子用中文描述，这是一个训练中文的好机会，当然国内的孩子可以练习英文。游戏往往因猜得牛头不对马嘴而惹得大家捧腹大笑，所以是我们家庭聚会不可或缺的内容。有八岁以下孩子玩的，猜的东西多是孩子们熟知的内容；成年版的知识性强，猜的往往是很难描述的或深层知识。分类卡可以单买，往往有上千张，所以即便玩了很多次，也很少有重复的内容。

《大富翁》当然是最流行的了，有世界版、伦敦版、名胜古迹版和帝国版等各种版本。开始我们喜欢玩伦敦版，后来带孩子去伦敦玩时，他们对街道和区都已经很了解了。玩这种游戏不但会不知不觉学到很多地理、历史和时事，还锻炼人对钱和地产的规划运筹。这个游戏也有八岁以下的版本和成人版。

找线索(Cluedo)，顾名思义就是按照给出的线索猜一猜的游戏，女儿儿子常常两个人玩，很有戏剧性，也考验人的逻辑思维。

拼字游戏(Scrabble)是英国最传统的游戏。就是用字母块在游戏板上拼出英文词，词越长积分越多。考验英语单词量。这个可以作为国内孩子学英文的帮手。

虽然现在有了很多电子游戏，但是让大家最开心的、笑得歇斯底里的、相互情感交流最深刻的还是传统的家庭游戏。除了桌游，再介绍几种我们常玩的游戏。

你画我猜(Pictionary)是我们自己设计的一种游戏。两人一组，一人画，一人猜，哪个组先猜对就赢一分。我们用了表达游戏里的卡片，画之前先抽一张，按照上边写的画。画画的技术不是主要的，关键是要直击主题的形象思维。画个苹果容易，在几秒钟之内画出宇宙甚至画出生气等抽象概念就很有挑战。常常画的和猜的风马牛不相及，惹人发笑。如果是小宝贝，家长不妨自己做一个词语单子，把各种情绪列上去，先保证宝贝理解这些情绪的含义，比如生气、高兴、开心、伤心、发愁等，看看他们怎么画，画出的图以后可以用，一旦宝贝闹情绪了，就让他画，按图对字。

优诺(Uno)是一套牌和一个吐牌的小机器。大家每人先在手里拿五张，然后按规则轮流出牌，无牌可出就按下按钮，这时可能随机吐出一张或多张牌。目的就是把手中的牌都打掉。第一个人赢了就结束了，然后各自计分。这个游戏适合多人玩，很有意思。

捡棍子(Giant pick-up sticks),这个游戏我小时候都玩过。就是把一大把各色棍子一手撒开,然后轮流拿,不能动了其他的。谁拿得多谁赢。比较大的用来在花园玩,但是如果客厅有足够的空间,也可以在家里玩。这个游戏考验耐心、手眼协调能力和战略战术。小孩要小心棍子,不要扎手。

叠叠乐(Tumbling tower)有桌面的,也有花园里的。就是先把木条垒好,轮流抽,谁先把木条塔弄倒了谁就输了。这也是个训练耐心、手眼协调和战略战术的好游戏。

很多人问我们家里良好的亲子氛围是怎么来的,其实因素很多,其中一个就是孩子们在这些游戏里长大的,直到现在这么大了,不管手头在做什么,只要说玩游戏,大家都会兴致勃勃。当然,当妈的是个游戏老手,虽然常常输得一败涂地。

我们玩游戏的最重要的原则就是不要有太多目的性,以玩为主,以娱乐为主。上边我列出的人的各种能力是在玩中潜移默化获得的,但它们不是父母和孩子做游戏的目的。如果父母过分强调功用,会让本来很有趣的游戏变得枯燥,不能给孩子带来兴趣的东西永远是枯燥的。

十、交友

学龄前的儿童和小朋友在一起通常有三种玩耍方式。

各玩儿各的。这是1～3岁孩子常见的玩耍方式。大家虽然在一起玩儿,但不互动,各玩各的。偶尔他们会注意到其他孩子在玩什么，怎么玩，然后下意识地改变自己的玩耍方式。所以父母不要以为孩子对彼此不感兴趣，其实他们是在彼此模仿。这种下意识的模仿也只有在同伴中得到，父母代替不了同伴。只有一个孩子的家庭，创造更多与同伴玩耍的机会就等于给孩子创造了更多的学习和体验的机会，而且，模仿同伴是对于孩子来讲最有效、最有意思、最没有压力的学习。

互动玩耍。孩子们之间开始共享，可以互动，比如一起排队滑梯，一起玩一个游戏等。互动的过程就是孩子们逐渐开始懂得人和人交往原则的过程，比如分享、轮流和等待等。但这种进步是在无数次试错的过程中实现的，比如打架、抢先、发脾气和捣乱他人来赢得关注等。孩子们需要经历才能懂得交往原则。我们成年人何尝不是如此？所以这个过程是终身的。打完架又喜欢在一起玩，边打边玩儿，一点点琢磨学习。如果父母过分干涉，可能会打乱孩子们自己想办法和朋友交往的节奏，有可能以后遇事就找父母这样的保护神，缺乏自己处理问题的能力。

有组织地互动玩耍。比如大家过家家，有人当妈妈、爸爸或宝宝等。这是一个更多层面上的互动，大概 5～6 岁的孩子们会自己组织起来玩。有领头的、出主意的、跟班的、捣乱的，总之是玩，是体验。跟班的能力不一定低于领头的，跟班的首先会听，认真听是个难得的生活技能。他们还会讲秩序，有秩序地安排一切又是一项技能。也许他们不争不抢的平稳态度给其他人带来了安全感，所以可能将来会有很多朋友，一旦这样的人出了主意，大家反倒会格外注意。所以无论扮演什么角色，只要玩得起来，玩得高兴，就说明孩子们的大脑在迅速发育，他们的社会技能也在提高。

三种玩要方式常会同时并用,大孩子也常会有第一种的玩耍方式,所以不必要强调“高一级”的玩耍方式。

孩子们有好奇、竞争和挑战的天性,所以寻宝、捉迷藏等的各种良性比赛以及难度大的游戏,比如各种小手工、探险和接近自然的各种活动都很符合孩子的心理。

有时候,孩子就喜欢家长做个老老实实的跟班,也就是孩子玩什么,陪着就行,不要评论,不要干涉,没有时间限制,别想着一会儿孩子会饿、会冷,家里还没收拾干净,明天还要上班等,就静静地做一个全心全意的跟班。

很多父母在对待孩子交友问题上奉行着“近朱者赤,近墨者黑”的原则,一方面认识到交友的必要,也可能是从自己儿时的孤单而受到的启发,会想尽一切办法给孩子们创造交友的机会;另一方面坚信自己的孩子是“高一级”的,所以有权利苛刻地评判和挑选其他小朋友,稍有一点不对,比如打了人、说了脏话、说了谎话、吃饭不洗手等,就觉得这样的孩子配不上自己的孩子,不允许自己的孩子交这样的朋友。可是哪个孩子是十全十美的呢?我们自己的孩子也会有各种缺点,这样评判和挑选下去,结果就是自己的孩子没了朋友;如若真正找到了近乎十全十美的孩子,也就是说“朱者”,人家可能也会有你的心态,对你自己的孩子评判一番呢。

那么有几个家长能从这种思维方式中走出来呢?很少。做老师的常会遇到这样的事情,比如有了欺凌现象,很多家长会找到学校来告其他孩子的状。事实上可能是这个家长的孩子欺负了其他人。但家长一般不会相信,会举出孩子在家如何表现好的例子以此证明他们不会欺负人。为什么家长会有这种误解?原因是孩子在不同的环境下、不同的朋友圈里可能会有截然不同的表现。说到底,人类的适应环境的能力是与生俱来的,在整个自然界是具有压倒性优势的。这种与生俱来的适应能力促使孩子下意识地改变自己的行为方式以取得认可和尊重。而父母面对的仅仅是孩子在家的一面。举个有趣的例子,女儿两岁半时进了一家幼儿园,第一天送孩子我把老师叫到一边低声说:“我女儿不太说话,可能是因为双语的关系。”老师爽朗地笑了说:“你是第六位家长说自己的孩子不说话了,看来我的小班会很安静啊!”第一天下来,她的小班里所有的孩子都说话,都在一起玩得很好。父母有时候对自己的孩子有着相当准确的第六感,有时候又是那么不了解自己的孩子。

说如上这些是想证明在我们看来的乖孩子也有各种各样的缺点,比如你说你的孩子有饭前洗手的好习惯,结果和其他小朋友学坏了,你费尽心机给她养成的好习惯功亏一篑不免恼火。可是有没有想到,你的孩子也许从其他孩子那里学到了更重要的技能,而你的孩子的缺陷可能也使其他妈妈恼火,没有一个孩子是完美的。如果我们都抱着“近朱者赤,近墨者黑”的态度,而且把“朱”和“墨”都理解得如此肤浅,那么孩子就没办法交朋友,他们社会化的进程会受到严重阻挠。

除了对环境有着强大的适应力,孩子们也会用自己的方式来对待朋友和解决问题。他们选择朋友有着自己独到的想法,这种想法不但有时父母不明白,可能他们自己也说不出来,就是那么一种感觉。这种感觉一部分和个人脾气禀性有关,一部分是家庭环境造成的,所以忽视这两个条件,硬是按照成人的好孩子的标准规定孩子的朋友圈子是行不通的。在家缺爱的男孩可能会去找大孩子做跟班,以换得一种归属感和安全感,这时候大孩子要求他去做什么他都可能尽力去做,哪怕是犯罪,归根结底在于家庭没能给他应有的爱和安全感。缺父爱的女孩子可能会选择成熟的大男孩做男朋友。父母离异如果处理不好孩子会将一切罪责归于自己,突然改变行为以至于影响学习甚至自暴自弃。孩子会变,大家公认的小淘气可能一个假期过后就变成一个小绅士,做老师后目睹了太多这样的例子,所以我坚决反对给孩子们贴标签。

那么是不是我们对孩子的交友问题可以不管不问?其实我们做父母的行为方式和价值观已经在很深刻地影响着孩子的交友取向。我们希望孩子们有一定的判断力和分辨是非的能力,这种能力其实是在家中学会的,全面控制他们的择友不但不能培养他们这方面的能力,而且还阻碍了这方面的发展。如果我们坚信自己的价值观和生活态度,那么就相信自己的孩子。一个人一辈子能够得到一个知己足矣,所以大多数的朋友都是来来去去,在时间的长河中被交换,所以大可不必把一点点微不足道的小事上升成原则问题。

下面举个生活中的交友例子。儿子小学六年级的一次家长会我一辈子也忘不了。儿子一直是公认的优秀生,没想到两位老师你一句我一句告了儿子的状,边说边道歉,说儿子这样调皮捣蛋很久了,之所以没告诉家长,是因为他们一直相信他会改,没想到他的行为越变越坏。然后他们做了一件英国老师一般不会做的事情,告诉我要注意儿子的交友,可能是问题的症结所在。

当时听了如五雷轰顶,平静下来后我根据儿子在家的表现分析了一下,完全不是老师想象的交友问题。如果说是其他孩子带坏了儿子，不如说他自己的捣蛋影响了别人，这一点上，他可能就是“墨”！

那年我换工作，常常压力很大，情绪不好，很长时间顾不上儿子，记得他的脾气变化也很大。虽然换工作之前和他谈了，但是他的想象可能和实际并不一样，也许他认为妈妈不再爱他了，这种“失去爱”的感觉往往表现在为了引起关注而捣蛋，这是孩子们一种发自内心的呐喊。意识到这点我很心痛，认真和孩子谈了话并道歉，从那以后每天晚上和他一起读书，平时也处处注意。这样做的效果是直接的，影响是深远的。老师很快就给我写了一封亲笔长信，感谢家长的支持，儿子彻底变了。这封手写信我一直珍藏着。我们太容易给孩子的行为变化找一个外在的替罪羊，其实根源往往在家里。

没有一个家庭是完美的，接受自己的不完美，放弃对其他人完美的要求，往远处想，有了问题积极对待，和孩子一起解决问题，相信自己也相信孩子的判断能力，与其怕“近墨”，干脆自己就做那个“朱”，用自己的正能量来影响周围的人，那样我们的孩子才活得彻底、积极和开放。

A Promise in the Valley of Roses

第八章
情绪管理

孩子们在青春期时很容易有一些成长的烦恼，往往会在内心聚集一团激情的火焰，如果没有很好的输出渠道，他们会常常像一只暴怒的狮子，而且不知自己为什么暴怒。暴怒的对象往往又是自己最亲近的人。如果父母也不明白，就会责备孩子责备自己。

第八章

情绪管理

一、青春期正面能量输出

孩子们在青春期时很容易有一些成长的烦恼，往往会在内心聚集一团激情的火焰，如果没有很好的输出渠道，他们会常常像一只暴怒的狮子，而且不知自己为什么暴怒。暴怒的对象往往又是自己最亲近的人。如果父母也不明白，就会责备孩子、责备自己。

当然，年轻人更容易成为“低头族”，将自己全面投入虚拟的世界。

那么如何和孩子们一起创造正面能量的输出渠道呢？

可以是运动。如何引起孩子对运动的兴趣？朋友有两个儿子，因父母都很忙不能带他们运动，就和孩子商量加入了一个划船俱乐部。这两个儿子迷上了这项运动，坚持了几年，后来都考上了剑桥大学，哥哥还加入大学的划船俱乐部，融入学校生活。我的儿子从小就迷恋运动，爸爸和儿子几年里共同运动，共同经历比赛的输赢，共同成长。儿子还担任他大学羽毛球俱乐部的主席，组织俱乐部的各方面事务，为俱乐部争取校外商业赞助，干得有声有色。女儿在大学也加入了划船俱乐部，如今身体棒棒的，在伦敦工作繁忙压力大，长跑、徒步和健身是她生活中的重要一部分。

不能逼迫不喜欢动的孩子去运动，利用孩子的天性最容易。

他们的天性是都喜欢挑战，喜欢比赛，喜欢鼓励，喜欢有个同龄的伴儿，所以或者在家，或者参加俱乐部，只要顺应了天性，就可以尝到最初运动的甜头。这个甜头就是人会变得精神，更积极，会更好地集中注意力，还能交朋友。父母只要看到一点点变化，就加以认可，适当奖励，慢慢孩子就会有运动的习惯了。既是习惯，就需慢慢养成，允许反复，允许退步，允许改变选择，只要父母是积极的，能参与更好。运动不会影响学习，相反，运动健将往往也是学习的尖子。德国乒乓球骄子波尔在专业训练的同时也在进行着医科学习。

所谓兴趣是孩子对此有了内心的感觉，绝非强迫而成。很多父母打着给孩子培养兴趣的名义逼着孩子练琴、运动或画画等，且不说大多数父母坚持不下来，就是少数坚持下来了，培养的可能是职业而不是兴趣。其实“培养”一词本身就有问题，应该是发现兴趣。发现了兴趣，也就找到了正面能量的输出渠道。

其他的渠道很多，都是基于兴趣。兴趣来源于天赋，所有的孩子都有天赋，发现天赋实现天赋是一件再美妙不过的事了，在这个过程中孩子的自信大增，亲子关系融洽，人生幸福感提高。如何发现天赋？答案是增加孩子对这个世界的体验，孩子们一定会在对自然和社会的体验中发现自己。这个道理很简单，一大帮小朋友一起玩，很快就能看出谁是领导者，谁是和解人，每一种角色都是有利有弊的，正面引导就可以发挥优势，而这种特质只能是在和其他孩子的互动中体现出来，这对于独生子女更为重要。

本身就没有什么兴趣的父母怎么办？没关系啊，父母可以对孩子的兴趣表示自己的兴趣，我儿子设计卖糖机总是把我当成第一用户，我在用的过程中不但给予很多肯定，也会发现问题，他就最喜欢我发现问题，这样他能去改进，再来试，我再给予肯定……我永远不会在他兴趣正浓的时候问："你的作业写完了吗？"。

父母参与的过程不应该抱有监督指导的目的，比如有些父母和孩子一起学琴是为了能回家指导孩子，孩子不需要你的指导，他需要的是你的肯定。即便你是专家，对孩子也切忌指手画脚，要知道孩子的进步取决于兴趣，取决于主动性，如果你是专家，就更应该明白孩子学习过程中的各种艰难，以及孩子的认知发展规律。

读书更是一种输出渠道，而且还有多方面的好处。孩子读书习惯不同，有的喜欢自己读，有的喜欢读完了给别人讲，有的喜欢让父母给读……顺应他们吧，切忌强调书的所谓寓意，读的过程就是享受的过程，孩子学到的享受到的可能和作者的初衷和成人的大道理相差甚远，尊重孩子的心灵吧。

孩子的兴趣可能和遗传无关，所以把孩子的成就归功于他们自己，也不要因为父母在某些方面不行就轻易觉得孩子没希望，也许孩子会做得很好，这就成了一个鼓励和自信的契机：父母做不到的孩子做到了！

二、女孩儿的狂想

曾经有一对忧心忡忡的父母来见一位德高望重的班主任，要谈一谈他们十四岁的女儿琳（化名）。琳的生父在她出生之前就抛弃了她们母女，再也没联系过了。继父对她视如己出，这是个美满幸福的家庭。父母很开明，在琳还很小的时候就告诉了她有关生父的情况,琳成长为一位快乐优秀的孩子。

父母向班主任出示了几页密密麻麻的影印件,上面全是琳和她好友的手机短信内容。琳简直像在写剧本,述说她不幸的身世,不断表达自己的痛苦和迷茫,说希望有一天能够摆脱这一切。父母看到后心痛欲裂,将短信一一拍照,拿来给班主任看,希望了解一下琳的在校情况,找出一个解决办法。这位妈妈也曾是这位班主任的学生,所以对老师格外信任。

班主任问:"假如没有看到女儿的短信,你们察觉到女儿任何反常的行为举止了吗?"父母都摇头。琳在学校学习成绩很好,最突出的是英语语言文学和戏剧表演,一直以来都是快乐的孩子,也没有任何反常现象。

琳是个不折不扣的处在青春期的孩子,青春期的孩子爱狂想,我们自己何尝不是?我记得自己就狂想过,总希望生活中能够出现奇迹,对看上去有些平淡的生活不满意,想着哪日被父母虐待了,毅然离家出走;或者跳水救了一个小孩儿,一夜成名……尤其是有点文学天赋的孩子,想象起来更是漫无边际。琳是个有文学戏剧天赋的孩子,所以短信写这些也不足为奇了。青春期的狂想还包括性狂想,这些都是再正常不过的事了。如果孩子在家里和学校都没有什么明显反常举动,父母大可不必惊慌失措,狂想阶段会渐渐过去。

这件事上令人感触更深的是琳的父母的行为,这也是班主任的关注点。他们在没有征得琳同意的情况下连续一段时间偷看琳的手机短信,而且拍照,这种行为极为不恰当。如果琳知道了父母的行为,可能会非常失望。我个人的原则是,孩子们在社交渠道上和朋友交流是他们自己的事，那里也是他们独立于父母的属于自己的天地，应该给他们这个自由。但是我会常常和孩子们提起网络安全的话题，学校也会有这方面的教育，还有涉及将来就业而需重视自己的网络言语观念的问题等。我坚信这样才是相互信任和健康的关系，而缺乏信任往往会在深层面影响良好亲子关系的构建。

三、情绪管理

关于幼儿的情绪管理。幼儿发脾气，比如我们常常看到的两岁孩子脾气大等，原因之一是他们的语言发展没有身体的发展快，所以常常无法用语言表达他们的情绪，也常常被误会。其实，将人的感情用合适贴切的语言表达出来，对于成年人都是一件很难的事。那么如何了解孩子的感情，了解他们对人的看法，如何看到一些非常举动背后的情感原因，从而顺畅交流？

有一种做法是使用情绪树(Blob tree)——一种非语言的图像。一棵树上有形态各异的小人，孩子可以通过选择树上不同人物的位置和动作反映心情和问题。一旦孩子能够借助树上的小人表达自己当时的感受，他们就已经对情绪有所认知了，而父母也可以避免对孩子的误解。比如孩子可能会说自己是趴着的小人，说明他们可能生气了，没朋友玩了，需要帮助了。若是那个往下掉的小人，可能他是害怕了，恐惧了。这个图用途甚广，还可以问问孩子眼中的爸爸妈妈是树上的哪位，孩子去幼儿园时是哪位；现在是哪位等，这样在孩子语言还没发展的情况下就可以了解他们的情绪。

对于青春期的孩子，如何认识和管理自己的情绪？以我的儿子为例。儿子是肢体智能，所以谈的时候要有很多动作表情。首先我要儿子认识的是，释放情绪是必要的，不能掩盖或压抑。压力越积越多，人一旦受不了，可能会出现恶性或者悲剧行为。那么如何释放情绪呢？

人在愤怒、紧张、激动的时候，身体内部会产生一些很奇妙的变化。有一种叫肾上腺素的东西会产生出来，我们就叫它“小追”吧（来自英文 Adrenalin）。小追会让我们血压升高，心跳加速，所以就能看到人会脸红。小追还会让全身的血液汇集到肌肉部分，给人以能量，所以在危急时刻，会有一种不知从何而来的力气，逃命时比平时都跑得快。小追还会让消化系统关闭，因为血液都供给肌肉了，所以生气紧张的时候吃不下饭就是这个道理。但人的身体不能永远加热，所以人会出汗，一出汗体温就降低了。现在儿子理解为什么他一生气就会跺着脚上楼，都快把楼梯震塌了，都是小追搞得鬼。

前面说了，有情绪的时候不释放，长期下去就可能坏事。那么情绪释放是不是摔门，打人，砸东西，欺负同学，大喊大叫，找别人的错呢？当然不是。有了情绪，不是你的错，更不是别人的错，因为自己有情绪而伤了别人就不对了。那怎么办？

“还记得有一次你生气的时候，妈妈问你是情绪树上的哪个小人吗？你说你是那个趴在地下生气的小人，说完就不生气了。所以把自己的情绪说出来就可以缓解情绪，这样也能避免伤人，也好让父母帮你。不过描述情绪是最难的，和描述一个物件不一样，经常表达不出来。其实大人也很难描述自己的情绪，所以妈妈才给了你一系列的情绪树，那上面所有的情绪都有了，你只要指一指，妈妈就明白了。有时候也可以和大家声明一下，你生气了，让大家避免和你开玩笑，因为你现在没幽默感。”

我理解的情绪管理不是情绪克制。这里不谈那些针对情绪失控而采取一系列的专业干预手段。

我把情绪分生理和心理两种。前者诸如青春期孩子的情绪波动，女人每月的经期，一些药物引起的暂时性情绪失调，还有女人的产后抑郁等。心理的比如焦虑、担心和压力等因素引起的情绪波动。

如果我们每个人都能够百分之百地控制我们的情绪，大家的生活都会很平静。长期压迫的情绪可能会突然爆发，酿成大祸。那么不去克制是不是就可以将我们的情绪阀门打开，任其发泄，再美其名曰“有性格”？到底什么是情绪管理？

我认为情绪管理其实就是一个自我认知的过程，其目的是在情绪爆发的时候能够意识到其根源，或者更进一步地给自己找到一些疏导情绪的办法，以免伤害自己和他人。举例说明。我的一个朋友每月都有那么几天由于生理现象引起情绪波动。她的先生是个爱开玩笑的乐天派，她就会提前告诉先生这几天不要拿她开玩笑，以免不愉快。这样的结果是即便不愉快了，也不会伤了她的先生。我的儿子常有青春期的情绪波动，我们常常会在他平静的时候谈论这个问题，他意识到这是激素的作用，不是他的错，更不是别人的错，所以情绪不好的时候他会吼、会怒，但我们不会太多地受他影响。他也慢慢学会到自己房间待一会儿，过后就会平静下来。这是一个过程，常需要一生的努力，不要指望和孩子说了几句话，孩子就能很好地管理自己的情绪。自我意识是根本，接下来的疏导办法因人而异，有的听音乐，有的出去散散步，打打球，想想可笑的事，看本书，睡觉……

以上说的是生理带来的情绪波动。心理方面的情绪管理，就更是一个长期的过程，往往随着阅历的增长而加强。比如养第二个孩子的父母会放开一些，因为第一个孩子给了我们很多的经验；对于年轻时引起我们焦虑烦躁的事情，经历多了发现不那么值得，人也平静多了。那么是不是要等到老了才能管理好自己的情绪？我们都看到过依然脾气大不讲道理的老人。这又回到我说的自我意识和认知上来。比如睡眠不足很可能引起情绪爆发，如果我们知道睡不好觉的原因，在情绪爆发的时候就不会把怒火发到别人身上，因为最易受伤害的往往是我们最亲近的人。如果把自己意识到的和家人交流一下，大家不但不会受伤害，而且还可以帮助你散散心。更进一步，以后若是再有同样的问题，自己能够找到疏导方法，这在我来说就已经是非常完美的情绪管理了。

通常是我们不承认情绪爆发是自己的焦虑引起的，我们更愿意也更方便地认为今天骂了孩子是因为孩子没有及时做作业，而不是因为下班路上孩子同学的妈妈说她的孩子考得很好；我们认为今天和老公过不去是因为他不管孩子，而不是我在单位受了领导的批评。所以从这个意义上讲，只有我们敏锐地认识到情绪背后的原因，才谈得上情绪管理。一旦这个认知达到了，情绪管理就已经实现了一多半。而这个认知需要一生的努力。

四、妈妈情绪失控，女儿苦口婆心

儿子被诺丁汉大学邀请参加 VIP 工程活动，结果这小子竟把这么大的事忘了。我发现后立刻情绪失控，大声批评了儿子，爸爸也受到牵连。

不一会儿远在汉堡的女儿送来几张和新交的朋友一起游汉堡的照片，这是我和她的对话，简单译成中文：

“妈妈，请不要和爸爸、弟弟生气，我希望你们都高高兴兴的。”（一定是她先和弟弟交流了，弟弟告诉姐姐了）

“我只是对弟弟忘记这么大的事感到很失望，好像他对自己的未来一点儿也不在乎！”（此处不知不觉地上纲上线了）

“妈妈，你看到我给你送过去的那些汉堡为准备 G20 而警察荷枪实弹，上有直升机下有坦克的照片了吗？拿给弟弟看看吧，他一定会喜欢！”

“我不想和他说话！”

“哈哈，妈妈，你不想和弟弟说话？这好搞笑啊，你不说，我和他说啦……”

“就是不想和他说话！”

“妈妈，求求你！如果我和弟弟说上话了，你愿意加入我们吗？求求你了，妈妈！”

“好吧！”（女儿的请求让我有点不自在）

“好吧，弟弟不想说话，他说他太伤心了，打算睡觉了。妈妈，看看你都做了什么！”

“我是大声了点儿，可是他也不该忘掉这么大的事，再说上次另一个大学的活动他因为有毕业舞会也没去……”

“好啦，他是忘性大点儿，但是他才十七岁啊。当然他不该忘，而且在管理自己上有待提高，但是任何人都不该带着气伤心地睡觉，无论是弟弟还是你和爸爸。妈妈你批评他也许没错，但是明天一定要和好哟。再说了，把眼光放远一点，这事也许并不如你想象的那么严重。弟弟有自己的选择，说不定啊，他将来想做个发型设计师呢！睡个好觉妈妈！别忘了明天要和好哟！”

女儿的话让我好久都没睡着觉……

第二天一大早，我坐火车去伦敦开会，路上我给儿子短信：“儿子，对不起，我昨晚不该那样。姐姐和爸爸都批评妈妈了。”

儿子一整天没理我，晚上我回到家，儿子开的门，像平时一样乐呵呵地：“哎哎哎，妈妈回来喽！”好像什么事儿都没发生过一样。我不知道是因为我的道歉还是姐姐又做了工作。

我真的很惭愧，这些年我教给孩子们遇事往远看，绝不能在睡觉前生气等，如今都被女儿完完整整地还给我了……

五、快乐思维技巧

快乐和自信与一个人的成就不一定成正比，成就高的人内心不一定快乐，也许会常常压抑；没什么大成就的人也可以过非常快乐的日子。说到底，成龙成凤的人毕竟屈指可数，那么大多数的我们如何快乐，如何从不可避免的情绪低谷里走出来，就是一个值得深究的问题，因为我们的情绪影响着我们的家人和周围的朋友。

一个人的情绪取决于自己看这个世界的着眼点。如果我们的着眼点是负面的东西，我们就会很容易陷入一个万劫不复的恶性循环。反之，如果我们每天都能看到自己一个闪光点，不管多小多微弱，只要能把自己的注意力集中在这个闪光点上，久而久之，就习惯于正面思维了。你同时会感觉到习惯关注自己的闪光点，会很自然地去关注别人的闪光点，你的正面情绪也会感染你周围的人，这个快乐情绪的辐射圈会越来越大，以至于任何消极的情绪都会不攻自破。

“手扶门把”的思维技巧是一位资深老师传给我的。我刚来学校那年，压力非常大，陷入情绪低谷，当时一位资深老师对我说，她本人和所有的老师都经历过这种焦虑，“手扶门把”这种思维方式是二十多年前她的导师传授给她的，她又传授给了无数的人。

“手扶门把”方法很简单，就是每天上班和下班打开学校或教室的门的一瞬间，想一个今天自己做的或看到、听到的一件值得欣慰或快乐的事。事无论大小，哪怕是在走廊里听到谁说的一个笑话自己笑了也算。就这么简单！但是要做到这点，就得每天都有意识地去寻找这样一件事，寻找生活中的闪光点，这样我们的眼光就整天都集中在正面情绪当中，这种情绪极容易感染别人。

对孩子和家人也是如此，用这种思维技巧去寻找他人身上的闪光点吧，哪怕就是一瞬间。因为在寻找的过程中你已经把注意力集中在正能量上了，所以就没有时间去关注那些让你焦虑的事情了。再进一步，把“手扶门把”从一天两次改成一天三次四次，看看效果。有人会问，这样做会不会忽视了缺点，结果正相反，那些所谓的缺点和错误可能是因为自己焦虑而放大的，在正面积极的思维中很容易消失和改正。

A Promise in the Valley of Roses

第九章
鼓励和批评

儿子小时候会说大话，我不批评，既因为自信和谦虚都有个度，这个度连最聪明的成年人有时都很难把握；还因为他要学习把握这个度就需要自己的体验和试错，不是我批评两句就可以改变的。当然孩子的想象力也会在吹牛中体现。我所能做的是，他吹牛的时候我能够把握我自己。

第九章

鼓励和批评

一、我为什么不批评我的孩子

儿子小时候会说大话，我不批评，既因为自信和谦虚都有个度，这个度连最聪明的成年人有时都很难把握；还因为他要学习把握这个度就需要自己的体验和试错，不是我批评两句就可以改变的。当然孩子的想象力也会在吹牛中体现。我所能做的是，他吹牛的时候我能够把握我自己。

孩子睡懒觉，我不批评，因为他们知道睡懒觉会迟到，他们也知道爸爸妈妈不会为此负责。现在他们长大了，假期睡得昏天黑地，年轻人的生命中睡觉往往是第一位的，这是生理决定的。当然如果需要我有更好的办法把他们吸引起床，这样起床他们就会是高高兴兴的。

女儿小时候穿衣不伦不类，我不批评，因为身边有很多大人的穿衣也是不伦不类的。她在体验和学习，她的审美眼光只在自己的体验和认知发展中提高，而这个眼光也许和妈妈的不太一样。

儿子专注玩而忘了做作业，我不批评，既因为我知道专注力更可贵，也因为我可以帮助他学会安排自己的时间，更好地玩，更好地学习。

女儿开始化妆时很疯狂，我不批评，因为我知道批评只能让这个年龄的孩子更加逆反。我年轻时开始化妆也没深没浅,我坚信她会逐渐学会得体地化妆,而这个过程比我预想的短得多,她朋友的一句话比妈妈的一千句更有效。

孩子小时候要买各种东西,我不批评,因为他们有需要的权利,我有不买的权利。他们长大以后,应该有勇气提出自己的想法和要求,也要有勇气面对拒绝。

孩子学习退步,我不批评,因为人的成长永远不是直线上升的;我知道在看上去不进步甚至退步的下一步,极有可能就是一次飞跃。

看到别人的孩子很优秀,我不会回家批评自己的孩子,或者要求自己的孩子向别人的孩子学习,因为我不想让其他家长看到我的孩子后做这样的事情,这样对任何的孩子都不公平。向别人学习往往是个误区,每个孩子都有独特的性格、认知发展以及强项和弱项,他们需要按照自身条件来提高。

儿子发脾气,不讲理还找借口,我不批评,因为我有时候也这样,我不要求自己完美,更没有权利要求儿子完美。我们可以探索情绪背后的原因。当然,情绪常常莫名其妙地来去,有时候仅仅就是一个"bad day"。

所以,任何孩子在我的眼里都没缺点也不需要批评,因为真的有更好的形式来爱孩子,有更有效的办法来和他们相处,有更有爱的心境来尽父母的职责。我自己也有很多时候需要孩子们担待。

批评,无论对大人还是对孩子都是个陷阱。举个例子。我看到儿子的历史作业本,第一个单元的论文是 A*,第二单元是 A。老师对第二篇的评论很不客气:"作业让我很失望。"(中文大意)

我请姐姐一起看这两个单元的论文,没想到姐姐和弟弟一起生气了,姐姐说:“弟弟已经拿了A,还不好吗?”弟弟接着说,“我九年级就通过了中等教育会考(一般是十年级才开始考),拿了一个A*,一个A,老师怎么还不满意?”我知道他俩都是谦虚努力的孩子,可为什么他们这样反应呢?

如果我是他的老师,可能会这么说:“看来你很轻松就写出了这篇A的论文,我坚信你注意一下如下几点,一定不会拒绝再来一个A*吧?”这样说就是鼓励,而不是批评。从鼓励中激发孩子内在的不服输天性,让他看到努力的方向和目标,或者启发孩子靠自己找到努力方向。在我的执教生涯中也因此激发了无数落后的孩子奋起直追,优秀的孩子更加优秀,无一例外。

批评会激发人的防御本性,让人千方百计找原因和借口,为自己辩护,他们的注意力就从学习上被彻底引开了,以姐姐和弟弟的辩护为证,他们考虑的已经不是历史学习,而是为什么老师对弟弟的成绩不满意。成年人也如此,我们一旦被老板、家人或朋友毫不客气地批评了,会先给自己找借口,无论理由成立或不成立,先证明自己是正确的,这是人面对批评的本能。

这就是我强调鼓励的原因,鼓励激发的是自信、努力和乐趣,而批评激发的是自我防御的本能。对于孩子,再差的表现都可以找到鼓励的方式。

二、用鼓励代替批评

以下是我说过的两段话，
也是我一直的信念。

“在我眼里，孩子没缺点。我们通常所说的缺点无非有两种：一种是成长过程的必经之路，比如发脾气，对数学没兴趣等；另一种是从父母身上学来的坏毛病。”

“什么是妈妈的淡定？就是明明看到孩子出错了，明明知道孩子的弱项，就是不指出来，坚信孩子自己悟到的才是自己的，坚信要想让孩子自己悟，必须鼓励他们，让他们有自信和创造力。不仅不批评，还给孩子正能量。做到这一点，就是淡定。”

鼓励要真诚，老师、父母是不是真心觉得孩子做得好，哪点做得好，为什么做得好，搞清楚这一点，鼓励就会是真心实意的。你的面部表情会告诉他们。若是应付，还不如不说，孩子看得很清楚。

鼓励要有艺术。冷静的事实性口气远远比空洞的赞美来得有力。我永远当面鼓励孩子，否则鼓励就失去意义了。我们中国父母有这样的习惯，当着孩子的面挑毛病，背着孩子才鼓励，生怕鼓励多了会让孩子骄傲。这个习惯我认为对孩子没好处。如果我的孩子做了什么值得鼓励的事，我一定要找个大家都在的机会，当着所有人的面说。说事实，不夸张，也不空洞赞美，孩子每次都美滋滋的。

我的原则是鼓励努力，不鼓励天赋。天赋已经是上天的鼓励了。要寻找一切机会让孩子意识到自己的天赋和强项，以便扬长避短。

举个日常生活大家都能碰到的例子吧。下班回来,儿子在书房电脑前做作业。刚开学第二天就有了作业,可能是因为儿子的学校要比其他学校早一年准备中等教育会考吧。我悄悄看了一眼他的作业,在不打扰他的前提下说:"你这么抓紧时间啊,难吗?"(这就是我的表扬,极少用"太棒了"之类的空洞话,说事实即可)

"很难,老师说能查多少就查多少。"

原来是要在网上查一些信息资料。儿子是动作智能和他人智能,也就是说他做作业的时候愿意和别人互动,若是女儿做作业,我可能问个好就撤了。儿子邀请我和他一起做,好吧,我看了他已经查到的,他的优点是综合能力强,能把复杂的概念用简单明了的语言写出来,我很快指出这点,还说要是妈妈,可能会啰啰嗦嗦写一大堆呢。我看儿子眼睛亮了——上来就被妈妈表扬了两次啊。

这时他遇到两个难题,简单查了一下,查不出,就想从我这直接得到答案,省事,可是我从来不帮孩子们做作业。

我仔细看了,说:"怪不得你觉得难,的确很难呢,会不会是……?"

"不对,妈妈,我觉得不是。"

"那就是……等一下,好像不太合理!"

"还是我自己查一下吧。"

"好吧,我也想知道答案呢。看来你们的考试不简单啊!我想这题连姐姐也不会做,她没学这门课。爸爸……"

我还没说完,儿子已经又开始查了。剩下一个实在找不到答案的题。儿子把笔一放,觉得大功告成,想出去玩了:"老师说过,查不出来的就算了!"

“等一下，儿子，妈妈对你学的内容越来越感兴趣了，我真的很想知道最后一题的答案是什么，不过，要是我查出来，不算你的作业啊！“

“妈妈，我真的查了很久了，没答案。你不用费劲了。”

“这样吧，你把这两个我不懂的基本概念告诉我，我顺着你的线索查。”看我很真诚，需要他帮助，儿子留下来了，我坐在电脑前开始查，边查边念叨：”这个网站不可靠，是广告性质的。你觉得这个网站可靠吗？”儿子开始对我指手画脚了，慢慢就和我一起查了，最后干脆拿过了鼠标，终于看到了一行小字，得到了线索。作业终于做完了，而整个过程我做的仅仅是鼓励。

其实他在做作业中表现出来的想走捷径、轻易放弃等，可能都被别人看作缺点。这不是缺点，我们成年人何尝不是这样？所以不用批评，鼓励即可。当然，整个过程中妈妈一定是真诚的，没有偏见的，否则孩子会看出来你在作假。儿子完成了一篇非常难的作业，我一个“好”字都没说，可是却一直在表扬他。他看出我对他真诚的佩服，尤其是攻克了最后一道难题，乐颠颠地玩去了。

晚上，儿子把该做的该准备的都自己做了，洗了澡，和爸爸妈妈姐姐道了晚安，自己睡去了。我和爸爸相视一笑——这么好的儿子哪里找啊？深夜了，爸爸悄悄到他屋里看看他，结果爸爸出来时手里拿着儿子的手机——原来他在被窝里把手机静音了，和朋友们网上聊天呢。

对用手机和玩电子游戏，我们以前有过很多谈话，也交换过很多有关在被窝里用手机的害处。儿子对此都很明白，也一直在睡觉之前把手机放在楼下充电，今晚是个特例。当然爸爸拿走手机他也没说什么,我们一直避免让孩子带着不良情绪睡觉。

早晨儿子起来,我到他屋子看他,他有些紧张,我开了个玩笑把他逗笑了。然后下楼吃早饭。我很佩服爸爸,居然也没提及此事,大家连说带笑地吃了早饭。之后儿子和爸爸一同去训练了。我曾经说过:“这个世上没有什么比自己已经知道的道理,别人还在你耳边喋喋不休更令人厌烦的事了。”道理儿子懂,懂了还会犯错误,这也是人之常情。哪个成年人敢说自己明白了道理就能永远不犯错误的?我知道昨晚他在和朋友们讨论今天一起出去参加本地各种庆典的事。

我坚信以后儿子会继续在睡觉时把手机放在楼下的。当然,很多家长会这么想,犯了错误父母不批评,孩子以后会变本加厉。如果真是这样,那么就是亲子关系有问题,此时孩子不犯错误是因为家长会批评,而不是明白了道理,这样的结果是家长为了孩子不犯错误,就得永远地批评,一旦不批评,孩子就会去犯错误。这是亲子关系中的一个恶性循环——失去了相互的信任。没有相互信任的亲子关系,孩子会对世界和他人也持怀疑态度,他们将来寻求幸福的路会荆棘密布。

我的经验是之前给孩子说好道理,或做给孩子看。当然讲道理要讲究方式方法,枯燥的说教孩子不会听。如果没说给孩子听也没做给孩子看,他们还不懂的事没做好就不是错误。有人会说,这么大了,这点道理都不懂?还是那句话,人的认知发展有自己的规律,永远不能用他人的标准去要求自己的孩子。当然如果儿子真的因为父母没说而继续在被窝用手机,我可能会和他说他这样做妈妈很失望。因为他把自己过去的许诺毁了。在我们家里,人人都守着自己的许诺，所以相互都非常信任。失去父母的信任是他绝对不想要的事。当然，在他小的时候，建立这种信任就非常重要，也有个长期过程。信任是任何时候都可以重建的，只要耐心就行。

再举个例子。我有一个学生，在口语方面有些落后，上学期别人都完成了口语考试，她拖延太久，没有做成。所以我开学第一件事就是请她放学后来找我。这里说一下，口语就是背诵几段(有关这种考试的合理性不在我们的讨论范围内)。

她一进门，把自己上学期的那几段拿出来往桌子上一放，一副无所谓的样子："上学期背的都忘光了，我没法再背这么多了！"

"是吗？都忘了吗？我猜想可能还在你的脑子里呢，咱们来看看怎么把它们调出来好吗？"

我没批评她，也没急，她有些放松。当时新来的助教老师也在场。我对学生说："这位老师也在这儿，你不介意吧？她也想看看我们怎么准备口语呢！"学生立刻说不介意，可能私下觉得要在新老师面前表现吧，当我让她先把第一段照着读一遍时，她读得很认真，新老师领会我的意思，她一读完就说读得不错，我说："你看，老师都听懂你读的了，说明你的发音很正确呀！"

至此，这个学生的积极性已经被调动起来了，接下来就是技术问题，我先问了几个最简单的词，当然都会，更自信了；再增加难度，也都会，第一段没用几分钟就都回忆起来了。我坚信，她的放松和自信帮助了她的记忆。人只有在愉悦的时候才能学得好。

背第一段的时候，她出了几个明显错误，我没立刻指出，因为会影响她记忆的流动。待她为自己背出最难的一段而非常高兴的时候,我问了一下她说错的词,第二次说对了,我说:“原来你会呀,刚才你说成另外一个词的时候我还以为要再教你一下呢!”她立刻再仔细看了两遍,说她总是把这两个词搞混,要好好读读。这下她自己就解决问题了。

这个学生走时是笑着的,说她会很快把口语赶上。如果她在一开始摆出一副无所谓的态度时我就批评她,试想一下会有什么样的结果。

还有一次,我的鼓励不但改变了学生,也改变了家长。这个女生是全校最出名的问题孩子之一,也在我的中文班。学校家长会的形式是家长到任课老师教室单独见任课老师,轮到见我的时候,她的家长大概已经被所有老师数落得很惨,一副怒气冲冲的样子。当时我故意把全班的中文成绩放在白板上(一般老师不会这么做),一看她们的女儿垫底,一腔的愤怒发泄在我这里:“我们的女儿不喜欢学中文,你们学校硬把她安排在中文班,她将来根本不会跟中文有任何关系,我们完全不在乎她学得好不好!”

我很安静地指了指他们女儿的成绩,刚刚及格,问:“您的女儿是既不喜欢中文,也不做作业,更不想将来和中文有任何关系,是吧?”

“那是当然,根本就没必要学!”

“好,你们看看,她这么不在乎中文,上课捣乱不听课,从来不做作业,她居然还及格了,你们看看!”事实上,这门课程难度不大,学生一般都能及格。

家长开始把注意力从排行中转向具体成绩。我顿了顿:“你们想想啊,如果她上课听讲,再做一点点作业,那还了得?岂不是会跳几级啊？”

家长的眼珠在转：“这么说，她不是全面的失败啊！”

“当然，你们应该比我更清楚，她的脑瓜子好使，真的用点功就不得了！”

临走时，家长对我说：“今天幸亏来见了你！”从此，那个女孩没在我的班上捣乱过。

在英国，家长是不能帮学生做作业的，因为学生的作业反映了他们掌握知识的程度，我批作业的时候，如果发现大家都有同样的问题，那就是我上课没讲清楚，需要再讲。如果是个别错误，有太多的办法让孩子意识到了。但最关键的是在要求学生改错前定调，告诉他们学语言的过程就是犯错的过程，不犯错就学不会。有时我会在板书英文时出现拼写错误，我的学生会平静地指出，我会虚心地改写。所以他们改写中文也很平静，没有任何情绪问题。我同时也是家长，对孩子的作业我是从来不管的，那是老师的工作。

儿子的法语老师说：“你知道你为什么法语学得高出别人一筹吗？就因为你不怕犯错误，敢试！”一次我问儿子为什么不怕犯错误，他答：“铅笔头上的橡皮是干什么使的呢？”

很多人认为，不指出孩子的错误就无法培养他们的抗压能力，孩子长大了就是“玻璃心”。其实正相反，怕犯错的孩子才是“玻璃心”，他们让我们整天纠错纠怕了。知道挫折就是个过程，人会在挫折中成长，这样的孩子才是最强大的。

也有家长会问：“眼看着孩子犯错误，如果不说，孩子能改吗？”其实，纠错大多都是善意的，都是家长或者老师希望孩子能够改错。那我们就来看看纠错到底能不能让孩子改错。

让我们想想孩子是如何学步的。先是扶着东西站着，试探着想放开手走出去，这时候有妈妈爸爸鼓励的眼神和温和的话语：“来呀，到妈妈这儿来，妈妈一定把你抱住！”有了这样的安全感，孩子才敢迈出人生的第一步，父母欣喜的表情孩子都看在眼里，有了自信，再来一步，就这样在鼓励声中，一步步开走了。在这个过程中，孩子们会摔跤，父母会把他们扶起来，孩子继续走……

试想，如果你朝孩子喊：“不能摔跤，不能走错，走错就是你的错误，站稳了再走……”那孩子还敢走吗？

没有学会的东西不叫错误，这是我最坚定的信念。孩子摔跤是因为还没学会稳稳地走，你不能说他犯了错误。同理，孩子在开始学写字，学算术，学做家务，学乐器，学各种各样的知识和技能时，都要经历无数次的摔跤才能学会。这个摔跤的过程不是犯错误的过程，只是在学习的过程。即便是学会了，也有反复的时候，就像会走路的孩子还是会摔跤，这同样是个过程，因为世上就不存在十全十美。这个道理，能否说服那些陪孩子写作业而恼羞成怒的家长？

既然不叫错，那我们纠正什么呢？当然也有明知故犯的，这时候我们的关注点就不是错误了，而是这种行为背后的原因。

让我们再来看看纠错的结果，除了前面提到的自我防御机制，还要想到的是学习的过程会摔跤，如果你永远盯着他摔跤，引来的是孩子无穷无尽的恼怒，因为他们没法做到永远不犯错误，更别说每一跤可能就意味着一个进步甚至飞跃。长期盯着孩子的错误，结果只有两个。第一个是孩子再也不敢试了，我不做了，就不会出错了,厌学或放弃学乐器等都由此而来。没有一个孩子会愿意自己的一辈子都在改错。第二个是引起孩子的逆反,或者找借口。很多孩子的逆反被父母看作青春期的问题,事实上是孩子不愿意被时时纠错。

我在英国见到很多中国留学生对待建设性的意见会下意识地抵制、撒谎,给自己找借口,他们一定觉得这儿的老师也会像家长一样盯着他们的错误。也有很多人有选择恐惧,希望走自己的路,但又非常害怕一旦走错就是世界末日。

最后谈谈如何给孩子讲道理。让孩子自己体验要比说教有效得多。我新接了一个班,第一堂课就必须要给孩子们讲学校纪律。不讲不行,讲了也没人听,太枯燥了。我换了一个形式。请我的助教扮演一个淘气的孩子,假装在课堂上捣乱;让孩子扮演老师,给出各种批评惩罚措施,我适当提醒。我们整理出一套和学校一模一样的纪律条款,这下孩子们永远不会忘记了。只要一想到那位年过半百的、慈祥的助教老师最后被灰溜溜地赶出教室,结果在楼道碰上校长,知情的校长也顺便"批评"了两句,大家就会笑个不停,最后都大声为助教老师的表演叫好!角色扮演是课堂上一种很有效的活动,不妨在家里也用用。

只要把主动权给孩子,信任他们,你就会发现他们是最公平、正义、最有爱心也最可爱的人。

三、用承担后果代替批评

不以规矩,不成方圆。适当的家规能给孩子带来安全感。我不批评孩子,并不意味着他们永远不会犯错误,而是我有其他办法让他们意识到自己的错误。

有的父母会提到惩罚。我们先看一下惩罚的目的。如果惩罚的目的是惩罚,那么这个惩罚在未实施之前就已经失去了意义。我想这一点父母都会同意,没人为了打孩子而去打孩子,凡是动手打孩子,其目的无非是让孩子听话、不做危险事或者给自己消气等。

打孩子能否达到以上目的呢?打就能让孩子听话吗?即便听了一次,下次呢?父母说的都非常正确且值得听吗?即便在我们成年人的世界里,有谁能保证都说得对、做得对?这次不做危险事,下次呢?每次都打,打得过来吗?等孩子长大了,长得比你高了,还打得动吗?所以这种惩罚显然达不到目的。也许能暂时消气,可是消气有多少更好的办法,拿孩子出气不公平。

打不行,骂也同样达不到目的,经济惩罚对于家境好的孩子无效。那么我的惩罚是什么?

我认为惩罚的目的是让孩子学会承担自己言行的后果。很多年轻人犯错都出于一时的冲动,做事不经过大脑思考,不计后果。为自己的行为承担后果是一个人能被别人和这个社会信任的首要条件,所以在孩子很小的时候就让他意识到自己行为的后果并学会为此负责就是父母育儿的要点之一。因此,惩罚的目的是让孩子承担后果,当然如果把这个过程看作积极正面的,孩子从承担后果中学到了东西,那么这个惩罚就成了鼓励。

试举一例。英国小学有“circle time”,就是大家坐成一圈相互谈谈自己的感觉和想法。这个活动主要用来对付欺凌现象。有的孩子欺负别人,原因是还没学会考虑对方的感觉,他们认为武力对付别人,别人就能听自己的话,这点和打人的家长的想法多么相似。在“circle time”时,让被欺负的孩子谈谈自己的感觉,比如有的想离开这个学校,有的不敢上学,有的整天担惊受怕。这些欺负人的孩子没想过自己行为的后果,这时候可能就会开始思考了。老师常常不提谁欺负人了,也不批评,反而让欺负人的孩子去保护安慰受欺负的孩子,这样通常问题就可以解决了。这里不包括那些常年被家暴而性格扭曲的孩子,他们需要专业帮助。

承担的后果有两种:一种是自然后果,一种是协议后果。前者比如孩子睡懒觉,与其一次次叫、批评他,不如事先让他们自己准备好闹钟,自己起床,一旦赖床,就有可能迟到。迟到就是一个自然后果。协议后果比如合同,有违约的后果。协议后果可能是口头的或者书面的。既然是协议,就需和孩子一起商量来决定,不能取得共识的不叫协议。将来孩子走向社会,这两种后果会是他们生活中处处遇到的,如果在他们成长过程中父母没教会他们认识后果、承担后果,那么他们未来会走很多弯路,有的弯路甚至是无法挽回的。当然,涉及孩子人身安全的危险不包括在内。孩子小的时候他们的安全是由父母保障的,比如所有电源插座要盖上,楼梯要有挡门等。孩子们稍微大点,讲讲电的知识,逐渐他们就会学会保护自己。不懂得危险而做了危险的事,是父母的责任,孩子不该受罚。

要孩子承担后果,一定要事先讲明白或者和孩子一起弄明白什么是可能出现的后果,而不是孩子做了之后去惩罚他们,不知者无罪。我们的学校里有明文规定的惩罚措施,孩子上学的第一天就讲得清清楚楚,孩子家长都要在规定上签字。有的孩子在违反了纪律后会马上表现好,希望把过去的惩罚抵消,在我这里永远行不通。做过的事自己承担,表现好有奖励,二者绝不相互抵消。在家里孩子们努力会有奖励,拿到奖励哪怕当时就捣乱了,我们也不反悔。捣乱自有捣乱的后果,这不能抹掉他们过去的努力。

最关键的一点,承担后果谈的是行为,而不是人。因为有了这种行为,所以产生如此后果,一旦承担了后果,就是为这种行为负责了,整个过程不谈人,只谈行为,我们评价的也是行为本身,不是人的品质,我从来不会给孩子贴标签,只会给他们的行为下定义。再糟的行为也不能证明人是坏的,改掉了,承担了责任,就完事儿了,明天就是一个新的起点。

一种行为可能很难一次性改掉,所以学会负责也有一个过程,这个过程是漫长的,所以惩罚也是永远都有的。我们只能相信孩子们会逐渐开始思考,开始考虑自己行为的前因后果,从而避免很多无谓的冲动,成长为一个勇于承担的人。

为自己的行为承担后果是对孩子做错事的最有效的“惩罚”。所谓有效,并非再也不犯错误了。其实犯错误是孩子成长的必经之路,所谓有效就是帮助他们认识任何行为都会有后果(结果),比如努力了,成绩会提高,会有成就感。相反的行为当然也有相反的后果。享受了成就感,也要为不太令人满意甚至不好的后果负责。

举个例子。儿子的卧室常常很乱,我建议他把地上乱堆的衣服整理一下,他痛快答应了,而且答应了两三次(这是口头协议)。那天我打扫他的卧室,发现他根本没动,立刻气不打一处来。不过很快就冷静下来了。遇到这种情况,还是老办法,要他为自己行为的后果负责。

有家长建议把他房间的照片给他的朋友看,事实上十几岁的男孩子大多都不喜欢收拾屋子,看的结果可能会是他的朋友把他们自己更乱的屋子拍下来大家一起调侃。那么知道儿子不喜欢收拾屋子,为什么还要"惩罚"他?他的屋子通常都很乱,但是也会自己收拾,进步很大。我其实要他认识到的是自己答应的事要做到,也就是要有信用。在我们家里,每个人都会尽力去守信用,失去彼此的信任是最可怕的事。

儿子去训练了,回到家后,我十分平静、十二分坚决地对他说:"儿子,妈妈今天吸尘,没有吸你的屋子,因为你满地堆着衣服,所以你今天自己要把地上收拾了,还要自己吸尘。"儿子在察言观色,看我万分坚决,痛快答应了。"还有,我今天本打算洗衣服,但是你的脏衣服没拿出来(这是我们之前的协议,大家都把脏衣服放到浴室的篓子里周末统一洗),所以没法洗。明天早晨,你要把全家的脏衣服分拣放到洗衣机里。如果不会就问妈妈或姐姐。"儿子直接答应了。"再有,今天姐姐们(包括他的表姐)把圣诞树收好了,客厅的地给你留着吸尘,这是你的工作。""妈妈,我的屋子是我的错误,可是客厅……"允许儿子有异议,有点小情绪,毕竟他要给自己个台阶下。我回答:"你的屋子没收拾也不是错误,这些都是你的行为的后果。当然客厅的工作是你的一份,你和姐姐们事先商量好的,不是后果。"饺子宴过后,大家开始准备晚上的娱乐,爷爷和外甥女都在，其乐融融，儿子也不例外，搬了游戏盒子就开始玩。我十分冷静，但是严肃："儿子，你现在可以去收拾你的屋子了！""妈妈，我保证明天早晨第一件事就是收拾我的屋子，我保证！""儿子，你已经失去选择时间的权利了，因为你前面三次都可以选择。现在是我决定时间（这也是事先说好的）。我决定的时间就是现在，吸尘器就在你屋里。"

儿子撅起嘴，跺着脚，气鼓鼓地上楼去了（还是老话，允许孩子有点小情绪，给他个台阶下），因为我们家里通常都是这样处理事情的，所以连很护着孙子的爷爷都没说话，爸爸问是否需要帮忙，儿子赌气说："我自己能干！"过了一会听到吸尘的声音还有儿子唱歌的声音。

之后，他边吸边玩，兴致盎然，把我吸过的屋子也重新吸了。吸完到我这里讨好，从电脑上找到一些我喜欢的图画让我看。后果承担了，就完事。就事论事，信任依旧在。绝不上纲上线，不依不饶。

"那要是接下来的一周，孩子既不洗衣也不吸尘，怎么办？"这是网友问的问题。

我说过，他不喜欢收拾东西不是问题，问题是他说到没做到。如果他又一次说到没做到，就需要父母冷静地和孩子商议其他的后果，孩子有没有最喜欢玩的玩具？最喜欢做的事情？最在乎的东西，人或事情？可以把这些作为协约后果，事先商量好。别跟我说孩子什么都不在乎，真是这样，那就不仅是说话不算数的问题了。我就有些担心你是不是常用物质代替爱和信任，需要重建母子之间的良好信任关系，在这个关系建立起来之前，先别急着解决具体问题，事实上也解决不了。

再来想一想,如果我说下面的话会有什么结果?

“妈妈这么累,你就不能自己收拾一下?”

“跟你说了多少次了,你就是不听!”

“下次再不干,怎么办,你自己说吧!”

“你这么不整齐,将来自己有家怎么办?”

有家长问:“我儿子八岁,主要问题是我和他说什么都不听,哪怕是让他去换睡衣和刷牙也不听,实在是没办法啊,从小时候不会说话时就是大人说什么都不听,怎么办啊?”

我提到的承担后果的办法既避免了带情绪的适得其反的批评,而且又能培养孩子为自己的行为负责,这是一生受益的品质,而这种品质完全是后天培养出来的。培养这种品质绝不是一天两天的工夫就能成的。家长无论对多么小的孩子都要讲信用,给孩子树立一个说到做到的榜样,孩子自然会去模仿,看到一旦保证就要做到是爸爸妈妈最看重的事情,那么我们才可以要求孩子说到做到。建立家庭成员之间的信任关系是前提。再慢慢地引导孩子看到任何大小行为都有后果。父母该做的没有做到,就想要孩子听你的话,这是不大可能的。你的话是不是都值得听,你说话是不是都是下命令,你和孩子有没有对换睡衣和刷牙的事先约定,有没有一起边做游戏边做事?有没有违反约定要承受的后果?是不是他自己承担?是否与家里其他成员达成共识?他从小就不听你的话,可能你很少用孩子喜欢听的方式和他对话吧。

还有网友提问:“儿子今年三岁开始出现打人踢人现象,稍有不合意或者别的小朋友挡路就要推别人,为娘很是烦恼,打骂无用怎么办?”

这个不用我回答吧？妈妈会打骂三岁的孩子，却要求自己的儿子不打别人，儿子并不是生下来就可以从妈妈的各种错误行为中辨别好坏、去粗取精的。你若能够诚恳地向儿子道歉，对，就是看着三岁儿子的眼睛向他道歉，告诉他妈妈错了，不管他做什么都不该打他、骂他，因为打人、骂人都是不好的行为，以后妈妈若遇到不满的事情，会好好和他说。然后静静地等待有一天他从你的行动中悟了，这期间给他无条件的爱。如果他继续打人，那也是你的行动带来的后果，自己坦然承担吧。不过儿子再打人，可以适当安抚一下被打的孩子，让儿子看到打人的孩子得不到关注，被打的孩子妈妈会给予关注。

四、永远不要想当然

我的老朋友是一位有三十年教龄的、大家公认的优秀教师，退休前聊天，他说他只有一个值得传下去的经验，那就是“对孩子，永远不要想当然”。在亲子关系中，这也是一个真理。

听上去很简单，但是操作起来却非常难。难就难在我们是成年人，我们的认知发展到这个地步，已经形成了很多不言而喻的观念，在我们看来是常识，孩子却往往很难理解，所以我们不能想当然地认为我们的常识也是孩子们的常识。

举几个例子。爸爸曾责备儿子对这个家庭没有责任心。爸爸就是在想当然了，他认为十二岁的孩子就应该知道什么是责任心，也应该知道做什么和如何去做才是有责任心。但其实，这个责任心的概念对于成年人都不一定很清晰，对于孩子更是一个太空泛的毫无意义的概念。所以这样责备孩子太不公平。如果能够和孩子一起商讨一些他可以做的家务,给他们机会去做、去试错、去提高,慢慢他们会有信心,有成就感,会做的越来越多,对这个家庭也就承担了责任。但责任心这个概念可能要到孩子长大以后才能明白。

一次儿子在门边聚精会神地玩他的乐高,爸爸推门差点碰到儿子伸出去的脚,于是爸爸告诫儿子换个地方玩,儿子一时入神,没动地方。爸爸出门为了躲他的脚,结果把自己的手夹了:“你看我都夹了手了,你怎么这么不听话,啊?”儿子不服气,质问爸爸自己夹了手,怎么赖他。这里爸爸又想当然了,他觉得儿子应该能够理解他省略的话,那就是为了不碰他的脚,所以关门不方便,才夹了手,可是儿子玩得起劲,哪里想到这些?

省略逻辑步骤、不言而喻、潜台词以及各种比喻、拟人的手法都是我们成年人说话的方式,无可厚非,但是用在孩子身上,认为孩子能够理解我们省略的逻辑步骤,理解我们的话中话,就是不折不扣的想当然了。这里包括责备三岁的孩子脾气大,苦口婆心地教孩子情绪控制,都没用,因为我们想当然地认为三岁的孩子就理解什么是脾气,什么是情绪和情绪控制,这是不是很可笑?

还有责备孩子不以学习为重,整日贪玩。我们想当然地认为几岁的孩子就应该明白努力学习就能考上好学校,考上好大学,就能找到好工作,就能挣好多钱,就能买房买车过幸福日子。先不说这一系列的逻辑是否合理,我们省略的这么多的中间步骤,怎么可以要求孩子明白?他们这个年龄全部的生活目的就是吃喝玩乐啊。那些所谓“懂事”的孩子,也只不过是把父母的训诫背下来了,或者是受了压力,或者是受优秀父母老师的引导,从学习中找到了成就感,找到了乐趣。父母可以把学习搞得有趣一些,让孩子们觉得是玩儿,玩出名堂就有了成功的喜悦,再利用他们天生的竞争心理,刺激对学习的兴趣。我们绝不能想当然地认为孩子会主动放弃自己爱玩的天性。

责备小孩子不会分享,太自私,这又是一个反自然天性的想当然。小孩子的认知都是先从自己开始,慢慢在交流中扩大范围。所以不能指望他们天生就懂得分享。在和其他孩子的互动过程中,他们发现如果不把自己的玩具给其他小朋友玩,也玩不到别人的玩具,这就有了原始的分享意识,但这个分享还是为了自己。至于我们成年人所说的"舍己为人"的概念,离他们的理解程度还有十万八千里呢。

责备孩子不和大人说话,不礼貌。礼貌是社会规范,我们成年人规范了礼貌的定义,自己又是不折不扣地这么去做,孩子们才有可能在日常生活中慢慢地模仿,渐渐对社会规范有些认识。所以不能想当然地认为孩子应该懂礼貌。如果大人都做不到,孩子没有模仿的机会,可能进入社会都不懂礼貌,任凭你怎么批评教育都没用,更可能引起逆反。

责备孩子不珍惜钱财,欲望无止境,这又是一个天大的想当然。我们想当然地认为孩子知道什么是欲望,知道适可而止,知道父母的钱财不是自己的钱财。其实这一切都还是我们成年人搞不定的概念,我们自己就壑欲难填。我们自己就会告诉孩子爸妈的就是他们的,我们不惜一切代价满足孩子的物质需求,然后反过来责备他们不去珍惜,是不是很不公平?

这些例子可以一直举下去。我们在责备孩子之前,一定要先想一想我们责备的事情是不是他们天生就该明白的,如果不是,我们跟他们说清楚了吗?他们懂了吗?我们做给他们看了吗?我们是否给了他们理解的空间和机会,试错的机会,反复提高的机会?永远不要想当然。

第十章 自信

对于我来说，自信不是坚信自己做的想的一切都合理，而是坚信自己有能力面对自己的不足，有能力解决问题，跌倒了可以再爬起来。有了这样的自信，就不怕把自己的问题展现出来，就能够坦然面对、冷静解决问题；有了这样的自信，也会认真虔诚地向别人学习。自信的妈妈会坦然面对自己的孩子，不会要他们给自己争光，也不会因他们而丢面子。

第十章 自信

一、什么是自信

对于我来说，自信不是坚信自己做的想的一切都合理，而是坚信自己有能力面对自己的不足，有能力解决问题，跌倒了可以再爬起来。有了这样的自信，就不怕把自己的问题展现出来，就能够坦然面对，冷静解决问题；有了这样的自信，也会认真虔诚地向别人学习。自信的妈妈会坦然面对自己的孩子，不会要他们给自己争光，也不会因他们而丢面子。

我坚信孩子生来就是自信的，他们的字典里没有失败，他们一路摸爬滚打，决不放弃，学会了抓举、爬行、走路、奔跑……这个过程没人退缩，他们充满了自信，因为他们的每一点点进步，都伴随着父母的惊喜和赞赏。这让他们内心充满了成功的喜悦，充满了接受挑战的勇气。

但是接下来他们的生活起了一些微妙的变化。好学的父母看到了专家的“指示”：孩子要三月翻身，六月会坐，一岁会走，美国孩子三岁做的家务表,英国孩子的各种宣言,五岁之前要做的一百件事……随后有了其他孩子的比较——人家的孩子一岁都不尿床了,怎么我的孩子两岁还尿?初为人母的年轻人开始焦虑了,我把孩子耽误了,我教育失败了,完了!于是你脸上没了惊喜,你的眉头开始紧锁,你的声音开始不耐烦,你的动作也不那么温柔了。孩子看到了,感受到了,他们也茫然了,感觉有些不安全了……

其实,你可能没看到别人的孩子可能一岁还没开始爬,两岁还在流口水,三岁尿床……

很少有孩子能按照专家标准逐条发展的,这就是成长。儿子和女儿小时候家里来人,他们总会钻到桌子底下不出来,开始我很恼火,觉得他们不大气。后来知道了,孩子们就是喜欢小的隐蔽的空间,这种空间给他们安全感,也充满了神秘和幻想,所以他们喜欢用大纸盒或者箱子过家家,喜欢住帐篷野营,喜欢到小阁楼,树屋里探索……懂了,就不会去比了,也不会去拿专家的条款要求孩子了。

这个道理适用于孩子成长过程中的一切,学习、社交、工作和家庭。每个孩子都在按照自己的轨道成长,有些方面很快,有些很慢,多呈阶段性特点,一阵子进步很大,一阵子裹足不前。如果这个过程家长不去插手,只在孩子需要的时候给以引导,为孩子的每一个进步发自真心地赞赏,那么他们就能依然保持当初的自信,他们依然不会怕失败,不会怕犯错误,因为成长的过程就像学走路,摔倒了不是错误,不是失败,而是他们进步的过程。

不过能做到这一点的父母实在太少,看到孩子摔倒了,我们就永远领着;看到孩子没写好字,我们就会批评,好像孩子生来就该会写字似的;看到孩子数学还没开窍,我们会说他们太笨了;看到孩子不和其他孩子玩,我们说他们孤僻不合群……

孩子们有些惶恐了,不知道自己为什么会莫名其妙犯错误,会突然被父母骂。他们开始有些小心翼翼了,目的是不让父母生气,因为父母生气会带来灾难。他们开始不敢做事了,因为不做事就不会犯错误。他们一旦鼓足勇气做点事,又难免瞻前顾后,怕引来父母的责骂。他们开始想,如果不是我的错,父母就不会批评我,所以他们开始拼命找原因,编织各种各样的借口,他们的全部注意力已经从做事上离开了。这样孩子学会了在第一时间矢口否认:"不是我的错!"他们会本能地把任何人的友好建议看作对自己的批评,他们需要时时刻刻的表扬,哪怕是口头表扬来维持自己的"自信",甚至都不知道为什么被表扬了,好坏标准早就在爸妈的喜怒无常中荡然无存了。他们甚至本能地希望别人差,这样父母就不会因别人的好来要求自己了。他们不会对自己的行为负责,也更不能对别人负责。

我接触过一些国内来的留学生,有的撒谎成性,但不是他们的错,而是从小到大找借口、推卸责任成了习惯。他们认为所有人都会像他们的父母老师一样对他们要求严格。他们最不愿意承担责任,做事也不顾及后果,不能对后果有所认知。因为他们长这么大一直都在逃避,没有学会真正关注自己进步和行动的前因后果,他们关心的是父母会不会生气,自己能不能比过别人,考试能不能提高几名。他们已经不懂得这个世界上还有成年人会鼓励孩子试错。我曾经看到一位国内来的优秀生在英国顶级私立中学的年度报告,老师开门见山地说希望这位同学对老师的建议认真考虑,不要持敌意，不要找借口。这种报告语言非常少见，老师一般以鼓励为主，不会如此直接，可见这位优秀生的问题有多么严重。

不过我也见到过一些敢作敢为的年轻人，他们的成长经历值得大家思考。他们和其他人一样上学，有一样的老师，走入相同的社会，不同的就是他们的家庭。我还是那句话，一切都不晚，只要父母现在放手，给他们机会，我相信他们会把自己的生活安排得很好，他们需要的是机会，试错的机会，成长的机会，只有这样，他们才能找回自信，实现自己的正常发展，真正活出自己。

二、自信与自卑

我一直都在强调鼓励，鼓励能让一个孩子创造奇迹；但是我深知，不当的鼓励可能培养不了自信，反而引起自卑。

如果在孩子很小的时候，我们就不断地夸张空洞地表扬他们：“你太聪明了！”“你是最棒的！”，孩子就会相信我们的话，认为自己是最聪明、最棒的。那么如果在成长过程中发现自己并不是做什么成什么，甚至在很多方面都不如别人，这对孩子的打击会相当大致使他们无法接受。他们可能不愿意接受父母在欺骗自己这个事实，或者不愿接受“聪明”的标签从自己身上被拿走，因为他们尝到了聪明带来的甜头，比如父母老师朋友的赞许。这种情况下，有些孩子就会这么想，对于那些在自己看来比较难的，拿不准的事情，我干脆就不去做，或者做出不屑去做的态度，这样，别人就不会发现我其实可能做不好，这样我的“聪明”的名声就可以保住了。更可怕的是，这种孩子可能会穷尽一生努力捍卫自己“聪明”的标签，他们常常会只做对自己来说十拿九稳的事，不敢探索，不敢犯错误，不敢挑战自己。其实他们的内心可能没有安全感，因为常会担心有一天会露馅，这是自卑。

这就可以解释为什么一些学习不错、天赋不错的孩子反而不自信，见困难就躲。我曾接过一个尖子班，这个班的孩子受种种外界原因影响，中文未能得到系统的授课，因而水平很低。几乎所有的孩子都表示对中文不感兴趣，一上课就捣乱。他们一入校就被分到尖子班，被贴上了聪明的标签，而一些科目，比如语文、数学的成绩的确让他们有了优越感，所以他们不能接受中文水平低这个事实，不管是不是他们的原因，成绩差就会影响他们的名声，所以大家一起抵制学中文，这样别人看来是他们不愿意学，而不是学不好，他们的名声也不会受损。而孩子的这种思维方式完全是大人造成的，如果他们没被贴上聪明的标签，就没有不惜一切代价甚至放弃很多机会来捍卫这个名声的必要了。

我还认识一个女孩子，一直是学校的佼佼者，但是妈妈观察到这个女儿在家里和妹妹玩游戏，只要一看到自己有输的可能，就立刻放弃不玩了。妹妹则正相反，只要自己做不好的事情，总是不放弃，肯下功夫去做好。姐姐在生活中任何一件细小的事情上都要占上风，一旦有困难，立刻放弃，宁可不努力，也不要低于别人。

所以消除这种思维的关键是父母如何鼓励。鼓励不是大喊“你太聪明了”“你真棒”“你比他们都强”，而是就事论事。

“看到你今天帮爸爸搬东西了！”

“这个题你是怎么做出来的？”

“你看到自己写的字了吗？是不是比上个月写的整齐多了？”

“我看到你今天早上自己被闹钟叫醒，没等妈妈叫就自己起床收拾了！”

“这个问题我不知道该怎么解决，你总是很有点子，你来想想？”

“这次我可以相信你吗？”

“今天回家就把作业做了，时间管理得很好嘛！”

“你以前不是觉得这门课难吗？怎么如今进步这么大？”

“这门课对你来说的确很难，但是我看到你在努力了，别忘了告诉妈妈你每一个小小的进步，好让妈妈也高兴高兴！”

“哟，这么费时费力的事你都做完了？”

这就是就事论事，没什么大话空话，也没有给孩子贴标签。总之可以一句话：“妈妈注意到、看到、觉得你……”就可以了，没必要再添加什么大话了。永远不要拿孩子和别人比，哪怕孩子比别人强。

那么被贴了标签的孩子可以转变吗？只要家长老师的态度转变了，孩子就可能转变，但这绝不是一天两天的事。我用了整整两年时间才让那个尖子班认识到没学好可以重新再来，没有什么可怕的，也没有任何人会嘲笑他们。

还有一个自信的误区。很多父母都希望孩子在某一方面很突出，比别人优秀，以为这样就可以培养孩子的自信。因而拼命要孩子去学一门本事，或者提早让孩子学习课堂上的内容，一半是觉得孩子只要在这方面学得好，就会自信；一半觉得其他人都在做，自己的孩子落后了，会打击他们的自信。

一位爸爸让儿子三岁开始学数学,认为上学后数学就能比别人高出很多,孩子就会自信。不过,正如我所遇到的很多学霸一样,这个孩子长大后其实并不自信。我开始思考一个问题,既然父母认为孩子的强项可以让他们自信,为什么反而培养了虽有强项但不自信的孩子?

我想问题的关键还在于我们对自信的理解。如果人的自信是建立在某一方面比别人优秀的基础上,这种自信就是不可持续的、脆弱的,因为永远都会有人比你在这方面更优秀。一旦受挫,建立在这上面的信心也会大打折扣。那位学数学的孩子把自信都建立在了数学上面,可是其他方面没有比别人更强,让他不自信的方面反而比自信的方面更多。

人的自信决不能建立在某一方面比别人好的基础上,所以父母处心积虑给孩子培养一个强项其实是对孩子真正自信心培养的一个误导。

自信是一种对自身可持续能力的培养和认知。如果一个孩子相信自己通过努力就能成功,就能不断发展自己的实力,不断向过去的自己挑战,不断提高,永远坚信任何的挫折都是自己努力的动力,都能促使自己更进一步提高,这样的孩子就是真正自信的孩子。当然通过自己努力而比同龄人争取到更多机会,这是自信建立过程中的必然结果,不是目标。他们的目标应该是挑战自己,认知自己,这种挑战是长久的、永远的,并不断有成就感。这样的孩子不会时时拿自己去和别人比,也不会因自己高出一筹而沾沾自喜,看不起别人,因为他们挑战的是自己,不是别人。

三、打强牌

孩子的自信和积极的生活态度大多是从父母那里观察模仿来的，父母可以提高自己，孩子也可以。有没有捷径？有，就是打强牌！

这里说说我的方法。

平时我常会和孩子谈谈他们的“优点”，我们把这些“优点”当作他手里的强牌，人生的任何时候都可以打；强牌越多，人越强大。但是在这个过程中我故意隐藏了一个善意的谎言。

比如儿子，第一张强牌是他爱琢磨，爱思考。我举出了很多他平时琢磨思考的例子。第二张强牌是他的努力精神，只要是自己认定的，他一定会无怨无悔地不遗余力地努力，这也有很多例子可以举。第三张强牌是他对待自己天赋的态度，他认为所有的人都有天赋，自己也不例外，但是不努力天赋就会浪费，他也很清楚家里没人表扬他的天赋，但是所有人都会赞赏他为了实现自己的潜能而付出的努力。第四张牌是他反败为胜的能力。运动比赛每次输掉，他都会很快重新进入状态。他认为这个世界上没有失败，只有过程，因为每一次失败都让他更进一步。第五张牌是他的团队精神，他有很多朋友，他的关注点永远是朋友的强项，在做运动队长时就很会用人。第六张强牌是他思路清晰，能将复杂的事情用最简单的语言讲出来。当然，这些强牌都是和儿子一起达成的共识，多数都是他自己认定的，我只是提醒一下。他也提出了一些其他的基于知识性的强牌，一概都肯定。

这个善意的谎言就是：这些难能可贵的品质到底是不是儿子

当时的强牌？说实话上小学初中的孩子还没定性，不能这么说。但是为他找出例子并不难，哪个孩子都会有认真思考、不服输、刻苦努力的时候，每一个妈妈都能为自己的孩子找出一大堆例子，只要抓住平时的点点滴滴就可，我就是抓住了这些。

我为什么要把这些说成是他的强牌？其实我是在帮助他有意识地培养这些品质和能力，给他建立自信。如果你说这些就是他的强牌，每次遇到他做到的事就拿来举例，他会越来越相信自己的强牌，做起来也越来越自信，只要他有意识地去做，去打这些强牌，也就是去努力培养自己的这些品质和技能，早晚有一天就真正变成了他的强牌，这样在遇到困境时，他就会自信地拿出自己的强牌。至于他当初是不是真的有这些强牌就无关紧要了，只要目的达到了就好。当然，在这个过程中切忌去和别人比。比是一种和打强牌理念正相反的做法，一旦去比，多数都是用自己孩子的弱项比其他孩子的强项，这样比下去，自己的孩子手里除了一大把糟牌之外，自信也会大打折扣。

那么打强牌会不会把儿子的弱项忽略了呢？事实正相反，打强牌的过程其实就是建立自信的过程，自信的孩子懂得如何提高自己。

在一个孩子的成长过程中，如果手中握有这些强牌，他就会很强大，就会以自信的态度对待人生，这样的人生就是精彩的人生。任何孩子都可以有这样的人生，因为任何孩子都可以用自己特有的方式发展自己的潜能，打出自己的强牌。

归根结底，就是父母要盯着孩子的优点看，而不是盯着孩子的缺点看。这是我们中国父母的思维方式中最难转变的一点。常常会觉得如果我们不说出孩子的缺点要他改正,就没有尽到父母的责任。的确,父母是要尽责,但是尽责的方式可以多种多样,有一点我很确定,批评和贬低孩子是最低效和对孩子最有杀伤力的一种。这种方式不但会让父母养成挑孩子毛病的恶习,也会让孩子自卑,因为没人能十全十美。

打强牌其实是一种心理暗示。用这种办法曾经使我的很多学生取得了连自己都很惊讶的进步。

举个例子。在和孩子们的互动中,我一直奉行“授人以渔”的原则:教给孩子们如何学习要比教给他们具体的知识重要得多。比如学中文,写汉字是最难的,我们虽然探讨过很多方法,一部分学生也采纳了一些方法,觉得很奏效,但是我还是不明白两点。第一,为什么不是所有的学生都能找到自己的方法?第二,为什么某个办法对一些人那么灵验,但无论我如何推广,对另一些人却一点用也没有?

在寻找以上两个问题的答案时,我观察到一种有趣的现象。一次我在讲有关食物的课程内容时,为了活跃课堂气氛,放了一个有关亚洲小吃的短视频,很多是英国孩子没见过,甚至看上去有些可怕的食物。看完后,我手里拿着一包谁也没见过的山楂片,故作神秘地向学生提出挑战,看谁敢吃。大家犹豫了一阵子,结果多数人都尝了。不过有趣的是,无一例外,所有事先就觉得山楂片可能好吃的学生,主动品尝之后都觉得好吃,有的还把一小包都要走了。所有事先就有怀疑,觉得可能很难吃的学生尝了之后都大喊不好吃,有的甚至吐出来了。观察结果是,他们对山楂片的评价不是出于味觉的测试结果,而是他们的大脑在尝试之前就已经决定了它是否好吃。

这个现象为我一开始提出的两个问题提供了答案:问题的关键在于“授人以渔”本身,如果我们直接把这些方法讲给学生,就有问题了,因为这个过程老师是主动的,学生是被动的,被动接受的东西就像山楂片一样,一部分人可能已经从内心拒绝了,一旦拒绝,无论什么好办法就都无效了。那么如何让学生变成主动的,让他们在没试之前就已经接受呢?

我做了一个左右脑的实验。为了一开始就能吸引学生,我先来了一个左右脚和左右手的实验,大家立刻放松并觉得有趣。几分钟之后,所有的孩子都知道自己手脚的左右倾向了。我说:“知道这个毫无意义啊! 我最关心的是你们的大脑的左右倾向!”大家立刻都急了,问怎么才可以知道自己的大脑倾向,接下来我们做了一个测试,依据测试结果大家就都知道自己的大脑倾向了。我又故作神秘地点了两个人:“怪不得你是左脑,怪不得你是右脑!”这下大家更急了,问到底是怎么回事,于是我给了他们一张图,图上有左右脑人的做事习惯,引起了一片共鸣:“对了对了,我就是很乱啊!”“我就是喜欢先看电影再看书啊!”这时候我的目的就达到了,所有的学生对左右脑倾向和做事习惯已经深信不疑。

一旦从内心相信了,接下来的事就好做了。我把事先准备好的一系列学习方式给了大家,思维导图、流程图、列重点、画图、用颜色等让大家去试,有的适合左脑倾向,有的适合右脑倾向,多数孩子是左右脑倾向都有,那就都可以试试。一堂课下来,有的画图,有的做思维导图,有的说唱……不但每个人都找到了适合自己的方法,有的甚至还有创新。

这次我除了抛砖引玉,没有事先给出方法,孩子们在坚信了自己的左右脑倾向之后,也在心里接受了一个概念,就是我一定能找到一种适合我自己的学习方法。这个认知很重要,就像尝山楂片,如果事先已经接受了,带着这个信念去试方法,试一个成一个,成一个就会内化一个。这样自信就来了,我的目的就达到了。

有人质疑左右脑的科学性,现在有脑神经多元性的说法,我的目的是借用此方法告诉孩子们,每个人都不同,因此每个人都有自己独特的学习方法,只要找到自己的方法,就成功了一半。这是一种一生都受益的态度——活出自己,走自己的路。一旦上了路,就自信起来,适当鼓励,他们就可能会创新,大脑得到发展。

四、成就感

成就感是我们努力的内驱力。如何在短时间内获得成就感,这需要一系列的小目标。

就拿我跑步来说,其实是目标的。既希望挑战自己,找一个强度大一些的运动方式;还希望通过跑步强身健体,使自己精力旺盛,心情舒畅;也希望像一些人一样坚持几年下来。但是如果用这些个遥远的有些吓人的目标去要求自己,岂不是道路太长,看不到头,难以坚持?所以我会着眼于每一天,跟着一个 App,从跑一分钟、走两分钟开始,每天的跑步时间都会比前一天长一点,轻松一点,每天完成了当天的任务都有成就感。内在的成就感是人做事的最大动力,如果我们能够在短时间内给孩子创造一种成就感,他们做事就有了内在的动力。

如何去做？举几个例子。

比如游泳、学习乐器等，都有级别考试，每个级别都比上一个级别要求高，达到一个级别，就有相应的证书，这样就把需要很多年才能达到的最终目标分割成一个个小小的短期目标，使人在每达到一个目标时就有很大的成就感。否则你和孩子说你需要八年才能达到钢琴表演水平，谁也无法坚持下来，太可怕，太遥远了。

但是每达到一个级别，往往也需要一定的时间，有的要一年，一年还是太久，那么家长可以再给孩子定更小的目标，比如游泳：今天痛快下水了，就比昨天好，有进步。这样每一个时间点都可以作为进步的尺标。有退步有反复，也是常事，重新再来，从现在的水准再一步步提高，每提高一点点，就达到一个小目标，孩子也就有了成就感。如此这般具体到每天、每次，是不是就可以说在享受当下、享受做事的体验了？这样想来，我们还避免了和别人比，因为这种思路的根本是和自己的昨天或者上一次比，哪怕没有明显进步，自己快乐了，因为自己的快乐感染了别人，这也是进步，也有成就感。

再比如做妈妈的想培养孩子时间管理习惯，往往是因为孩子平时拖拉，每天都要家长催才会有如此的想法。那么这种拖拉的习惯已经养成，想摒弃旧习惯，建立新习惯就是一个大目标。家长如果让孩子很快做到这一点就太难了，做不到，家长会失望，会批评孩子，孩子自信降低，觉得自己没能力，或者根本不想做。但是如果给孩子一些小目标，比如今天虽然要妈妈提醒，自己早洗漱、早上床了，就是进步，适当鼓励，坚持两天，看看下一步能不能不用妈妈提醒，自己上闹钟，最终自己起床。整个过程是鼓励性的，没有批评和抱怨,而孩子可以看到自己每天的进步,最终达到目的。

鼓励孩子收拾玩具,收拾自己的书包等也是如此,妈妈先帮着孩子一起做个游戏收拾一下,然后再看看孩子能不能在妈妈做饭的时候自己收拾?慢慢地就养成习惯了。但是,习惯养成过程中也会有反复,有退步,那就重新再来。这也是建立孩子自信最有效的办法。自信来源于一种信念:我能行,我不怕失败。每一个小目标的实现都让孩子认为我能行,每反复一次重新再来,都让孩子不怕失败。

关键在于和自己的过去比。我就是用这种方法使得水平差的学生有了自信,有了希望;也是用这种方法建立起来一种独特的班级文化。我可以将成绩排行榜展示出来(这在英国是绝对不鼓励的,怕排名靠后的孩子自卑),但我的学生不会因为其他人的优秀而失掉自信,他们会为自己的进步而骄傲,会挑战自己,会觉得自己也能通过努力而成功。我会在每时每刻都小心地呵护这种班级文化,我会细心地观察每一个孩子的每一点进步,会在他们的作业本里或者课堂上口头认可,永远不对他们灰心丧气,永远不会因为他们还没学会某一个知识点而批评他们。做到不容易,老师自己也面临着一个习惯养成的挑战。令人欣慰的是,一旦养成习惯,每个人都会受益无穷。

自信的孩子就是这样来的,他们的自信是建立在自己内在动力和内在成就感的基础上的,这样的孩子不怕失败,不怕走回头路,不怕暂时的低落,他们会欣赏别人的成就,也会从别人的成就中汲取灵感而提高自己。

谈到制定小目标的具体操作,这里有几个建议。

可行。能够立刻做,做了就见效。比如你要给孩子培养时间管理的能力,这是一个大的方向,你不能指望孩子几天之内就成为时间管理的能手。可行的目标包括一周可以自己起来一天、两天,今天提前十分钟做作业等。一旦小目标实现,立刻给予鼓励。

允许反复。一种能力培养起来不是一天两天的事,就像我们自己学做饭,烧糊了、夹生了、咸了、淡了的免不了,慢慢就提高了。

要和孩子一起商议。给孩子自主权有助于确定什么目标才是可行的。如果孩子不愿意,可否和孩子商谈一下妈妈的问题:“你看妈妈早晨要做饭,很忙,如果你能自己起来,就帮了妈妈的大忙了,你会帮妈妈吗?”这个过程家长一定要真诚,不能这样威胁:“这可是你自己答应做的,做不到可不行!”

目标要具体。“希望你把时间管理好”,这不是目标,因为没法评估衡量。但是每周自己起床三次就是具体目标。

自信的孩子才会谦卑而强大。因为不会去和别人比,所以不会狂傲;因为相信自己会进步,所以在优秀的人面前也不会自卑。生活中的任何问题都可以用这个办法,压力大的时候,拖延的时候,生病的时候,感到孤独的时候,夫妻关系紧张的时候,想改变自己的时候……都可以从一小步做起。这便是“千里之行,始于足下”。多么简单的道理。

五、放手

我们这样在传统文化中长大的父母，常常忽略的一个给孩子自信的办法就是放手。如何放手?

放手的原则是学步法:开始带他们走,慢慢放手,知道他们会摔跤,但最终能走稳。

孩子们学做家务,出门旅行,各种的自我管理,我都会遵循“学步法”,先示范给他们看,就是自己先做到。比如女儿的时间管理,我先开始用家庭月历记录每一个家庭成员和亲戚朋友的各种安排,女儿喜欢看着,慢慢开始用小贴纸替我记一些,会写字了替我写,后来有了自己的白板月历,如今是自我管理的高手。这个过程就是我先带着,慢慢放手。当然也摔过跤,但吃一堑长一智,以后她独自在异国他乡生活工作时,一切都打理得井井有条。

很多人觉得,给孩子自由、培养孩子的独立精神就是在没有引领的前提下突然放手。几年前我遇到一位国内来的访问学者,带着 12 岁的女儿来英读书。目睹了英国孩子的独立,觉得应该对自己的女儿从全包到放手,于是自己回国三个月,把女儿托付给刚刚在英国认识的阿姨。小姑娘常常饿着肚子上学,人也变得越来越沉默。这不是放手,这完全是虐待。在英国,这样的父母会立刻被剥夺监护权。我还听说十几岁的孩子独自去美国留学,下了飞机没有遇到来接的人,没有联系方式,独自去了一个飞机上邂逅的人的家里,幸亏那个人是热心帮忙的,否则后果不堪设想。这也不是放手。不但省略了“带着走”的一步,而且没有尽到父母的监护责任。

以上两种都不是所谓的“让孩子试错”。有些错试不得。我们在谈论放手,不是谈论放弃父母的监护责任。放手要求父母有足够的自信,足够的正能量,足够到能给孩子自信和安全感,能让他们感觉到一旦出错天塌不下来。这样就有个问题,如果父母也不是内行怎么办,我们如何能自信到孩子出错,父母可以帮他们承担(注意,这里不是替他们承担)？很简单,一些事如果我们不能带他们走,就和他们一起走一段,这是个相互帮助和学习的过程。这样孩子有了父母的陪伴和鼓励,说不定自己做得会更好。

比如女儿选择学校和专业,我们做父母的也只能是和女儿一起查找各种资料,一起研究了一段时间,这段时间我自己也学了很多。现在女儿都是自己做选择,也会告诉我们她选择的充分理由。儿子在度过了一个间隔年后,又打算上大学。最终还要告诉孩子们,选择没有对错,万一将来遇到麻烦,可以随时回家。

这里还有一个承担责任的问题,放手的父母是否要全面替孩子承担后果？前文都有一些具体的做法,这里不再赘述。

放手的教育是一个开放的系统,父母在不断学习,孩子在不断进步,这里没有错误,只有不同的路,也没有谁替孩子选择和承担后果的问题。反之大包大揽是一个封闭的系统,只要万事按照父母的意愿来就可以,这就很难有内在的成长和进步机制,孩子会叛逆,一旦父母出错(父母一定会出错,没有全知万能的父母),孩子会抱怨,而长大的孩子没有自信和责任感。

六、心理暗示

父母常常成为自己心理暗示的牺牲品，往往在无意识的情况下，自己把自己“绑架”了，但是有时为了证明自己的行为是基于事实的，会着意地寻找一些蛛丝马迹来证明自己，所以养育孩子常常变成父母向这个世界证明自己的过程。

我们每个人都会有这样的经历，关键在于自己能否认知这种心理暗示。

举个例子。儿子上小学时，班里的小朋友全职妈妈很多，所以我在休完产假决定上班时是有一些顾虑的。我看到其他全职妈妈可以到学校去帮忙，顺便了解自己的孩子在学校的情况，而我做不到，自然有些羡慕。其实就像围城一样，那些全职妈妈也免不了羡慕有工作的妈妈。但是这点是我在以后才认识到的。我当时心虚，就对自己有了下意识的心理暗示。有一次，一位全职妈妈超夸张地告诉我儿子在学校被欺负了，我当时就疯了，心想如果我也像那些全职妈妈一样参与学校的活动，孩子怎么会受欺负。以后孩子任何的不愉快都被我看作在学校被欺凌的证据，直到后来才了解到儿子在学校很快乐，倒是一些全职妈妈过分看重各种家长里短。

我意识到这个问题，就开始有意识地把负面心理暗示变成正面的，因为不参与太多学校的活动，所以不大会跟着那些全职妈妈随波逐流。没有跟风让儿子加入足球队，而是按照他自己的兴趣去参加各种运动,比如网球、橄榄球、游泳等。班里那些根本不喜欢踢足球但是被家长逼着跟风的同学后来也开始尝试一些其他运动。到了中学,儿子运动已小有成绩,更是带动了一大批同学,也被一些家长们看好。如果你把自己的负面心理暗示变成正面能量,你和你的孩子不但会自信,而且会给别人启发。

再举个国内的例子。一位来自国内的老师,要在我们这里待两年。她有一个上幼儿园的可爱女儿,因妈妈在英国,爸爸忙,所以姥姥照看孩子。妈妈常常会提到幼儿园的其他孩子有这有那,自己的孩子因妈妈不在身边就没有,太打击孩子的自尊心了。注意,这个孩子的自尊心是妈妈自己臆想出来的。事实上她几乎每天都要和孩子微信聊天,我看她的女儿成长得非常快乐,这么大的孩子其实没有那么容易被伤害,说白了是伤了家长的自尊。而家长一旦有了这种心理暗示,孩子的正常行为都会被拿来当作自尊受挫的证据。这种焦虑是无止境的,唯一可以从其中走出来的办法就是意识到自己的心理暗示跟孩子无关,然后试着将自己的负面暗示变成正面力量。那位妈妈回国后用英国的经历让女儿认识到这个大千世界的丰富多彩,我相信她们的亲子关系不会受影响。

很多没上早教班的妈妈也会有这样的心理暗示,然后把上小学的孩子的每一点落后都归结为没有上各种辅导班,觉得孩子跟不上就会自卑。其实孩子远比我们想象的单纯得多,一个班里自然会有学习非常好的、中等的、暂时落后的学生,难道那些不是尖子的学生都很自卑吗?很多孩子虽然成绩并非最好但是阳光自信。倒是父母如果没了自信,很可能会影响孩子的自信,而不是孩子的自信被别人影响了。一个孩子哪怕全世界都瞧不起他,但是如果他还有父母最坚定的信任和无条件的爱,他就会自信。

一个没有提前学文化课的孩子,可能在小学最初的两三年不会很拔尖,但是努力自信快乐的孩子很快在四五年级就能崭露头角了。如果孩子一直成绩不佳,也许并非没有上各种辅导班的原因,孩子的进步是阶段性的。也有不太擅长学习的孩子,但是动手能力强,或有其他的强项,这个世界有的是机会。所以父母还是先把自己的自尊和孩子的自信分开来考虑,然后把负面情绪转为正面能量。

七、领军

我的学生和我的孩子曾无数次地被大家公认为"inspirational"。这个词很难用一个对应的中文词来翻译,它是能给人带来灵感,激人向上,有感召力的意思。

我曾经带着一个十二岁的学生参加伦敦的"中国变奏"艺术节。我们做的是一个嘉宾讨论节目,就是由我的学生、一位艺术家和我本人组成的嘉宾团,面对众多听众的讨论。我谈了我教中文的经历,我的学生谈了她一年来学中文的经历,艺术家谈了和我们合作的经历。仅仅一个小时的节目,听众的反应格外强烈,大家明显都被我们的故事打动和激励了,节目结束了问题还没问完,那个十二岁的小姑娘就被一大堆人围住了,成了小明星。

她其实不是一个非常有资质的学生,她描述了一开始学中文时的感觉。她就像掉入了一个黑洞,没有方向,没有出口,那些写在纸上的乱码般的中文字使她感觉如此恐怖。慢慢地,她的朋友用手电的光为她照亮了黑洞,她的老师给了她爬出来的梯子,她鼓足勇气终于从黑洞里爬出来了,一旦有了自信,找到了方法,她便开始创造奇迹了。听众都是成年人,很多人想学中文但是摸不着头脑,一些人遇到困难退了,而正是这些人被这个小姑娘的故事深深打动了。之后小姑娘还收到组织者转来的很多听众咨询邮件,详细问我的学生如何处理具体的学汉字的问题。

这就是"inspirational"。其实让人励志的往往不是成功的例子,而是失败了又爬起来的例子,因为我们激励的就是那些还没爬起来或者想爬起来的人。而把自己失败的故事讲给人听需要极大的自信。

我的另一位学生曾被邀在全英中文教师年会上做演讲,讲他学中文的经历和参加全英中文比赛的故事。做准备时他曾问过我要放他比赛录像中的哪一段,我问他敢不敢把答不出题的那一段放了,省略其他所有的精彩内容。他犹豫了一下,坚定地说:"敢!"结果大会上放了那段录像就直接轰动了,很多老师说他们的学生就此被激励了,因为他们看到了即便是最优秀的学生也有摔跤的时候,还有什么可怕的?而那一次演讲之后,这个学生也声名显赫了。

我的学生的自信就这么被培养起来了。

我的孩子也如此,儿子参加运动比赛时输比赢多,输得最惨的时候他很久都翻不了身,然而一旦翻身,就又长了本事。儿子的学校已经有一大批孩子在做他的运动,后来他改了方向,也有一些孩子跟着他一起读工程。这就是所谓"领军人物",他们并不全是自己做得最好的人，而是最自信的，最不怕失败的，最愿意帮助别人，并从帮助和激励别人当中进一步发展自己，创造奇迹的人。

归根结底，我们的孩子也许不是资质最好的，但是作为父母，你能否在你的孩子走入低谷的时候为他们搭一个爬出来的梯子，然后耐心鼓励和等待他们一步步自己爬出来，不管这个过程多么漫长。能做到这一点，你的孩子就会自信，自信会使他们同样成为领军人物，用自己的经历帮助和感染别人。

A Promise in the Valley of Roses

第十一章

理解和尊重，傲慢与偏见

孩子其实是在我们成年人的世界里讨生活，
所以更需要我们的理解和尊重。

第十一章

理解和尊重，傲慢与偏见

一、孩子的世界

孩子其实是在我们成年人的世界里讨生活，所以更需要我们的理解和尊重。

有一种英文叫“the mosquito”的声音，小孩子能听到，一旦长大就失去这部分的听力了。也许成年后我们失去的可能不仅仅是一部分听力。所以孩子们眼里的世界和我们成年人眼里的世界有很大的不同，当我们用成年人的规范去约束他们的时候，可能会让他们感到迷茫和恐惧，引起很多误解。

就拿读书来说。儿童书籍都是成年人写的，成年人出版的，成年人评判的，成年人给孩子买的，所以整个童书市场是由成年人操控的。作者、出版商和书店要在多方面照顾到家长的利益和需求，否则家长不买你的书，再好也白搭。孩子就只剩下读书的自由了，不过什么时候读、读什么以及怎么读最初恐怕都是父母的决定。英国有一位非常理解儿童心理的作家，叫罗尔德·达尔(Roald Dahl)。他的文字深受孩子的喜爱，但是从未获得儿童文学最高奖项，因为没有按照成年人的道德标准来写，这就是童书出版的现实。

再说说儿童电影。绝大多数儿童电影都有严重的成年人倾向，都是为了让家长高兴，这样才能带着孩子去看。很多台词、潜台词孩子听不懂，或者听懂了但不理解其中的意义，怎么办？用音乐和画面来弥补。比如台词："我很爱你，但我不得不离开你！"孩子可能不会明白这个潜台词，但是配上音乐画面，即使他们听不懂也可以有一定的理解。这道理就像婴儿通过观看妈妈的面部表情、脸色，感觉妈妈的心跳、体温和声音等来判断妈妈的情绪，这往往比用语言的判断更准确。

所以孩子不能理解我们，不能按照我们的意愿行事是自然的，也是必然的。要帮助他们理解，语言文字的效果往往是最低的，启动声音、动作、音乐、面部表情和画面等等更有效。我们在恼怒的时候往往会说："告诉你多少次了，就是不听！"他们可能不是不听，而是听不懂，或者不理解。孩子在发脾气的时候，我们需认真倾听或观察一下他们的需求，也许用我们成年人的眼光看他们的世界看得不那么全面和准确。我们要避免的就是想当然。

爱孩子，他们就学会了爱；尊重孩子，他们就学会了尊重。下面是一些生活中的点点滴滴。

带着孩子走路，大人要走在挨着马路的一边。路遇对面来的孩子，大人也要走到路边，以防孩子被挤到马路上有危险。如今女儿大了，和我走路会把我护在里边。

和孩子对话，要得到他们全部的注意力，但是最好不要打断他们正在做的事；如果需要打断，提前告诉他们一声。如果孩子有话和家长说，家长也要认真听；如果有事暂时放不下，需要好好和孩子说。孩子和大人说话，要看着对方的眼睛，不能因为自己正在想什么就打断人家的话。

在家吃饭,即便是他们不喜欢吃的,他们也不会抱怨,这是尊重父母的劳动。孩子们有时做饭,我们都会很赞赏。我们也会尊重孩子的口味,不喜欢不能强迫。一起吃饭,哪怕有他们最喜欢的饭菜,都要等着父母,或者问问可以先吃吗?喜欢吃的,也要问问其他人是不是也要吃,不能自己全占有。

家里有人来,无论是客人还是水暖工等,都要事先告诉孩子一声,有时还要进一步解释一下,所以我的孩子不会因陌生人产生恐惧或感到尴尬,他们有心理准备时间,也会了解和参与家里的事。孩子们要请他们的朋友来,也会事先和父母商量。比如安排接送,会考虑我们大人的时间安排。对孩子的朋友,无论多小,都要尊重,不问这问那,避免尴尬。

家里聚会,需要的话孩子们就要帮忙准备,而且要一起上桌吃饭。桌上要照顾客人,提前退席要和客人打个招呼。

开生日会,要提前发请柬,收到生日礼物后要一一回礼致谢。给小朋友送礼物,切忌贵重,一定要考虑对方的承受能力。圣诞和新年礼物也如此。如果对方没有送礼物的意思,自己也不要盲目送,以免让对方不好意思。

大一点的孩子和朋友聚会,穿戴要合适。不能不分场合地穿自己最喜欢的、最闪亮的衣服。如果人家随意,你会很尴尬,也可能让对方尴尬。

亲友赞美孩子,我会说谢谢,绝不会说一点孩子的缺点来表明自己的谦虚。孩子必须学会欣赏和发挥自己的优势,而不是常常被弱势搞得心灰意冷。

对孩子朋友的成绩要衷心地赞赏,为他们有这样的朋友而感到骄傲,而不是对人家指指点点,每个孩子都有缺点,你的孩子也一样。挑剔的父母就会养出挑剔和傲慢的孩子,这样的孩子无法社交。

如果孩子做作业,绝不打扰,除非像儿子这样需要我们听他讲课。我备课或者爸爸工作的时候,孩子们也会知趣地在一边自己玩儿。

孩子们的社交账户我从来不上,他们的手机或信件我从来不看,除非他们要给我看。我给他们足够的信任。

涉及他们自身的事情我们都要商量,父母虽然可能给孩子一定的指导,但父母的选择不一定是合理的,在未来的社会很可能是行不通的,所以商量是为了集思广益,而不是要孩子按照我们的意愿行事。这样孩子若有什么事,也会和父母商量,他们知道父母不会无理由地强迫他们放弃他们的选择。

孩子们永远要记住,父母的钱财是父母的,他们的要自己去争取。

一个孩子成熟稳重的社交礼仪,首先是在家里学到的,这里重点谈谈。

在国内,大家会到饭店招待客人,而英国的传统是请客人到自己家里由主人亲手做饭才算是真正的招待。我们家里宾客不断,过节的各种聚会也是常事。我们觉得,再小的孩子也是一个独立的生命,他们应该受到尊重,他们的想法也应该受到重视,只有这样,他们才能慢慢学会尊重自己并对自己负责,而一个不会尊重自己的人,根本谈不上尊重别人。这点爸爸做得非常好。每次来客人，只要是我们不认识的，他总是在介绍了客人之后，再介绍妻子，然后还会一本正经地向客人介绍女儿和儿子，哪怕他们都很小，但是他们看到爸爸像介绍妈妈一样介绍自己，也学会和客人一本正经地握手，并开始不自觉地像大人一样说话。你若尊重孩子们了，他们就会做出让你尊重的样子。

客人在时，如果孩子有急事，我们可能会暂时和客人告一段落，然后专注地听孩子讲。孩子也是小主人，只要他们不是很不礼貌地打断我们谈话，他们的要求也要照顾到。要做到这点很不容易，因为我们常常会担心怠慢客人。也有孩子看到爸妈的注意力被客人抢去了，就会为了寻求关注而小事不断，这时可以很平静、很严肃地告诉孩子，爸妈的好朋友来了，要和爸妈谈点事，所以暂时不能和他们玩，就像他们请来了小朋友，也会照顾小朋友，和小朋友一起玩。如果孩子听懂了，自己玩去了，一定要称赞孩子懂事，给了爸妈时间，要当着客人表扬孩子。只要我们没有流露出不耐烦甚至责备的表情，多数孩子会明白这个道理不再纠缠。

谈话时，如果孩子加入，当然好。对孩子的意见，只要我们当着客人的面用认真成熟的态度对待孩子，客人也会不自觉地这么做。而孩子因为得到尊重而更加会注意自己的行为，也更加自信。万万不可笑话孩子，或者拿孩子取笑。其实无论多小的孩子都是值得尊重的，在人家里做客尤其如此。

请客人吃饭时，即使是小孩子，学会独立吃饭后也和我们一起上桌陪客。他们看着我们如何在饭桌上招待客人，慢慢就学会了，有时和他们讲讲，他们就开始帮着照顾客人，做小主人了。现在，孩子们对家里来的客人都可以比较得体地尽主人的职责，也会在参加别人的家庭聚会或者其他场合表现得成熟自信。

以上的一切,都是内在的爱和尊重所带来的外在的表现形式。没有前者,很难做到后者;如果有了前者,这些形式就是自然的流露,并非刻意要学的。

二、个性和性格

很多父母会质疑孩子的个性,比如胆小、害羞,不和别人玩,见人不叫,脾气大等,不错,这些都是人的性格。具体到每一个孩子,就是个性,在拉丁语里是“与众不同”,或者“独一无二”的品性。

个性从哪儿来?心理学家一直争论的就是个性到底是遗传的还是后天培养的以及各占多少比例。没人能给出答案,但都认可是两种因素造成的,这才形成了与众不同和独一无二的特性。

接下来说说为什么父母认为孩子的性格不好,仔细想想,其实很多情况不是孩子的性格问题,而是孩子的某些行为让父母觉得丢了脸或者触犯了父母的某些要求。比如下面的实例:

玩游戏,其他的孩子都上去了,只有自己的孩子不上,这是典型的大庭广众之下丢了父母的脸,于是孩子便有了胆小和不会社交的性格问题。

饭桌上,大人们不顾孩子,把好吃的都快吃完了,小朋友急了把盘子占了,于是孩子就被贴上太过分被宠坏的标签。

家里来了陌生人，孩子不打招呼，就被定义为害羞，在客人面前丢了妈妈的脸。

妈妈不顾孩子正玩得起劲，上来就把电源拔掉了，孩子大声哭闹抗议，于是就被定义为脾气大。

我想我们应该把性格和教养分开，前者是很难改变的，后者是可以提高的。

我们常对内向或外向性格有偏见。其实每个人的性格都是独一无二的，无论哪种性格，都有它积极和消极的方面，如果我们能够把眼光盯在积极的方面，不要试图修改消极的方面，那么我们的孩子一定会很优秀。

女儿小时候，我也觉得她内向，因为她不是自来熟。小朋友一起玩，她总是最后一个才加入，有时不加入。家里来人她要坐在旁边观察很久，有的客人通过了她的观察，她会和人家互动，有的很难通过。比如我的老友安娜，虽然是看着女儿长大的，但属于很难通过的，只是后来女儿长大了一些，懂得了礼貌，也学会了如何和不同的人交往，安娜才得有机会和女儿长谈。我们成年人都可以选朋友，为什么不允许孩子选呢？为什么要孩子按照我们大人的标准选呢？

我支持女儿自己选学校，选各种音乐体育活动，因为我深知她会在自己比较喜欢的环境里得到长足发展，如果我硬把她安排到一个她感觉不舒服的但是我认为好的环境里，结果可能是培养不了自信反而会让她自卑。如今她自信满满，可以在任何一个陌生的地方安顿、交友和工作，然而她的性格未变，她仍旧是安静的、守护内心的、不会自来熟的人，十分理性。

我认识的兄弟两个，哥哥曾经在家里来客的时候，一晚上不敢进屋，就坐在走廊楼梯上，妈妈要照顾客人，又心疼儿子。弟弟反而是社交高手，左右逢源。后来我发现哥哥比较喜欢一对一的交流，一次给我讲历史，侃侃而谈。十五岁时他们到我家参加新年聚会，屋里全是他们不认识的叔叔阿姨，哥哥居然自由自在地和大家聊天了。然而哥哥弟弟的性格还是一看就不一样，哥哥的性格没变，他只是学会了社交技能，而且很自信。

我参加教师培训时，一次我的导师来听我的课，差点给了我不及格。就因为我在课堂上叫了一个十分害羞的女生上台做游戏，导师问我，你难道没有看到那个女孩羞得满脸通红，你为什么还不让她下来？这是一个教训。现在我每个班上都有几个很害羞的孩子，我就避免向他们提问，口语练习时会下来单独和他们说，或把他们安排在朋友旁边互相说，或叫助理和他们说，有的孩子受到尊重，越来越自信，逐渐举手发言了；有的孩子依然不愿当众发言，但是不会在我面前自卑，他们不是笨，仅仅是愿意自己学习。在英国，人们不会去评价孩子的个性好坏，只会说个性是否鲜明。如果家庭、学校和社会都对孩子的个性有认识并给予他们应有的尊重，那么每个孩子都会发展成为自信的孩子，利用他们个性中积极的部分，取得长足的发展。

在生活中我们可以看到那些在千人讲台上口若悬河、叱咤风云的领军人物，那些塑造了一个又一个鲜明角色的演员，很多人私下里都是很内向的。各种性格的人都可以成功，所以性格不是一个充要条件，教养、自信和努力才是。要让孩子拥有这些，只能从尊重孩子开始。

三、傲慢与偏见

社会的任何一个角落都充满了傲慢和偏见，为什么我们自己要努力消除它们？对我来说原因很简单，消除了傲慢和偏见的人才是真正意义上拥有自由和大爱的快乐的人，而这种快乐会影响周围所有的人。这个世界上多几个这样的人，就会多几个快乐的家园。

偏见来自无知。孩子们出生后开始认知自己和这个世界，从这个意义上也可以说孩子的成长过程就是一个逐渐消除偏见的过程。偏见并不可怕，可怕的是固守偏见从而滋生傲慢。傲慢者认为和他想法不同的人都低一等，但其实傲慢的人脆弱又充满恐惧，因为他清楚这个世界上处处都有比他强的人，一旦面对强者，傲慢就变成自卑，所以这样的人无法快乐。

那么我们如何和孩子一起消除偏见？

英国社会的弱势地区往往犯罪率较高，人们常常会指责那些酗酒、吸毒和犯罪的年轻人。这些年轻人出生时都是正常可爱的孩子，但他们的成长过程中，所见所闻不是父母的酗酒、吸毒和虐待，就是父母的纵容和其他人的奴颜婢膝，他们没有办法过正常人的生活，性格会扭曲，做出扭曲的事也就不令人惊讶了。我常会把这些孩子看作牺牲品——父母和社会的牺牲品。我从接触的那些弱势地区的孩子们身上得出的最深刻的结论就是，如果这些孩子能得到我自己孩子一半的机会，他们中的大多数都会成长为优秀的人。每个犯罪的人都有其深刻的家庭社会根源，单单惩罚一个犯罪的年轻人而不采取相应的措施来帮助他们，是我们整个社会的偏见和傲慢。

既然偏见来自一知半解或无知，那么随时注意增长孩子们的见识，带他们去体验一下不同的文化，看看世界，就是一个消除偏见的好办法。我早年的涉外记者生涯给我留下了一大笔财富，我感受到曾经的我是多么傲慢和充满偏见，感受到这个世界的五光十色。所以我们常常会寻找机会带孩子们走走看看。

这里介绍一个对女儿的人生观产生重大影响的一个国际公益组织——国际儿童夏令营（CISV International）。这个公益组织的建立是为了推动世界和平。目标大得像神话，但理念却非常简单，就是如果来自各国的青少年可以相互理解，变成朋友，等他们长大了就不会相互为敌。

十一岁的小朋友就可以参加这个组织最大规模的夏令营活动。营地由成员国轮流组织。女儿十岁的时候遇到了刚刚从韩国营地回来的小姐姐，给她讲述了在韩国森林营地里和来自世界各国的同龄人相遇的神奇经历，这给了女儿无穷的遐想，第二年她就踏上了去中国营地的旅程。我之前和另外三个英国伙伴及父母做了几个月的准备工作，准备英国文化特色的小纪念品，为此行程募捐，排练英国民族舞，学习做英国餐，参加小型预备营地活动，每月还有一次营员聚会。

女儿参加的那次夏令营在广东，有来自十一个国家的小朋友，为期一个月。主要活动有用各个国家的语言相互问好、唱歌，每个国家的团队要组织一天的活动，穿民族服装教大家跳民族舞，做本国风味饭菜等。小朋友们到当地家庭住宿，了解当地文化，参观当地的旅游景点，品尝当地美食，互赠礼物。还有很多非常有意思的营地活动，比如在深更半夜小朋友都睡熟的时候，领队们将他们轮流唤醒，不说话就带着他们默默地做点事，比如院子里走一圈，然后再把他们送回自己的床铺。第二天领队闭口不谈昨晚的事，很多小朋友以为是自己做的梦。

女儿回来后，跟很多营地的朋友建立了网络社交群，每逢生日、圣诞互寄贺卡。第二年，她和一位来自荷兰的小朋友彼此互访，我们家长安排了她们两个的旅行，荷兰的小朋友独自坐飞机来我们家玩了一周，女儿又和她一起去荷兰玩了一周，然后独自坐飞机回来。女儿的书架上摆满了各国纪念品，每个小纪念品都是一段美好的故事。最重要的是她开始对其他民族的语言文化感兴趣，因为有了真实的个人体验。

十四到十五岁的时候，这个组织又有一个为期一周的冬令营，女儿又参加了挪威的营地活动。这个营地的文化交流随着孩子们的年龄增长更进一步了，围绕着世界和平有了更多的主题活动。这次营地的主题是人权，所以各国团队都要对本国与人权有关的方方面面做一个介绍。女儿的英国团队有五名团员，选择了介绍英国的政界丑闻、司法制度、网络文化、电视媒体和恐怖事件。女儿选择了司法制度，讲了废除死刑并用具体事例来说明。女儿一回家就说希望去挪威、瑞典之类的国家读书，就是因为听了那些国家的营员介绍了他们的高等教育体系。在这次营地活动中，年轻人之间有了更深刻的交流。有个意大利女孩一开始坚决不说英语，担心英语不好。轮到他们团队介绍意大利时，她只能用英文，所有的营员都给了她最真诚的鼓励，为她努力说出的几句话鼓掌加油，这以后，她就很自然地说英文了。

这七天的营地生活深深地震撼着女儿，回家后的很多天她都沉浸在对营地朋友和工作人员的思念中，久久不能平静。从她的介绍中，我们也受益许多。这就是这个组织做的工作，通过孩子们纯真的、跨民族的交流和友情来影响周围的人，促进各民族之间的理解，消除偏见。

女儿在申请剑桥大学的个人宣言中着重提到了她的这两次营地体验，强调了她从中得到的、发自内心的感受，她希望通过对各国语言的学习进一步了解不同的文化。如今她的朋友遍天下，那些共同生活过一个月的小朋友都已读完大学工作了，很多人跨越国境去其他国家读书或工作，因为他们通过这些朋友开阔了眼界。

消除孩子的偏见，关键是要消除父母的偏见，所以孩子给了我们一次自我提高和寻求快乐的机会。消除偏见，还需要有一双发现美的眼睛。

一次聊起了带过儿子的两位英格兰教练。老教练丹尼斯擅长战略战术，年轻教练马修是体能训练的专业人员。丹尼斯常和爸爸说马修没有具体运动项目的专长。爸爸向儿子提及此事："今年比赛没有派马修当教练，果真如丹尼斯所说，他不行。"

儿子发话："马修是我见过的最专业和最敬业的教练！"

我问："儿子，你指的专业和敬业是什么呢？"

"就是在训练期间，他无论做什么事，都是以最大限度让队员发挥得好为目的！”

“儿子，能不能说得具体点？”

“比如在意大利海滩训练那次，我们在海边放松时，马修就规定不能超过一小时，因为海边晒太阳会让肌肉放松，虽然是好事，但超过一个小时，肌肉太放松就不利于比赛了。还有在游泳池游泳，也不能超过一小时，因为肌肉会太紧张劳累，也不利于比赛。马修对体能有很强的专业认知，而且会做出合适的安排以便保证队员的最佳状态。这就是专业和敬业。”

“丹尼斯一天到晚嘲笑马修，看来这人太傲气！”爸爸接着说。

儿子说：“丹尼斯一辈子都在研究战略战术，这是对他最为重要的东西，所以当年他才能成为世界级运动员，对他来说，战术是衡量教练的唯一标准，你能指望他对马修有什么其他评价呢？”

我和先生听了儿子的话，同时汗颜。一个十七岁的孩子能够如此客观中立不带偏见地看待每一个人，不给人贴标签，确实是我们两个成年人都未能做到的。其实儿子从小就这样，朋友很多，他能从每个人的身上发现闪光点。当时我曾有过疑虑，觉得儿子处处认为别人好，会不会有点自卑。这么多年过去了，如今我和先生都意识到，儿子其实就是有一双客观的、不带偏见的、善于发现美的眼睛，而且还是一个极具团队精神的人。他当年做学校的儿童橄榄球队队长，起用了一个平时总爱哭、常被欺负、又矮又胖的男孩当队员，他跟我们说那个男孩是“芭蕾舞演员”，他优美的迅速转身动作和神速传球技能在儿童橄榄球队里能够起非常大的作用。

拥有一个客观的心态和一双发现美的眼睛是一大笔财富。我郑重向儿子指出了他的这个强项，儿子反倒有些惊讶，也许他是下意识的，但是如果他能够对自己的这个强项有个明确意识，也许有助于他将来发挥优势。

任何人都会有偏见，这是因为生活即体验，那些没体验到的、未知的世界，我们可能会用自己的经验或者道听途说来评判，这极有可能就是偏见。体验多了，偏见就少了，对人和事的理解就全面一些。当然谁也不可能彻底消除偏见，那么就要永远意识到，对方的意见和想法即便和自己不同，也可能更合理；自己百分之百认定的事也可能由于我们缺乏体验而有不足。

社交场合就是一个增加个人体验的很好的机会。这绝不是来争个输赢的场合，而是一个能够让自己尽情享受，或更高一层，也能够让周围的人尽情享受的场合。举个例子。

女儿学院的一次家长正规晚宴，就是一个很有意思的社交场合，父母都相互不认识，所以你坐到什么地方，你的邻座就是你社交的对象，不管你愿不愿意或与之谈不谈得来。我是打定主意要好好享受一番的，而且和女儿一起在这种场合社交的机会也不多，让她看看爸爸妈妈是如何社交的也不错。

刚坐定，自我介绍后，对方的母亲就开始大谈她两个孩子都上了剑桥大学。他的儿子比别人几乎小一岁，第一年虽然没有被剑桥录取，但是一个间隔年后就来到剑桥了，而且还和其他孩子差不多大。他的儿子也面露得意之色。我很感兴趣，因为她让我了解到间隔年之后申请学校的流程。但是这个母亲之所以对儿子感到骄傲，完全是出于儿子和别人相比的结果。跟别人比出来的自信不是真正的自信，而是傲慢，这种傲慢是极没有安全感的，因为一旦别人比得过你，你就会自卑。果然，当这个母亲问及女儿生日，发现她和她儿子一样大,没用间隔年直接来剑桥的时候,就有些沉默了。

为了打破僵局,我开始问及她儿子的专业,这使得他们很高兴地谈起了国土经济这个专业,也给了我很多有意思的信息。

父母最爱谈的还是孩子,他们问我女儿有无兄弟姐妹,这就聊到儿子。女儿说弟弟喜欢运动,希望参加奥运会。那个母亲不在意地笑了,没想到那个父亲喜欢运动,穷追猛打地问弟弟在哪个俱乐部,都赢过什么地区比赛,发现弟弟已是四届英格兰冠军,母亲再次沉默。

我再次打破尴尬问及她儿子间隔年的工作经历。她儿子其实是一个非常优秀的小伙子,说到细节处,妈妈终于露出了坦荡的微笑,她开始真正地为她儿子本身骄傲,也看到我并没有为她之前的尴尬嘲笑她,而是真心为她的一双儿女的优秀而赞美。这之后的谈话无比开心,大家用各自的经历启发和愉悦着对方,三小时一下子就过去了。这个晚上我们周围的每个人都那么开心,学到了那么多,走时一家人都站起来非常敬佩地向我们道别。

女儿给我们发短信:“我太为我的父母自豪了,那对伦敦上流社会的父母对你们那么佩服!”

可能有人会说,这是因为你的孩子优秀,才赢得了对方家长的尊敬。其实我让他们折服的原因根本不是我的的孩子如何优秀,而是让他们真正看到了他们孩子自身的优秀,我想我是给了他们真正的自信,不是和别人比来的自信。如果每一个家长都能够从自己的孩子身上找到闪光处,那种欣慰和愉悦是无法用语言形容的。

第十二章 爱

我们生活在责任里。我看到社交媒体上很多新妈妈抱怨婆婆不帮忙看孩子、不给钱，孩子抱怨父母不给买新手机或游戏机，父母抱怨孩子学习不努力、不做家务、考不上好大学、找不到好工作等。

第十二章

爱

一、爱和责任

我们生活在责任里。我看到社交媒体上很多新妈妈抱怨婆婆不帮忙看孩子、不给钱，孩子抱怨父母不给买新手机或游戏机，父母抱怨孩子学习不努力、不做家务、考不上好大学、找不到好工作等。

从这个观念出发，我们来看看很多父母给孩子的责任。

收拾玩具。

吃饭，吃健康食品。

做家务。

努力学习。

按时睡觉。

按时起床。

不能晚回家。

听爸爸妈妈的话。

学出好成绩考个名牌大学。

找工作。

孝敬赡养父母。

不孝有三，无后为大。

如有二宝、三宝，大的照顾小的，小的听大的。

再来看看社会给父母的责任。

孩子太瘦，父母没喂好。

孩子生病，父母没照顾好。

成绩不好，父母没给报班，或没花时间教孩子。

没找到好工作，父母没关系和人缘。

生了孩子，父母要帮着看。

坐月子父母伺候。

我们活得好沉重。我们是不是忘记了一个最重要的东西，那便是爱。

是我们自己要把孩子带到这个世界上来的，但是我们却告诉他们，这些是你的责任，你做好了是应该的，做不好就是不负责任，不是好孩子。这是不是有点不公平？

孩子学走路的时候，你一定不会说："走路是你应该做的，摔跤了就该批评，走好了那是应该的。"除了会哭、会吃奶之外，孩子所做的一切都是后天习得的，而我们父母内心充满着对这个小生命每走出一步的惊喜，充满着爱。我们对他们一路鼓励，在他们身边一路保护，然后放手，远远地看着，看他们能走了、能跑了、能跳了，那是怎样的兴奋！这个过程没有所谓的责任，有的只有爱。

对我来说，孩子被我带到这个世界上来完全是因为我们的爱，我们真的很想看看共同创造出的生命是如何成长的。有一天孩子们突然会画了,会数数了,会写字了,会自己收拾书包了,会骑自行车了,会交朋友了,会帮妈妈做点家务了,对未来有想法了,会开车了,离家自己独立生活了,这些都是这个神奇生命成长的里程碑,每一个里程碑带给我们的都是满满的惊喜和敬畏。在这个过程中,孩子们做到了很多我们那时侯想都想不到的事情,给我们的生活带来很多新奇的内容,因此我们深深地感谢孩子的陪伴。如果你真正地爱一个生命,你会把为了爱而做的事当作自己的责任吗?你会把这个生命自然成长中的过程当作他的责任吗?

未经允许,我为了自己的爱把孩子带到这个世界上来,他们对我们这个家没有责任,他们该做的就是尽情体验这个世界。而我这个妈妈也不觉得对孩子有什么责任,因为我有足够的爱,我愿意看到这个生命的精彩,更愿意见证他一路的旅程。责任对于我太沉重。

那么责任心呢,我们不都在培养孩子的责任心吗?如果你认为孩子应该有责任心,没有就是他们的不对,那么你很难培养出孩子的责任心。如果你不管孩子,让他们自己学会对自己负责,那么孩子可能学会了生存技能,失去了爱和安全感。如果我们知道责任心也像学走路一样是习得的,而这个过程中孩子从头到尾都是被尊重的,父母也是拿得起放得下的,孩子自然就会习得到。

二、爱和付出

到底是“得到”更幸福还是“付出”更幸福,很多人都没法解释这个问题。

我们常常会看到“付出”这个字眼出现在恋人、朋友、家人和同事之间，一提付出，自然会有点怨气，因为很少会有人嫌付出少、回报大的。一旦回报不能和付出相抵，怨气加深，“付出”的接受方便成了忘恩负义的人。

查一查付出的英文，你会发现有“pay out”或者“disburse”的字样，这两种解释都是指钱或和钱财有关的东西。我没有找到非钱财付出(比如情感、时间等)的对应英文词。我理解这世上本不该有这种付出。

如果付出是为了回报，那叫投资。既然是投资，那就是付出越多，风险越大。回报多少是付出者在投资时就要考虑到的，而且应该是可以承担的。这种投资是比较纯粹的，你把钱押上，就期待把回报的东西收回来。

情感的东西不是投资，因为在这个过程中不是纯粹地把你的情感给别人，在你爱他人的时候，你也享受到了爱，享受到了身心快乐以及爱的美好和神秘。如果真要谈回报，这个爱的过程就是最美好的回报。所以在爱消失后，不要抱怨你付出多少，把自己突然变成了弱者、受害者，当然这里不包括恶意欺骗。爱不是投资。父母对孩子的爱也不是付出，尽管你可能把自己的整个生活都改变了，工作放弃了，但这不是付出，因为孩子把你的生命延长了，丰富了，升华了。世界上还有什么比天伦之乐更美的事吗，还有什么比看到自己的孩子迈开人生的第一步更令人惊喜的事吗，还有什么比孩子甜甜地叫妈妈爸爸更让人舒心的声音吗？若真说回报，这些还不够吗？当然，如果我们养育孩子是为了某种目的，比如养老或者其他，那这就成了投资，投资就有风险，而风险的承担者应该是投资人而不是股票或其他投资产品。

如果付出不是为了回报,那就不能叫付出了,那是爱,真正意义上的爱。比如真心做公益慈善的人,他们是出于爱,普世之爱。爱是我们最美好的情感,爱本身就会让施爱者倍感幸福。“给予”的幸福永远大于“索取”。父母对孩子原生态的爱就是如此,可惜在现今社会中,这种原生态的爱常常会被面子、功利或其他掩盖起来,掩盖得深了,就很难找到了。

如果有人请求我们帮忙,我们答应了,那也不叫付出,那是帮忙。不该期待回报,如果期待回报,就又成了投资,投资的风险自己承担。

所以,我们给孩子花出去的时间和金钱不是付出,是爱的自然流露,不该期待回报。爱了一个人,就更不要期待回报,爱本身就是最美好的事,该感谢你拥有爱的能力。

这样一想,我们做父母的在抱怨孩子不听话、不争气时,在要求孩子为了自己的某些目的,比如脸面等而去做他们不愿做的事情时,我们是否真正爱他们了?

三、爱和幸福

诸如“教会孩子如何去爱,如何去寻找幸福”或者“父母如何培养高贵的孩子”这样的问题很多人一看就会烦。爱和幸福如何能教?高贵是可以培养出来的吗?

没有一个父母不希望孩子的一生都幸福,因而用不同的方式来帮助甚至保证孩子现在和未来的幸福。比如为孩子挣足一辈子需要的钱，把孩子送到国外读书，想尽一切办法满足孩子的所有需要，在自己的有生之年为孩子做所有力所能及的事，给孩子创下一番基业……不可否认，这些方式可能都在某种程度上为孩子带来快乐和优越感，但能否真正保证孩子一生的幸福就很难说了，一旦这些外在的条件改变或消失了，幸福也就不保了。

幸福其实是一种内在的感觉，不是外在的因素可以左右的。那么内在的感觉如何教？既然“爱”是人类与生俱来的能力，如何去教？何必去教？

我认为，除了血亲之间的爱，爱和感恩是分不开的。有了感恩，就有了大爱，有了大爱，就有了快乐和幸福。而建立在大爱基础上的快乐和幸福是终生的。即“滴水之恩，当涌泉相报”。下面是我自己的理解和体验。

先举几个例子。

网上看到一个意外得了一百美元的乞丐（是位拍视频的小伙子故意给的，想看看这个乞丐会拿这钱干什么），直接走进了街角小店，买了一大编织袋的食物，将食物沿街分给了其他露宿街头的人。

去年我们学校来了位年轻的助教，有位老师对她关爱有加，整整一年都处处帮助她。原来这位老师有个刚刚参加工作的儿子，儿子远在澳大利亚，人生地不熟，但是受到了当地一位老人的帮助，并在那里顺利安了家。这位老师说她理解一个年轻人在异国他乡奋斗的艰苦，感恩那位帮助她儿子的老人，所以用这种方式关爱这位助教，将爱传递下去。

今年我们又来了三位年轻助教，我也在尽我的所能帮助他们。

先生曾经给我讲过他早年到英国求学时当地人对他的帮助，每次提起都十分感动，所以他和我一起接待这些助教。我也会想，女儿和儿子将来也会独自在这个世界闯荡，要是有人在他们需要的时候给予帮助该多幸福，想必这些年轻助教的父母也会这么想，天下的父母都会这么想，但愿都会这么做。

我自己是穷困山区长大的孩子，当时有位城市里来的老师教我们英语，她教英语的同时也把我的梦想带出了山区。十年之后，我成了世界各地采访的涉外记者，年轻时就有了难得的看世界的机会。如今这位老师身在何方我已不知，但是我现在教的就是最弱势地区的孩子们，如果他们中能有几位因为有了语言能力而为自己的未来闯出一条路，就算我对那位英语老师的感恩和报答吧。

这样的例子可以一直举下去，这就是我理解的“滴水之恩，当涌泉相报”。报的对象不一定是施恩之人，但我们报的对象无数倍地放大了。这便是我对“涌泉相报”的理解。

如果把报恩局限在施恩者身上，对我来说，那是还债。比如某些学校要求孩子给父母洗脚，以报养育之恩；你在我困难的时候借给了我十块钱，我发达后给你买了栋房子。后者顶多就是大方地还了债。因为这样的“报恩”太容易了，一旦完成，两不相欠。

那么没有受到滴水之恩的人会去盲目感恩吗？让我们来想想，这个宇宙里，我们现在可以观察到的星星有多少，唯独地球是最美的，而我们恰恰就生存在了这个美丽的星球上，能看到日月星辰、山川草木，能感受到亲情、爱情，还能创造生命，我们是不是漆黑的宇宙中最幸运的存在？这点值不值得感恩？感谁的恩不再有意义了，我们可以仅仅去感恩，去敬畏，心中充满爱。这便是大爱了吧,大爱之下,我们敬畏所有自然的产物,因敬畏而生尊重,所以我们爱护我们的环境,我们的下一代,我们的同类。

怀有这种大爱的人是快乐的、幸福的,他的快乐和幸福是极具感染力的,最受影响的就是他们的家庭和孩子。

那么普通人如何做到?简单得很。我们的目的是快乐和幸福,包括给人带来快乐和幸福,因为他人的幸福反过来会让我们更快乐。有了这个目的,能不能先在举手之劳的情况下对孩子、朋友、同事,甚至路人、清洁工、门卫、服务员等表示一点点赞赏?比如"儿子,今天你替爸爸搬大米了,看你壮实多了呢!""你的发型很有韵味啊!""辛苦了!"你真的不知道,当然也没必要知道,这些话可能会改变对方一天的心情,也许因为高兴,他们也向别人说了赞美的话,美好就这么一波波地放大了。

你的孩子看到了,可能也就学会不往地上扔垃圾,帮助其他人。这种大爱说起来是举手之劳,但不同的是它不需回报,所以不是施债,而是施恩。长久下去,最初有意识的行为会成为习惯,成为本身的快乐幸福之源。

在我心中,贵族不是高贵的代名词,有大爱的人才最高贵,所以前面说的那个乞丐就是有高贵灵魂的人。穷困的人也可以施恩,也会有高贵的心灵,也会有内在的快乐和幸福。这样我们就不难理解那些自己还未脱贫的人因帮助他人而幸福一生的原因了。一些人在发家致富之后可能会做很多公益活动,他们的善举虽然常常影响广泛意义重大,但我仍然觉得高贵不能以财力来度量。

四、爱和性

这是英国针对十五岁以上孩子的性教育课——尊重自己。我将自己的理解和理念在此写一写。

首先大家玩了一个游戏,每人有三张卡,一张上写“热吻”,一张是“结婚”,还有一张是“避开”。大屏幕上放出几位年轻的当代明星,多是歌坛和影视界的,其私生活大家都很了解。每出现一位,大家就亮卡,你愿意和他/她热吻、结婚还是避开。哪怕是很不靠谱的孩子,内心都有一个标准,这个标准有着惊人的相似。比如唱歌总是唱一些带负能量的,让人感到自己渺小的——热吻;口碑好的、有幽默感或其他特质的——结婚;口碑最不好的,哪怕很有钱——避开。

既然十五岁的孩子都有一个很理性的尺度,为什么很多人还是因为钱,因为名声,因为一些和感情无关的要素而择友或择偶呢?

我认为,性是与自己最相爱的人一同感受到的人类最美好的体验。这种体验必须是在毫无外界干扰的情况下进行的。年轻人如果有太多的外界干扰,就会迷失自己。在英国,年轻人经常受到来自同龄人的压力。举一个真实的例子,英国的高中生常会大谈特谈恋爱和性的话题,一个没什么朋友的女生听了很自卑,觉得自己是因为没有男友、没有性生活而不被人接受的,于是随便约了男孩,第二天也学着大谈特谈自己的体验,结果别人都怪怪地看着她:“你在说什么?你难道不知道我们只是在搞笑吗?”

在中国，更多的压力来自钱和钱所能带来的物质生活。流行的影视歌曲都在此方面宣扬名人文化，给年轻人带来的压力可想而知，加之父母亲戚朋友的说三道四，相互比较，不迷失自己恐怕很难。如果性教育还没有普及，年轻人到了认识自己和异性的年龄，就会从其他渠道接受“教育”，得来的性知识常常有很多错误。

面对压力如何永葆初心，就要看孩子有多么强大的自信和社交能力。不合群的孩子、没有朋友的孩子可能会在这方面弱势一些。合群并不意味着外向，内向的孩子也可以有非常好的社交能力。培养自信和社交能力在本书其他章节里有谈及。当然最关键的是父母的自信和社交能力。这个世界上不存在错误的选择，你的选择就是你的水准。

我建议所有的年轻人都对着镜子看看自己，你要自信地说，你最大的财富就是你自己，你的灵魂和身体，而只有世界上最美的东西才配得上你自己。最美的东西就是爱，那么你也要把最美的自己给你的爱，因为爱和性都是最神圣的。你能想象一下你和最心爱的人走到一起的那一时刻吗？你给出的是最美的自己，而你得到的也是最美的爱。

体验最美的性就是这个前提，每个人都可以体验到，只要你珍惜自己、提高自己。

前面提到的那个女孩，她走了很多弯路，终于意识到这一点，找回了自己的初心，开始尊重和珍惜自己。她现在有了幸福的生活，她把最美的自己给了爱。

关于婚前性生活，我觉得是个人的感受吧。你也许当时就觉得你会和面前的人永远在一起，爱之深、情之切，性就是美好的体验。关于性健康的问题,我在前文有叙述,年轻人都该咨询一下医生,找一种合适的避孕方式,使用安全套既能避孕又能避免性病,有的性病有十年的潜伏期,有的会影响后代,不得马虎。

有的国家和地区在贞操观方面一视同仁,男女一样,传统中国则只约束女人。这种教化下的女孩子免不了把自己的贞操看作珍宝,而不是把自己的灵魂和身体看作最美的存在。性也就不是双方最美的体验,而是失去珍宝的过程,那么在性生活过后,男友就亏欠了你一个他永远还不起的东西,你和男友的关系就成了讨债和逃债。

相爱的人可能会有要孩子的愿望。这时你要想想你为什么要孩子。大概有以下几点。

夫妻感情疏远,也许孩子可以把双方拴住。

别的同龄人都有孩子,没人和我们一起玩了。

父母催促。

有了孩子,人就成熟了。

年龄大了,现在不要孩子怕以后要不了了。

孩子对父母的爱是无条件的,我现在缺爱。

以上是不是要孩子的健康理由呢?健康的理由在于是否你们相互把最美的自己给了爱,然后你们一起共同去创造一个奇迹,一个生命的奇迹。这个世界上,任何一个人,都有权享受最美的爱,也有能力把最美的自己给爱。

五、早恋

给我的高中学生辅导口语的时候，遇到了有关“早恋”的话题，英国人不明白早恋，你就是给他们讲了，他们还是不明白。

如果两个五岁的孩子一男一女重逢相拥在一起，没人会说他们早恋吧。这个词毁了人间多么美好的感情。小孩会有最纯的、无法理性化的爱，那种爱促使他们把自己珍爱的玩具和糖果都献出去，而爱的对象可能是同性也可能是异性，爱的性质是相同的。

到了小学也同样，这时候的感情就是觉得喜欢和某个人或者某些人一起玩。当然因为听到了一些男女朋友的事，可能也会跟风，把和自己要好的异性朋友称作男朋友或女朋友。对于正常家庭的孩子，这时候的感情也是纯粹的、不稳定的，就像同性朋友一样，一时好、一时坏，一时痛哭流涕、一时又阳光灿烂。这时候友情、爱情是没什么界限的，都很美好，都是成长的过程。

青春期的孩子，开始对自己的身体有了一些了解，很自然地对性也有了些好奇，希望了解更多。同龄孩子之间的谈话也带了很多性的主题，这也是成长的过程，没什么大惊小怪的。英国的学校有性教育，我对女儿和儿子展开性教育是在他们十二岁左右时。基本宗旨就是要做一个聪明智慧的人，既要会保护自己，也要对别人负责。一旦有了这方面的认识，一旦明白了父母的自然态度，他们的好奇心就会大大降低，不大会因逆反或“探险”而做一些事。所以家长要肯定孩子自然的感情成长。这时候男女之间如果是开放的、自然的，最多是一起出去玩玩。正常孩子不大会有朝思暮想的爱,因为他们还处在友情、爱情很难分离的年龄。女儿在小学毕业和中学期间,都和我提到她喜欢某个男孩,我都没有震惊,而是正常地问了问,肯定了她的眼光。而她所谓的喜欢,都很快烟消云散了。

再大一点年轻人的情感又进一步有了发展,这时友情逐渐开始向爱情转变,当然并不都是把已有的友情变成爱情。至于所谓青梅竹马,可能也仅仅是两个人一开始在一起玩,是好朋友,纯粹的友情,而男女之爱应该是在长大了以后意识到的。爱情究竟在什么时候发生,很难想象,很难预测,就是那么一种心动。我们可以接受青梅竹马,但又将早恋看作洪水猛兽,岂不是很矛盾。

这里没有偷尝禁果的概念,只要年轻人懂得性知识,懂得如何保护自己,如何对自己和他人负责,爱就会在尊重对方和负责的基础上自然发展。所谓贞操的概念,纯粹是出于历史原因而形成的一种束缚女性的观念性工具。一旦女性把自己的贞操当作商品,无论是保守还是开放,都自然地把自己也当成商品了。当然这不只是存在于传统中国,其他很多地方也有。父母应该对年轻人讲解避孕知识,提醒他们采取适合的避孕手段。

感情的成长过程,应该是美好的、浪漫的,不带任何其他因素的。对什么人产生友情,产生爱,不是被说教的结果,而是从出生以后因父母的教育、家庭的影响而点点滴滴形成的不由自主的选择。如果我们的孩子从小就没有被尊重过,就有可能不懂什么是尊重,进而既不会尊重别人也不会要求别人尊重自己,这样在爱当中可能会有挫折。如果是个缺爱的孩子,可能会对爱产生一种不健康的依赖,一旦依赖,也就失去自己。如果父母将钱财看得太重,本身没有什么美好的爱,孩子也不懂什么是爱,可能会一味地看钱,难以体会爱的美好。家庭背景不同,社会环境不同,爱也是形形色色的,而儿女对爱的选择往往始于家里父母的关系。

在感情的自然发展过程中,哪一个阶段可以叫早恋呢?有家长觉得中学谈恋爱会影响学习,我的女儿在复习高考的最关键的一年里有了初恋,不但没有所谓的负面影响,反而成了向上的动力。我的英国学生也有很多中学谈恋爱的,正常的感情一般对学习没有任何消极影响,而不正常的感情往往源于不正常的家庭,其实是家庭问题影响了学习,不是感情。当然,如果你一味地禁止他们交往,孩子们仍会想尽一切办法在一起。他们为此要费尽心思,所以可能会耽误学习。

所以我们这一代往往视年轻人真挚的情感为洪水猛兽,我们自己不满意自己的生活,却又下意识地要求孩子们和我们的一样。

所以,我们用我们没有美感的“审美”要求着女儿们,甚至要她们剪掉刘海,扎起飘逸的长发。我们看不惯她们描眉画眼,说她们心思都用在没用的事上。我们要她们用功学习,我们觉得男孩子都是要占她们便宜,我们随意地闯进她们的房间,看她们的电话留言和日记。我们对她们的穿着指手画脚,我们要她们不要轻易地喜欢一个男孩,可一旦她们年龄大一点,我们又认为她们不会爱。

我们是穷过来的一代,所以在儿女择偶的时候,我们内心的不安全因素变成了实实在在的择偶条件。我们对爱、对性有着羞耻心,固然也看不惯爱和情感至上的年轻一代。我们不善于亲昵,也本能地抵抗着年轻人的示爱。我们渴望做他们的朋友,可一开口就是大道理,难以推心置腹。

我们的父母是委屈自己的一代，所以我们也认为母亲如果不是把孩子当作我们生命的全部就不是好母亲，而当我们把生命的全部都给了孩子，心安理得地替他们选择、替他们活的时候，就给他们上了一个无形的枷锁。

写出这些是希望我们能够永远走出自己的阴影，因为只有这样，我们才能真正尊重孩子，真正给他们自由。

曾经有一位妈妈问，她上高中的女儿已经因为谈恋爱影响学习了，怎么办？

在回答这个问题之前，我想先说个有趣的现象。你若买了一辆新车，你是不是会觉得满大街都有人开你这样的车，而以前却没有注意到？同样买了件衣服或手包，也可能会有这样的经历。其实不是因为你买了车，街上相同的车就多了起来，是因为你注意了。

我们能看见内心想看见的、怕看见的、担心看见的所有的东西，而我们的世界就是由我们看到的东西组成的，我们的世界是我们自己的选择。

这位妈妈一定是先有了早恋会影响学习的看法，所以她的眼睛里就只会盯着女儿因为恋爱而影响学习的蛛丝马迹，一旦找到，就证明了自己的想法，立刻开始焦虑。很多时候，我们父母已经有了固定的思维，我们养育孩子就有可能会在孩子身上找那些能够证明自己固定思维的“证据”，一旦找到，就证明自己对了，孩子们一旦不按照我们的思维成长，就开始焦虑，开始批评甚至强迫他们。

欲加之罪，何患无辞。你如果带着找证据的目的去找，又格外想证明自己正确,那么一定会找到。

我问她有什么证据证明女儿的学习已经被影响了,她回答说,女儿周末回到家就和男友聊天,作业也不写了,不写作业就是影响学习。我说我女儿在最后高考的半年交了男朋友,也是整天聊天。聊天让她在紧张的学习中得到放松快乐,我相信是起到了好作用。同样的行为,不同的解释,就看我们事先如何想了。考试是多年来学习积累的结果,绝不是一两次作业或者几天放松可以影响的,相反,压力大的时候,和朋友一起放松一下更有利于促进学习。但是如果一个高中生因谈恋爱而彻底放弃学习,做出这种极端选择那可能是平时家长教育的问题,不是谈恋爱的问题,因为没有男朋友,说不定她也会因其他什么事放弃学习。再者,一旦谈恋爱,你是阻止不了的,你拦不住她的心。

遇事不决的时候,我和孩子们最常说的一句话就是:“妈妈这次能相信你吗?”孩子们每次都说能,他们每次都会尽力做好。即便没做好,他们努力了,我依然会相信他们。一个被信任、被尊重的孩子,也会懂得自尊、自信和尊重他人,这就够了!

A Promise in the Valley of Roses

第十三章 物权意识

小孩子都是情感勒索的专家。记得儿子很小的时候常跟我说："别的人都有，就我没有！" 说到情深处还能挤出几滴眼泪来。一次儿子朋友的父亲问我："你给儿子买了那个游戏了吗？" 我说还没有，不过我可能是班里唯一不给儿子买游戏的妈妈了。没想到这位父亲笑了："怎么我儿子说全班都有就他没有？" 这时又有两个家长加入，这才发现我们全被这几个孩子骗了。

第十三章
物权意识

一、消费观

小孩子都是情感勒索的专家。记得儿子很小的时候常跟我说："别的人都有，就我没有！"说到情深处还能挤出几滴眼泪来。一次儿子朋友的父亲问我："你给儿子买了那个游戏了吗？"我说还没有，不过我可能是班里唯一不给儿子买游戏的妈妈了。没想到这位父亲笑了："怎么我儿子说全班都有就他没有？"这时又有两个家长加入，这才发现我们全被这几个孩子骗了。

从那以后，儿子想买东西的时候就得给出三个理由。儿子先发制人："别人都有了！"

"我要三个理由！"我伸出三个手指。

"全班就我一个不会玩这个游戏！"继续情感勒索。

"三个理由！"我继续伸着三个指头，言外之意，受别人的影响而要东西不是理由。

"大家都不和我玩了！"情感勒索升级。

“三个理由!”我一直保持平静而坚决的态度,丝毫没有责备他的意思。

“要是我有了,我可以让姐姐玩,姐姐肯定喜欢玩!”转移视线。

“三个理由!”

“嗯,我觉得这个游戏里有我喜欢的东西……”

“好! 再说两个理由!”

……

慢慢地,儿子学会了消费要从自己的需求出发,不随波逐流,别人有不是理由。等长大一点,他变得更成熟,理由更充分,更有说服力。这培养了他理性的、不被他人牵着走的消费观,以及逻辑思维能力。

家人过生日,都会相互祝福,送点小礼物。孩子小时候没什么钱,就自己做东西给爸爸妈妈。长大了,他们会注意观察父母的爱好,适当用自己的零花钱买一些小东西给我们,也还会做点贺卡什么的。

一次圣诞节,女儿七八岁,想要当时她非常喜欢的颜色各异的塑料绳,可以编织各种小物件,一大包就是一英镑左右。小孩子衡量礼物的价值完全是从自己的喜好出发,对价格没有什么概念。我买好、包好给她放在圣诞树下。我尊重孩子,不会因此而进行价格补偿。

孩子自己的零花钱自己支配,我不干涉,那是他们自己的自由,虽然最初为了引导他们的消费观需要他们给出三个理由,但我们完全相信和尊重他们的选择。

家里的亲朋好友常会给孩子们买一些贵得离谱的东西,有时我也会给家人的孩子买类似的礼物,但又注重教育孩子们学会珍惜和感恩。他们从来不会觉得是应该得的,也不会因此而改变他们的消费观。

如今孩子们都长大了,都有了自己独立理性的消费观,他们不会随波逐流,也不会把市面上的流行物作为自己身份的象征。在他们的物权意识中,家里的财产是父母的,不是他们的,他们的生活要靠自己去挣。既然是父母的,父母有绝对的支配权,他们无权据为己有。当然他们也深知父母是爱他们的,父母在他们身上的一切花费都是父母的选择,他们自己不承担任何还债的压力。

父母对金钱的理解和消费观念对孩子消费观的形成有着举足轻重的影响。中西方家庭的消费观念不同,每个家庭的消费观也不同,但都受社会大环境的影响。消费观是在孩子成长过程中建立起来的,本无好坏之分。西方家庭的很多消费观念和我的有着根本的不同。有一点是我比较赞同的,就是父母和孩子在经济上是分开的。父母的钱是父母挣来的,不是孩子的。当然父母养育孩子的消费是他们消费的一部分。所以西方的孩子不会张口闭口说我家多有钱。

对我来讲最关键的是:被迫消费就是把自己的消费自由放弃了。如果消费自由放弃了,那么其他的自由也可以放弃。

二、物权意识

西方生活对我影响最大的、对后代影响善恶各半的一个价值观就是他们的物权意识。在此分享给大家吧。

简单来说,就是你的是你的,我的是我的,个人的财产不容侵犯。常识,对吧?但是“父母的家产是父母的,不是孩子的”和“父母的就是孩子的”这两种观念对孩子的影响截然不同。

我的财产只有我有支配权,我认为我要尽父母的责任,保证孩子的健康成长,为此在孩子身上的各项花销是必要的。我前文提到“善恶各半”的价值观指的是一些英国的底层父母宁愿把钱花在自己酗酒、吸烟、吸毒以及其他各种娱乐上而不管孩子的教育和健康成长。

这种物权意识的结果就是:给孩子花了钱,是自己的选择,不需回报;不给孩子只给自己,也是自己的选择,没有愧疚。在这种价值观的社会里成长的孩子,也有同样物权意识,所以父母如何支配自己的财产是父母的事,孩子无权干涉,更不会认为父母的就是自己的,也就很少攀比父亲的财产。

我和女儿有“女儿日”,这时候会母爱大发,用各种漂亮服饰装扮女儿,各种游玩,各种享受……我既不会担心惯坏女儿,也不会担心女儿养成什么坏习惯,因为我们彼此都明白,这是我的选择。女儿上学时自己出门购物,总是能买到物美价廉的东西,一是她的零花钱有限,二是她觉得这是适合自己学生身份的消费方式。

孩子有支配自己财产的权利,他们的财产不仅仅是钱,一旦我们给他们买了或别人送的东西,包括玩具和衣物等就都是他们的财产了,我们绝不会把属于他们的东西在不经过他们同意的情况下转送别人。他们的卧室也是他们的领地,卧室装潢是他们的选择。我们想进去需要敲门。他们的日记、信件、手机和各种社交网络我们绝不偷看,也不加入,除非他们邀请。他们有自己选择朋友的权利,我们会尊重他们的选择。尊重别人的物权就是尊重最基本、最核心的东西了,其后是尊重别人的情感、价值观、信仰、生活方式和选择等。

由于一些特定的社会现实,中国出现了“啃老族”,这和西方的物权意识并不矛盾。关键是“啃老”是父母的选择,还是孩子认为这是天经地义的。英国的父母也会支持成年的孩子,孩子接受与否是他们的选择,一旦接受,他们会心怀感恩,父母不会借此要求孩子有赡养的义务。这是一个敏感话题。发展中国家老年人的生活不能保障,依靠儿孙赡养,加之“父母的就是孩子的”和儿孙尽孝道等价值观,给现今的中产家庭带来许多诸如下面的一些问题。

父母用行动告诉孩子,父母的就是孩子的,比如在家里不要求孩子分享,好的都让给孩子,放弃一切原则迁就孩子,无休止地给孩子注资等。父母一方面认为自己的就是孩子的(尤其是独生子的家庭),另一方面抱怨孩子不会感恩。试想,用了、拿了自己的东西要感恩谁呢?

其实很小的孩子就会有一些朴素的物权意识,而长大的孩子更有自尊心,自尊心促使他们自立并以此为傲,这是人本身的内在驱动力。如果在他们刚有物权意识时就被告诉别人的(即父母的)就是他们的,那么他们长大后,尤其是在选择工作或择偶时可能会有各种畸形标准,这都是一些特定成长环境中家庭影响的表现。

A Promise in the Valley of Roses

第十四章
职场人才

英国每个中学都要给十五六岁的孩子安排为期一周或两周的工作实习，目的是让孩子们体验一下职场。

第十四章

职场人才

一、工作实习

英国每个中学都要给十五六岁的孩子安排为期一周或两周的工作实习，目的是让孩子们体验一下职场。

学校负责职业教育的老师(有的是专人职业顾问,有的是由老师兼职)都会得到一个单子,列有本地区的接收单位。很多政府组织和私人企业都会接受中学实习生。按照法律规定,这些单位需要有未成年人保险和风险评估,并为实习生安排工作和导师。

但是这个单子上的用人单位一般很难满足一个学校所有实习生的需要,所以学校会鼓励家长或学生自己先去找接收单位,实在找不到,学校就给安排。自己找的单位也要满足以上条件,没有未成年保险的单位是不能接收实习生的。虽然学校会尽力给学生安排适合他们兴趣爱好和职业选择的单位,不过任何的职场体验对于十五六岁的孩子来讲都是宝贵的。

在实习期间,学生的班主任要抽时间去单位看望一下,至少要电话询问一下,实习单位也要在结束时给学生一段评语。有的干得非常不错的孩子就有可能在此单位得到兼职工作(英国十五岁的孩子就可以做兼职),几年后被此单位雇用的也有。我曾见过一个平时在校调皮捣蛋的女生在一个化妆品店做服务员,一周内这家店的销售额大涨,这个孩子原来是个销售天才,正巧我到这家店买东西,亲眼见到这孩子的出色表现,所以工作实习也往往是发现人才的机会。

儿子的中学实习单位是爸爸帮助联系的——本市日报社。日报社常常刊登儿子的故事,所以总编对他很熟,也很高兴安排儿子在他们报社的实习。导师是新闻部的一位编辑,上班第一天这位编辑先带着儿子参观了报社,前三天都在体育版编辑手下工作,后两天在新闻部。整整一周,儿子写了几十篇稿子,文笔说得过去,很多稿子都在报社的网站上直接被用了。同时他也学到了当今网络时代新闻工作的方方面面,回到家会和我们交流一下,尤其是和这个二十年前的记者妈妈交流。现在的办报理念和做法简直是我当初做梦都无法想象的,有些我不懂的,儿子就把网站找出来给我做个讲解。

儿子实习之前,报社来信详细说明工作安排和着装要求。我们一起准备了相应的工作装,虽然可能只穿一周,但是还要五套,每天换一套。我们也和儿子谈了在工作单位的一些注意事项,对此儿子很明白。实习结束,儿子和所有一起工作的人正式告别。将来找工作,这个实习单位很有可能就是一个提供介绍信的单位,所以儿子明白这个实习的重要性。

下面谈一下大学的工作实习。女儿的大三工作实习有些不同。她学的是外语,所以要在所学语言的国家实习一年。很多学生选择到这个国家的大学继续深造语言或者到中学做语言教师助理。女儿有自己的想法,她觉得自己一直都在学校读书,应该利用这一年的机会到职场去体验一下,顺便给自己积累一些工作经验。这就需要自己找工作,不过大学的实习网站会发一些工作单位的广告,学生自己去联系。女儿在大二下半年就开始着手准备了,自己联系了德国的很多单位,双向选择。有的是电话沟通,有的是视频面试,最终自己敲定了两个公司。其他专业的学生即使学校没有安排时间工作实习,很多也会在放假期间自己找实习单位,这都为在校学生提供了宝贵的工作经验,也可能是为将来正式进入职场创造的一个机会。

在女儿去德国工作之前,我们谈了一次。我希望女儿做一些心理准备。我给她讲了一个故事。多年前我曾经带过几个中学实习生,其中一个女生是学校最头疼的问题孩子,学校不敢把她给其他单位,只好留在学校,由我做导师。实习的第一天我眼前一亮,这女孩子换掉了校服,穿了一身很职业的工作装,自己把头发也整了型,俨然一名职员形象。我夸了几句,女孩子格外高兴。不过不久她就意识到我的工作她是帮不上什么忙的,学校只是让我看管她。这个女生到处走走就有了点子,对我说:“老师,我看到有很多地方我可以整理一下。”的确,这是一个百年老建筑,很多死角多年积垢没人收拾,我就同意了。出乎我的意料,在接下来的几天,这个女生不怕脏、不怕累,每天都干得灰头土脸,漂亮衣服和头发都被灰尘和杂物覆盖了。一周实习结束,大厅和办公室已经窗明几净了。你可以想象她的实习报告是多么轰动,很多老师都开始对她另眼看待了,这个女孩再也不是问题学生了。

讲这个故事是想告诉女儿,什么工作都可以干出成绩,都可以被人盛赞。到了德国,不能认为自己是剑桥大学的高材生,就应该立刻做一些高端工作。新单位一开始极有可能只会给你一些端茶倒水、复印文件的工作，对这些工作的态度也许会决定导师是否会信任和欣赏你。

女儿有了自己的心理准备，新单位没有让她端茶倒水，但是从最基本的校对工作开始干起，不久她就受到同事的欣赏。因为是夏季，德国休假的季节，所以无论谁休假，都会把工作托付给女儿做，女儿欣然接受，把这看作学习成长的大好机会。短短三个月，女儿的勤奋和能力受到肯定，导师把她自己的客户信任地交给女儿。实习结束，单位给她的评语是"能够把草棍变成金子的人"，还告诉她任何时候愿意回来实习，大门永远是向她敞开的。

在我的学校，我做过二十多位正在做教师培训的年轻人和来自中国的语言助教的导师了，不管是什么背景，很多都勤勤恳恳地做着最基本的工作，对于这样的年轻人，我会给他们创造很多难得的机会，为回国升职积累经验和素材。有的上了英国电视节目，有的上了本地区或全国性报纸，有的成了某一课程领域的"小专家"，被请去讲座。然而也听到一些来英国工作的年轻人抱怨工作的烦琐和低级，因而产生各种问题。我想如果女儿当初以名校学生自居，不屑于做低端工作，认为别人休假自己却给他们当替工，她的实习一定不会是这么成功。

二、西方大企业选拔人才的标准

西方大企业都很注重人才培养，他们既有一系列吸引人才的政策，又有上百年的人才培养经验，所以他们选拔和培养人才的标准具有一定的普遍性和科学性。

英国有一个关于选拔年轻工程领军人物的组织，这个组织选拔的是十六岁的年轻人，也就是刚刚参加过中考的中学生。这个组织有很多大企业参与，意在提前将这些有潜力的年轻人从未来的求职市场抢走。从选出的工程领军人物中，罗尔斯-罗伊斯公司赞助了四位，儿子是其中之一。公司看中的是他历年来的运动成就和面试时自己设计的产品。

被赞助的年轻人，除了继续自己的学业，还有一部分活动经费并有一位企业导师，比较关键的是公司会提供一周的实习机会。公司对实习日程做严密的计划和协调，实习生每人配备一位总负责人，每天都要在本公司不同的部门实习，所以还有部门负责人，最后总负责人汇总各部门的反馈，给出实习评语。

评语表中有十五个标准项和一栏负责人的评语。我选择以下八选项进行解读。

1.守时。可能谁也没想到这会被公司列成人才选拔的第一项标准。事实上能不能守时反映出一个人的时间观念和职业素养，尤其是非正式工作的实习生。儿子提前一天就和爸爸一起到了实习地，找好旅馆，详细了解上班路线和实习部门的具体位置，还要考虑交通高峰时段的堵车时间等。女儿去德国工作是提前一周到位，找好上班路线。迟到，无论什么原因都会给人非常负面的印象，也反映出对接待人的极不尊重。儿子吃过亏，因为过分依赖导航系统，差点耽误了驾照理论考试，吃一堑长一智，孩子也不例外，父母放手协助孩子一起规划旅游行程，预想各种可能出现的延迟情况并为此做计划，孩子慢慢就懂了。这也是时间管理的一个方面，关键是要鼓励，要给孩子犯错误成长的机会。

2.个人仪表。不同场合的着装既能看出一个人的品位，也能看出一个人的职业素养。有人觉得穿着随意体现了一个人的性格，没错；但是在课堂上如果老师穿牛仔裤表现出的是对那些穿校服的学生的极大不尊重，职场亦然。儿子实习、女儿就职都要事先问好着装要求，虽然女儿的第一个就职公司没有具体要求，她还是买了很多更加正式一些的衣服和包。儿子不但专门买了几件衬衣和介于牛仔和西裤之间的裤子，而且还把发型改得更正统一些了。所以儿女的仪表和职业素养都要从很小的时候就开始培养，这点父母可以和孩子一起成长。着装并非需要很多钱，忽略自己身份、身材、肤色和性格而一味去追求名牌在我看来并不合适，而适合场合氛围的、经济实用的搭配才能体现一个人的素养。

3.沟通技能。这包括和同事、朋友、家人、上级主管和客户等的交流技能。这点也要从小就注意。在女儿小时候，我就鼓励她接电话，她会看着妈妈如何用电话和朋友同事讲话，然后她就学会了。儿子是运动明星时接受各种采访，现在自己和单位联系实习等又给了他很多锻炼机会，甚至和女友的家人聊天都是锻炼的机会。平时一家人饭桌上的聊天也很重要，最关键的是鼓励孩子发表自己的见解，父母不做任何评判。对于小孩子，培养沟通技能最有效的方法是交友，我写过很多有关交友的文章。口头沟通技能是一方面，笔头沟通技能就需较高的文字功夫。现在国内写信已经很少了，在英国依然很常见，从孩子很小的时候过生日开始，笔头的技能就可以锻炼了。可以给小朋友写邀请卡，生日过后写感谢卡，给父母家人的生日卡。父母如果写东西，也不妨让孩子看看,女儿小时候常看我写信,然后自己拿张纸整整齐齐地画出一行行的乱码符号,那就是她最早的写作认知。英国的语文课有各种写作训练,写作的第一要素是要看看你的读者是谁,写作的目的是什么,广告语言、个人简历、大学申请函、投诉信、产品说明、学术论文等的用词都不一样。儿子小时候我给他学校校长的一封信就是和儿子一起写的,后来我换工作时的工作申请是十三岁的女儿给校对的,我的各种演讲、讲座的文稿也常征求孩子们的意见。

4.内在动力。如何培养孩子的兴趣在此不多谈了,一个孩子如果对一件事感兴趣了,会产生出不可阻挡的力量,任何努力都是享受。一说到此,总有妈妈问,我的孩子就对玩游戏感兴趣,对此我想问的是,你真觉得他是感兴趣还是无聊?那么问问自己如何能让孩子的生活变得不无聊。这一点在我前面的章节里谈了很多了。

5.努力。一旦有了内在动力,努力就是享受。看看那些对数学感兴趣的孩子通过努力解题得到的喜悦。如何发现和鼓励孩子的兴趣,如何对待“我的孩子学习不好”的问题,前面章节有解释。成就感是动力的最长久、最强大的来源,而成就感是可以培养和创造的。

6.主动性。多数刚入职的年轻人或者实习生把眼光放在如何给雇主留个好印象这点上,也就是把眼光放在了自身的表现。如果想超出一筹,就需把眼光放在雇主那里。如果你能想雇主所想,能够发现问题并提出一些解决问题的办法,你就有了主动性。

7.学习能力。这里的学习能力其实就是批判性思维和反思能力,这个能力可以培养。一个人云亦云、非常“听话”的孩子很难具备批判性思维。儿子女友在工作面试的时候非常沮丧,原来面试官问了一个她根本不懂的问题,她没给出回答。不过让她惊喜的是,她居然得到了这份工作,原来面试时,她没有像其他人那样牵强附会地找答案,而是坦率承认了自己不懂这个问题,并表达出了想在工作岗位上进一步学习的愿望——她有一个好的学习态度。

8.团队精神。这个除了沟通能力以外,还反映在一个人的素养上,既要自信也要谦逊和充满敬畏,这个度即便是成年人也很难把握。所有的朋友都称女儿和儿子性格很好,他们其实是在说,女儿没有学霸的傲气,儿子没有小明星的狂妄。这点需要父母和孩子都抱有成长性思维,而不是固定思维方式。团队精神同样非常重要,我也写过很多这方面的内容。

不要觉得职业素质素养是孩子大了以后的事,因为谈到素质就绝不是一天两天的功夫,要从小就开始培养。有些妈妈会说,这些自己都做不好,其实我也是,这就是孩子给我们的第二次学习机会了,以上说的很多都是在有了孩子之后和孩子一起学、一起进步的。

下面来谈谈未来就业市场比较重要的几种"软技能"。"软技能"是我对英文中"Soft Skills"的翻译。竞争激烈的职场中最看好的几个技能近两年被英国小学和中学拿来做系统培养,当然软技能表现方式相当多,这里仅仅涉及排名最前的几个。

培养软技能,要说明两个概念——成绩和成功。前者是可以衡量、定义和看得见的,比如考试成绩或其他方面的成绩;后者是一种做人的感觉和状态,无法衡量也看不到的。这里还要提一下以财富来衡量的成功,那只能说是成绩,不是本书定义的成功。成功具有永久的特质,财富却可以消失。“软技能”培养的目的在于成就一个比较全面发展的人才,培养自信和最终的成功。

人工智能在飞快地取代大脑的知识积累,这使我们这一代教育者常常感到迷茫,不知道孩子们该学什么样的知识和技能才能不被机器所取代。在我看来,至少在目前的状况下,一个发展比较完整的、拥有卓越“软技能”的人是我们培养的重点。

那么也有人说,中国的父母、老师在拼成绩,成绩也是决定一个人未来的重要条件。这点没错,英国的老师也在拼成绩,那些有关英国学生很轻松的说法其实并不全面。本书把可量化的成绩暂时称作“硬技能”。认识、培养和发展“软技能”并不影响“硬技能”的发展。相反,一个人的“软技能”对“硬技能”有很强的促进作用,甚至在某些方面起着非常关键的作用。

以下是五个职场最为看好的软技能:领导能力(leadership)、组织管理(organisation)、逆商(resilience)、主动性(initiative)、沟通交流(communication)。

在当前情况下,将“软技能”的培养融入主流教育还需时间,所以有必要探索如何在家庭的亲子互动中融入对此技能的培养。也有朋友提到,如果父母没有什么“软技能”,他们如何培养孩子呢?答案非常简单,培养孩子的精髓在于父母的二次成长。如果父母能够和孩子一起探索,共同成长,那是再好不过的事情。这种“软技能”的系统培养在英国也仅仅是近些年的事情,什么时候开始都不晚。

在我看来,以上五个方面的“软技能”中最重要的还是最后一个,即沟通交流,缺了这个,其他的都谈不上。

沟通交流，不仅仅是口头的语言交流，还有文字的、身体语言的和表情的交流等。

沟通从婴儿开始。出生一个月的婴儿就能从母亲的气味、脸色、语音、语调、心跳、体温等来感觉母亲的心情了，他们也会用各种动作、眼神和表情来回复你。虽然婴儿还没有语言能力，但是父母完全可以和婴儿用语言交流。英国的父母就是这么和孩子交流的，你会在商场看到妈妈抱着婴儿边挑玩具边和孩子讲话："你觉得这个玩具怎么样？是不是有点太大了？也许这个更好？"

这种语言交流会持续下去，等孩子开始说话了，就会看到父母早期交流的痕迹。在我们的日常语境中，亲子交流多是从指令性的语言开始："睡觉！""吃饭！""尿尿！"我们很少会和小孩子平等谈话，征求他们的意见，尊重他们的喜好。小孩子的任务就该是听话，所以他们往往缺乏平静地表达个人意见、喜好和感觉的能力，也很难和成年人平等地交谈。我见过很多小到三四岁，大到十几岁的孩子，无论是什么样的背景，很多不能和成年人平等、理性地谈话，他们不是嗲声嗲气地撒娇、开玩笑就是各种走神，基本谈不成话，这是因为他们从来没有和成年人平等谈话的机会。

还是那句话，养孩子给父母提供了二次成长的机会，如果我们自己就不善言谈，那么就从孩子开始，任何时候都不晚。有意识地、平静地、成熟理性地在家庭事物上征求一下孩子的意见，哪怕是小孩子。

除了父母，孩子最重要的交流渠道和学习机会是玩伴。学龄前儿童从玩伴那里学到的东西远远多于也高效于各种名目的早教班。孩子是怎么沟通和相互学习的可以参考前文有关交友的章节。父母千万不可懒惰或者怕麻烦，尤其是独生子女的父母，要尽可能给孩子创造和小朋友一起玩、随意玩或者有组织地玩的机会。

下面是一些对培养交流技能有用的活动。

鼓励孩子帮助比自己弱的孩子，给他们讲题或在其他方面帮助他们。通过交流，自己的孩子会提高沟通能力，被帮的孩子也受益。

家庭会议，可以事先和孩子安排会议议程，逐条讨论，给孩子发表见解的机会，规定这个会议父母不能对孩子的任何见解进行评价，大家相互尊重，如有问题，共同找出合作解决办法。

旅游出行拟订旅行合同，这既是语言交流也是书面交流。大一点的孩子鼓励他们自己订票，安排旅程。

对孩子喜欢的网站或社交网络感兴趣，虚心请教，请孩子给父母做个讲解。这个活动的前提必须是父母的真诚，你若觉得年轻人不应该用社交网站，浪费时间，也许你该认真听听孩子的话。儿子沉迷油管(Youtube)，我请他好好给我讲了，了解了很多，就很支持了。可以让他们把最着迷的游戏给父母做个讲解，如果你真诚，他们就有可能会乐得告诉你。达到良好沟通，才能给孩子提些建议，免得因游戏而荒废学业，影响正常生活。

让孩子对父母的饮食习惯进行评价，先做个对父母的采访，自己拟出问题，然后看看是否健康，上网查查资料，给出原因和努力方向。这样做的目的是让孩子意识到什么是健康饮食。孩子的认知有限，所以他们认为的健康可能并不健康，不要评判他们，我们的目的是提高他们的交流能力。

和父母一起，或者孩子规划，父母做助手，反之也成，一起做饭。好坏都不要评价，赞美孩子的每一点努力。做完了，尝尝，孩子自己打个分，再回头看看流程有什么可以优化的，下次该怎么做。这就是典型的对批判性思维的培养。

如果父母吵架了，平静下来时，和孩子说说，看看他们觉得你们彼此应该如何做。

如果孩子面临选择，大家一起做好各种可能情况的调查，讨论，列个表，按照优先顺序打分（必须是孩子的优先顺序），然后做决定，学会取舍。

孩子想要买的东西，口头给出三个理由，小孩子不管提出多么荒诞的理由，父母都试着去接受。参见本书有关“消费观”的讨论。

成年人的社交，参见本书有关“理解和尊重，傲慢与偏见”的部分，那里给出了我的社交原则，这个原则同样适用于亲子关系，我们的目的不是战胜对方，因为被打败的人最难认输。

沟通交流很多时候就是几句不经意的话，所以是在我们每天的活动对话中体现，要避免把这些活动正式化或程式化，如果我们有这个意识，自然地就和孩子交流了。我相信每一个妈妈都能再举出很多培养自己和孩子交流能力的例子。活动可能多种多样，但一个基本原则不变，就是要在相互尊重的基础上沟通。

另外一个值得探讨的“软技能”是组织管理能力，生活中处处可以有孩子们锻炼的机会。以下举例说明。

一次儿子的物理班成功地给物理老师举办了一场生日惊喜晚会。几周前儿子和朋友们就开始计划了，他们分组准备，有集资买礼物的，有利用老师午饭时间布置教室的，有负责放音乐、送礼物的，有在教室外故意拖延老师回教室时间的，也有邀请隔壁老师帮忙的。他们组织得严密有序,每一个细节都布置得周到细致,对预先设想每一个可能出现问题的环节进行风险评估,最后成功地给了老师一个惊喜。

这种活动无论是组织者还是其他参与者都会极大地受益。

在家里,生日会就是一个极好的锻炼组织管理能力的机会。小孩子可以跟着妈妈一起给爸爸一个生日惊喜,可以先把一些好做的工作交给孩子,孩子如果参与了,又看到爸爸惊喜的样子,一定会很有成就感。爸爸也可以带着孩子给妈妈准备惊喜。儿子小时候保不住秘密,生日没到就把惊喜悄悄告诉别人了,常常坏事儿。没关系,这就是一种体验,玩着就把能力提高了,千万不要太过严肃。

大一点的孩子可以和父母一起给自己组织生日会,从发请柬、安排活动地点,到答谢等,逐渐地让孩子负责更多的事。我两年前的生日,儿子和女儿的准备工作提前两个月就开始了,整个过程滴水不漏。

在我生病期间,女儿、儿子和伦敦读书的外甥女一起计划了一个惊喜,那是我有生以来最大的惊喜——远在德国工作的女儿在一个最不可能的日子突然来到我的面前。为了这个计划的周密实施,他们三人还约定一个月之内不更新社交账号,以免被人看到走露风声。儿子录下了我开门看到女儿的惊愕场景,这也是我有生以来一个最幸福的惊愕。

还有一些其他的家庭活动,比如以下几个。

设计周末一天的活动,从孩子打下手,到大人给孩子打下手。

小孩子收拾玩具,从大人组织,孩子做帮手;到孩子自己组织,先收拾什么，后收拾什么，大人做帮手。

请小朋友来家里玩，给孩子们自己组织玩耍的机会。

让孩子设计一个寻宝的游戏，可以在家，也可以在小区的院子里，先藏宝，再安排寻宝。女儿曾经设计在家中寻宝，在各个角落藏了小纸条，每个小纸条上写着一个指令或者线索，还要考虑别人若是先找到其他纸条怎么办的问题，要统筹安排。

组织一次主题问卷调查，可以调查父母，也可以调查同学，比如有关运动，健康饮食等的主题。

考试前给自己做一个复习时间表，先从最简单开始，哪怕只有两条也可以。

特别留出一天给孩子，让孩子提议、计划、设计活动。

组织一场运动比赛或者唱歌比赛。儿子曾经在学校组织全校运动比赛，男女队、场地、奖品等安排非常费时费力，但是他都在朋友的帮助下做得很好。

跟孩子一起调查一下未来的学习方向和就业机会。

我认为最重要的一个能力没有在西方大企业的单子里列出来，那就是思辨能力。

英国的学校是如何培养孩子们这种能力的呢？

很小的孩子就会被鼓励给出自己的喜好，比如在家、幼儿园和小学，孩子们会有很多机会说“我喜欢……”“我不喜欢……”。成年人一般不会对孩子的喜好加以评价。喜欢或不喜欢是一种感觉，感觉是不受个人控制的，所以没有对错。

再大一点的孩子，会被鼓励说出自己喜好的原因，比如”我喜欢……因为……”，前文提到我的消费观，举了如何鼓励孩子说出原因的例子。同样,无论什么原因,只要是发自内心的就应该被接受,不应该被评判。比如孩子说自己不喜欢吃青菜,因为不好吃,父母不应该对此作出评判,因为他们说的是实话。当然,有其他各种方式来吸引孩子吃青菜。反映在外语教学中,开始学一门外语,能不能给出看法和原因是衡量学生能否及格的标准。

中学生就开始写小论文了,语文、历史、地理、宗教、艺术、电影、表演、外语等课程都需要写小论文。这就需要在给出喜好和原因的基础上再更进一步,也就是面对一个简单命题,你是什么看法。不但要给出原因,而且要给出证据。只要给出真实的证据,你的答案就是圆满的,没有对错。老师不会对学生的看法评价对错,学生彼此也不会评价,但是如果你只给出看法,没有证据,老师就不会给高分了。证据从哪儿来,不是每堂课学生都可以上网搜索,所以一般老师会把现成的正反两方面的证据都给出来,学生选出一个或两个自己认为比较好的证据就可以了。注意,是正反,而不是对错。

再进一步,命题会变化形式。从一个可同意和不同意的命题变成是否完全同意或不完全同意的命题。这样的命题需要正反两方面的回答和证据。学生的答案也会有不同,可能是:“我在很大程度上同意……”这就需要正面的两个或三个、反面的一个或两个证据来证明你的“很大程度”。这个时候孩子们开始从正反两方面看问题,思辨能力就这么培养起来。当然,一开始老师可能给出开头句式帮助孩子们建立论文写作语言,比如“我在很大程度上同意……一些人认为……也有一部分人认为……综上所述,我认为……”,证据也可能是老师提供的阅读资料,孩子们自己从中寻找证据。不过学生已经不限于从老师的资料里找出证据，而是开始分析证据，需要给出自己对这个证据的看法，比如："这个证据说明了……"

下一步就是十五六岁孩子的论文了。命题没有什么大的变化，基本就是"你在多大程度上同意……""请讨论……""请分析……"这类。高分题需要上千字的回答。要从一句话的"同意……"变成一段介绍，介绍里除了给出自己的看法，还要简单说明你从哪几个方面来论述。一个证据要写成一个段落，每一段落的开始要用一句话总结证据，然后叙述证据、分析证据。如果能够给出紧靠主题的个人"分析"，就可以得高分，主体的几个段落就需这么写。论文的最后是结论，在结论里需重申自己的立场，也有可能要进一步提出问题。

到了高中，学生就开始对一手证据和二手证据进行分析了。比如一个历史题：请分析某场战争。这时候学生要搜集战争双方的一手或二手证据，比如当时交战双方的新闻。搜集证据后最重要的是分析，这一方新闻为什么会这么写，另一方的新闻为什么在同样的事件中会这么报道，你个人是什么看法。如果你引用了一本历史书上的证据，你要分析这本书是谁写的，什么时候写的，作者可能代表谁的利益，为什么会这么写。

老师一般不会对学生的看法本身提出异议，评分根据的是学生如何一步步证明自己的看法。也就是说，无论在社会生活还是职场，你若能够有理有据，就能够把自己的诉求或者意见表达出来，同时也允许其他人用不同的证据来表达他们的意见。

那么在家里该怎么做？

在孩子小的时候鼓励他们讲出自己的喜好，不要评判。

把对孩子的指令变成建议,并要有孩子们可以理解的证据。比如大冷天孩子去室外玩不穿防寒衣,与其强迫他们穿,你可以出门先试试,然后告诉孩子外面好冷。

孩子对大人提出要求时请他们给出原因,但不要对原因进行评价。

和孩子们就一些问题进行谈话时,先问问他们的看法,即便你不同意,也要当着孩子的面重复一下证明你在认真听:“儿子,你是说……吗?嗯,你的想法很有意思,妈妈都没想到呢。不过我的看法是这样的……”这也是我在课堂上提问时常用的办法。也可以问问孩子对其他人的看法:“你觉得你的老师为什么这么做?”这样可以鼓励孩子站在他人的角度考虑问题。

避免说一些大家都知道的常识,比如不吃青菜对身体不好,玩游戏对眼睛不好,不好好学习将来考不上好大学。没有什么比明明别人已经知道而你却在那里喋喋不休更烦人的事了。

必须避免对孩子的感觉、想法和喜好进行评判,要知道这些都是人类的自然情绪,不受控。

A Promise in the Valley of Roses

第十五章

常见“问题”

孩子为什么不长记性？为什么说了无数次还是记不住？为什么对什么都不感兴趣？为什么父母从别人那里学来的育儿经验用到自己孩子身上就不管用？为什么感觉育儿不轻松？为什么不能达成我们满意的亲子关系？

第十五章

常见"问题"

一、生理和情感需求

孩子为什么不长记性？为什么说了无数次还是记不住？为什么对什么都不感兴趣？为什么父母从别人那里学来的育儿经验用到自己孩子身上就不管用？为什么感觉育儿不轻松？为什么不能达成我们满意的亲子关系？

归根结底在于孩子的生理和情感需求。孩子只有在自己生理和情感上有需求时才会感兴趣，才会有动力，才会以苦为乐。

那么孩子们的生理和情感需求是什么？弄清楚这一点，我们就可以理解上述在育儿中遇到的常见问题。

生理的需求不用多解释，在孩子的成长过程中，爬行、走路、吃饭都是生理需求，没人着意去教他们，自己就学会了，而且他们在学的过程中从不言苦，从不放弃。只要看看那些无数次从地上爬起来继续学走路的小宝宝就知道了，原因是他们有这方面的生理需求。

情感需求主宰着孩子们从小到大的学习态度和过程，如果父母、老师能够认识到并从孩子的情感需求出发给予机会和鼓励，往往事半功倍，父母和孩子都轻松。情感需求是与生俱来的，如果这些需求都被保护了、满足了，孩子的童年就会相对快乐，父母也会相对轻松，亲子关系会更加自然、和谐。

第一个情感需求就是好奇心，这种好奇心驱使着孩子们认识自己和世界。比如看到大人打电话，他们会奇怪爸爸妈妈在和谁说话，电话里是什么，所以会迫不及待地去抢，去说。按门铃，自己穿衣、吃饭，摆弄甚至拆卸玩具，弄坏家里的东西，穿爸爸妈妈的衣服，用妈妈的化妆品，用小手去抠电源插座的小孔，像妈妈一样拿熨斗熨衣服等，当然还包括我儿子小时候往录像机里灌燕麦粥……这时候父母除了注意安全之外，不要说孩子故意破坏东西，小小年纪的他们实在不懂得破坏是什么，他们只是有些好奇。如果他们被骂了、被打了，不再敢做，原因当然不是认识到自己在破坏，而是怕被骂，怕妈妈不高兴。如果出于好奇做的事情都被制止和责骂，久而久之，孩子们会条件反射地压制自己的好奇，不再敢越雷池一步。

第二个需求就是被鼓励、被认可和成功的喜悦。这种需求当然不只是孩子们有，我们成年人也有。这种需求往往会促使他们一步步发现自己，甚至做出令自己都惊讶的事情，从而产生强大的自信。比如一个对学习不感兴趣的孩子，突然有一天主动做功课，家长如果对此事进行正面评价，肯定孩子主动做功课这件事，孩子会很高兴，随即可能会继续做更多的功课，做的过程不但会有被鼓励、被认可的情感需求的满足，还有可能发现原来功课并不那么枯燥，而且可能越做越觉得自己能做好，来了劲儿。这时候的鼓励一定避免对人的评价，比如“你真聪明”“你太棒了”等，因为这种评价带有终极性：既然少做一点就是最聪明的了，那就不用多做了。或者孩子看出父母并不是真心鼓励，情感需求不但满足不了，反而有被骗的感觉。所以鼓励和认可从来就应该是就事论事:今天妈妈注意到你自己主动做功课了!妈妈看到你昨天做功课,今天又主动做了,看来你越做越顺手了吧?老师说你近来有进步,妈妈很高兴,这都是你近来主动做功课的结果啊,你说是吗?小孩子学游泳、舞蹈、音乐和打球等都有从低到高的级别,也是顺应了孩子们这方面的情感需求。每走一步,都可能达到一个小目标,被认可,有成就感,会继续做下去。至于游泳能强身健体,音乐能陶冶情操,那是成年人的理解,和孩子无关,他们不会想到这些,也不会看那么远,所以用这种很虚、很远的大道理来要求孩子毫无用处。

谈到这种被鼓励认可的情感需求时,要说说一个被动需求,就是为了避免一种情形而产生的需求。比如孩子不做作业,妈妈会骂,会唠叨,所以孩子为了避免被骂,不情愿地做作业。这种被动需求是亲子关系中恶性循环的起因。我们只要骂他们,惩罚他们,他们就会按照我们说的去做,但其实他们并没有意识到做事的真正意义,也没有从中感到被认可和成功的喜悦,他们的全部目的就是避免被父母骂,一旦父母不骂了,他们就不用做了。这种亲子关系导致父母永远要看着孩子,骂他们,因为不骂就不做,结果搞得孩子大人疲惫不堪,负面情绪充斥家庭,造成亲子关系的恶性循环。常听人说孩子没记性,其实他们记性好着呢,只不过没去记罢了。要走出这种恶性循环的怪圈,除了细心发现孩子的任何一个优点加以就事论事地鼓励,从而满足孩子的正面情感需求,无他路可走。

孩子还有一个天生的竞争需求,这种不服输希望取胜的自然心理足够使孩子鼓起勇气去战胜困难,而且一旦努力,有父母的鼓励和认可,一旦成功,又有成功的喜悦,这就会一步步地给予孩子强大的自信。这种自然的心理需求只要父母不去压制,不去负面引导,就是孩子们最大的财富。那么什么是负面引导?比如对孩子说:“你看你的同学怎么就能行,你怎么不行?你要考过他,我就给你奖励。”孩子们都喜欢奖励,喜欢父母的鼓励,所以可能会去努力考过同学,一旦考过,大功告成,没有进取的需要了。考不过呢?也许想想别的办法?或者心下希望那个同学考砸了。嫉妒由此而生,这种恶性情感会消磨人最美好的东西,甚至酿成大祸。

孩子还有一种情感需求就是被爱、被接纳。这种需求的反面就是对得不到爱和分离的恐惧。有的恐惧可能会伴随终生,从而引起一系列的行为和心理问题。因此,父母切忌对孩子说“你要不这样,我就不喜欢你了”或者“我就不要你了”这样的话。我们一旦这么说,孩子可能会听话,你让他们做什么就做什么,但他们听话是出于对被抛弃的恐惧,而不是出于自己的正面情感需求,而一旦没有了这种恐惧,做事也就没意义了。如果父母长期说这种话,孩子恐惧加深,失去安全感,会无所适从。这种被接纳的需求还反映在孩子们对朋友的需求,如果没有父母的爱,孩子们会强烈地需求朋友的接纳,从而做出种种过激的事,比如打架斗殴以取得他人的认可,买新潮电子产品以取得别人关注等。

为什么父母从别人那里学来育儿经验,迫不及待地回家去试,结果却不成功?主要原因还是没有孩子的情感需求做前提。比如你突然对孩子讲时间管理,他们根本不感兴趣,因为这不是他们的情感需求,是妈妈自身的情感需求。那么如果孩子自己把时间浪费了,自己想做的事情没时间做,这就有了情感需求,这就是个契机。为了能做自己喜欢做的事,就可以和妈妈一起看看能不能找出时间来。怎么找,以孩子自己想办法为主,有了办法立刻给予认可和鼓励,慢慢地,孩子就学会自己管理时间了。女儿的自我管理和时间管理的能力都不是我主动教她的,是她自己好奇,想替妈妈在家庭记事挂历上记事,我就鼓励她把自己和妈妈的事记上去。做着做着,她不满意了,想自己也有一个挂历,因为自己的事情多了。正巧我的朋友送了她一个白板月历,她自己就开始记了,从而也学会安排自己的事情和时间。这个过程中我一直鼓励她,从而满足了她双重的情感需求。当然,这种能力又使得她在面对各种学习压力时游刃有余,又有了成功的喜悦和强大的自信。

我在这里介绍了很多技能,其实这些都不是我硬要教给孩子的,一部分是他们出于好奇,看来了也学来了;一部分是有了问题,要解决问题,我给提个醒。其实很多具体问题,我自己是没有解决办法的,没有万能的父母,但是我明白孩子们的情感需求,会尽量在满足他们需求的同时鼓励他们自己解决问题。有了这个原则,就可以以不变应万变,做父母就轻松多了——少了焦虑,也少做很多无用的事,孩子也会幸福多了。

二、情感勒索

如何面对孩子的情感勒索?举几个例子。

儿子说:“妈妈,我不喜欢吃你做的米饭,丹尼尔的妈妈做的米饭最好吃!”拜托,丹尼尔妈妈是英国人,她做米饭就是把米放在鸡汤里煮好吗?我做的炒饭可是一绝啊!其实儿子是因为吃冰激凌吃多了,不想吃饭,找个借口把责任推给我了。

儿子同学的爸爸问我:“你给你儿子买了那个游戏了吗?什么?没买?那怎么我儿子说你儿子已经有了,全班都有了?”我答:“我儿子也说乔治有了,全班就他没有了!”

法语老师找我说:“艾丽说她不想上法语课了,说法语没意思,中文有意思多了!”我答:“艾丽今天才跟我说她想学法语,因为法语容易!”原来这孩子不喜欢做功课,一旦老师让做功课,就找出这个理由抱怨。

小男孩要爸爸买冰激凌,爸爸不给买,孩子大叫:“我不喜欢你了爸爸,我喜欢妈妈,妈妈总给我买冰激凌!”

带儿子出去买运动鞋,儿子:“妈妈,你最好适应一下我们现在的消费习惯,我们同学的运动鞋都上百,这些几十英镑的没人穿!”其实他的很多同学都穿几十英镑的运动鞋。

不得不承认,对于这方面缺乏经验的家长或老师,这种情感勒索的杀伤力极大。我第一年做老师时,有学生这么跟我说,也搞得我心灰意冷,觉得自己真不是个好老师。不过儿子这么要挟我的时候,我已经久经沙场了,对付这种要挟很简单。

“哦?丹尼尔妈妈的米饭好吃?很好啊,她有她的做法,我有我的做法,让你吃不一样的多好!”后来我教会了他如何尊重父母的劳动,当然他不喜欢的口味我们也不会批评他。

关于买游戏的事,参见本书前文“消费观”的相关内容。

“是吗艾丽,先把这两个题做了,你要不要我跟法语老师说说,看看你能不能就学法语?”

“爸爸知道冰淇淋好吃啊,爸爸也想吃啊,可惜今天爸爸没带钱。”转移矛盾，不能责备孩子的愿望，谁都可以有愿望。

“上百英镑的运动鞋好是好，不过儿子也请你适应一下妈妈的消费观，钱是妈妈自己挣的，妈妈有消费自由，你说是吗？”这是儿子大一点时的对话，小孩子不懂消费观，同样可以转移矛盾。

对于孩子的情感要挟，父母大可不必上纲上线，但是有时候要用我们的智慧和自信，这是因为我们对孩子有情感。试想如果你根本就不爱你的孩子，也就不会在意他们的情感勒索了。

三、逆反

逆反是生理驱动还是人为驱动？ 谈一谈补偿式逆反和正常逆反。

一直在思考一个问题，为什么我所接触过的一些亚裔孩子的逆反往往发生在成年（十八岁）之后，有的甚至是在二十几岁，而英国孩子的逆反往往在十五六岁期间。这里的逆反指的是在懂得道理、智商正常的年龄明显地和父母对着干，这不包括两岁以前的婴儿期和刚刚进入青春期的阶段。这种现象往往让人感到亚裔孩子的心理成熟要比西方年轻人晚。这里的心理成熟指的是理性程度。

先从英国广播公司的一项调查结果入手：十六岁的年轻人的大脑愉悦中枢对外界的刺激和成年人的反应非常不同。这是不以人的意志为转移的，不是道德教育、传统观念等社会家庭因素决定的。这种生理因素决定了年轻人和成年人的价值观往往不同甚至相反，他们在这个时候有了新的交友取向，开始过分注意自己的外表，对男/女朋友有了格外的关注，对性生活十分向往，对狂热的派对、极限运动、饮酒都很热衷，有的甚至尝试毒品。这时候的朋友圈往往对他们将来的学习就业有着直接的影响。

正常的年轻人通过朋友圈的互动发现自己并逐渐完善自己。比如女儿的一个小学弟，跟着女儿选了语言，也发现了自己在语言方面的天赋，之后和女儿同在剑桥大学读语言。儿子和好友都喜欢工程，在互动中儿子继续发挥了动手能力强的优势，朋友发展了新的优势。儿子的行为举止明显受到朋友的影响，在与人的互动中体会到了更多社交规则，社会化能力突飞猛进。朋友圈是年轻人发现自己、认知自己和发展自己最有效的环境，而对朋友圈的选择则是由一个人的成长途径决定的。

儿子和女儿都是在这个时候有了自己比较固定的朋友圈，女儿的几个朋友来自不同的家庭背景，有男有女，除了都是年轻人之外，还都对学业和将来的就业有着共同的追求，都很努力学习。儿子自从选择了学业，减少对运动的投入之后，也有了几个新的朋友，这些朋友除了各自有业余爱好，还在不同科目上都有各自的优势。姐弟俩也都在这个时候开始热衷派对，朋友们约着出去玩一天或到某个朋友家疯狂地玩一晚上是很常见的事。儿子也开始注重自己的外表，每天都要对着镜子长时间地整理自己的发型。对于一些家长来说，孩子就是“逆反”了，整天不务正业，对着镜子打扮、早恋、不抓紧学习、整天派对、朋友的话比家长的话重要一千倍等。多数英国的家长对此有一定认识，对于毒品、酒精的害处和安全性生活，学校、家庭都会有一定的引导，所以即便年轻人不由自主或者迫于同伴压力尝试，大多数也能顺利度过这个阶段，随着生理、心理的日渐成熟，他们的注意力会转移。当然也有一部分年轻人因此走向犯罪道路，这多是家庭教育缺乏以及交友不慎造成的。

以上是生理驱动的“逆反”，事实上并非真正意义的逆反，而是由于生理的不同而表现出的与父母价值观不同的阶段性行为。

下面谈谈人为驱动的逆反，这就涉及众多亚裔孩子的补偿逆反。与西方父母不同的是，很多我认识的亚裔父母把儿童阶段当作成年人的预备期，他们不太理解年轻人的生理和心理发展，或者说不愿意去理解，认为应该按照大人的标准去要求年轻人，否则便没有履行做父母的责任。对于完全由于生理的不同而造成的各种行为，家长往往采取压制或者说教的方式使其就范。压制就是不允许孩子交友或者出去派对，绝对不允许早恋等。说教就是用传统的道德标准或者大道理一遍又一遍地推心置腹地谈，直到年轻人为自己的行为或想法感到耻辱羞愧，从而逆天性而遵传统。

孩子被压抑的天性会在以后的成长过程中得到加倍补偿。一些亚裔孩子就是在成年时意识到自己不曾享受的经历，于是加倍地补偿。我们这个地区有一个大学，前些年中国留学生很多，性生活非常随意，医院里充斥着随意打胎的中国年轻人，她们大多不懂得避孕和安全性生活，也对此无所谓，对性生活和男女关系的理解表现出惊人的幼稚。还有一些年轻人上大学之后走了弯路，原因就在于中学时逆了天性，后期加倍非理性补偿。这些智商都偏高的年轻人表现出的晚期逆反在外人看来都相当幼稚，因为他们的理性让给了怨气和加倍补偿心理。有的走出来了，有的甚至对父母积怨太深，长时期不能缓解，甚至将自己的不作为全部怪罪到父母身上，造成长期的心理阴影。

那么我们作为父母该如何对待孩子的这个时期？女儿的成长在本书中已有叙述。我们丝毫没有压抑她的天性，她也享受了年轻人的生活。儿子十六岁那年的种种迹象都证实了他这个时期典型的生理心理特征。我曾和先生谈到他的交友，他的新朋友圈里女孩子不少，有一位他常提。我们夫妻一致同意，绝不干涉。第一他朋友圈的年轻人都是懂事的孩子，我们已从侧面了解。第二，就是要引导儿子学会处理男女关系，也就是如何尊重爱护异性朋友并承担责任。第三，如果我们反对，儿子可能逆反，逆反的结果往往是两个年轻人"共同对敌"。

倒是儿子这个时期的心理特征给了我一个非常好的机会。前些年儿子投身运动，除了把自己各种运动学习管理好，几乎没有做过家务。现在儿子已正式接受"家庭垃圾工"的头衔，各种可回收、不可回收的垃圾都由他处理。还因为他有了爱美的心理，所以我教会他熨衣服："一个男孩子出去虽然发型很酷，但是衣服皱皱巴巴的多不体面，女孩子不喜欢！"先从熨T恤衫做起，下一步就是熨衬衣、裤子，儿子欣然接受。我对他说："将来交了女朋友，可不能指望她会像姐姐、妈妈、爸爸那样照顾你，更不能要求人家那样，你们得相互帮助才对，一个干净体面的、尊重人的、会照顾人的男孩子才会创造幸福生活。"

如果能够了解孩子的生理心理发展特征，顺应天性，适当引导，你的孩子就不会有补偿式逆反行为，亲子关系会很和谐，孩子也能够正常地发展。

四、自闭

对于社交障碍、学习障碍、自闭倾向和自闭症，我们家长老师如何应对？

这是我在最近一次有关儿童自闭症的培训上的收获，觉得对家长也会有很多启发。

自闭症是要经过严格诊断的，当时我的学校确诊的学生有20多个，一旦确诊，学校就要配备相应的人力资源。但是除了确诊的学生外，一些学生是有自闭倾向的，倾向是多元的，程度也不同。我的每个班上都有这样的孩子，在教学中如果老师对此有认知，就能给学生的学习带来无限的正能量；反之，学生可能陷入泥潭不可自拔。在家里也如此。

将自闭症的严格医学概念留给专家吧，这里仅仅考虑我们普通人如何做。

自闭倾向是多元的，下面是我综合考虑发现的一些男孩子的自闭倾向特征：

很难和其他孩子交往，在学校不能交朋友。

不愿和他人用眼光交流。

常就一件事或一个概念翻来覆去地唠叨。

交往中对其他人的年龄、地位没有感觉，比如可能去拥抱老师或者大声呵斥校长。

也许会有奇怪的口音或者用不同口音重复别人说的话。

听不懂别人的笑话，不懂隐含意思，只能听懂或读懂字面意思。比如你说“点灯熬油地学习”，孩子会理解为真正地去点上灯。

读不懂人的面部表情，可能在别人表现出受伤害时不合适地哈哈大笑。

也许会对某一种事情有强烈的痴迷现象，白天晚上做研究，上课也会想着自己的事儿，忽略课堂学习。

生活中需要一种常规模式，很难适应变化。他们的常规模式可能会是非常细节的，某一个细节的变化就会引起恐慌。

可能会忽视学校的规定。

女孩子的自闭倾向更隐蔽一些，可能是：

喜欢程式化的生活，不喜欢时尚。

细微的身体协调弱势。

感官感觉上的困难。

通常很听话、很被动。

不会主动寻求帮助。

在学习生活上遇到困难时会尽量避免去解决。

很难理解抽象概念。

听觉处理困难。

情感突然爆发或者崩溃。

追求完美——可能会拒绝做作业，因为怕出错。

一意孤行，喜欢掌控。

会复制别人的做法。

没有明显个性或自我认知。

社交障碍，可能会和比自己小的孩子交朋友。

总是要掌控自己的朋友，如果朋友不照自己说的做，会很难过。

希望别人能够了解自己。

常常抑制情感。

常常为重复别人的做法而感到精疲力尽。

非常焦虑。

以上是一些表现，有如上表现的孩子不一定就是有自闭倾向。自闭倾向需要经过父母老师的长期仔细观察后得出。如果自己的孩子有自闭倾向，我们就不能用常人的方式和他们互动，要尽量考虑以下方式。

意识到自闭的孩子没有统一模式，我们和他们互动的方式也要因人而异。

互动时首先要叫他们的名字，引起他们的注意，这点尤其重要。在课堂上，给大家安排功课之后，我会有意识地叫出这些孩子的名字，把任务跟他们重复一下。在家里父母要先得到孩子的全部注意力再互动，不能在他们沉浸于自己的事情时随意谈话，他们听不到，不是无理或忽视你。

课堂上，老师给这些学生布置任务时要说得清楚明确，需要的时候写在白板上让他们看清楚。这些孩子往往不能同时处理很多步骤，一步步地来。如果可以，要孩子在做之前重复一下这一步要做的。在家里也同样，如果你说“我希望你对自己负责”，这句话太隐晦不具体，“我们以后早上七点起床”，这就很好，但是还要孩子重复一下，保证他听懂了。

我强调父母要给孩子选择，但是这种方法不适合自闭孩子。比如孩子一定要做的事，避免说“你愿意吗”或者“你喜欢吗”。他们可能会说“不愿意”或者“不喜欢”。

如果有条件，用图画来帮助语言互动。前面说，自闭倾向的孩子会有听觉处理困难，所以我在课堂上会尽量用图画做课件，或拿着卡片与学生互动。父母也可以考虑一下如何在孩子对语言不敏感时，用图画动作或其他方式互动。

尽量在安排学习任务时给出标准作品，这样孩子可以模仿，他们的模仿能力一般都很强。

如果孩子不和你对视，不要强求。

提问时，要给他们足够的时间思考，不能给他们压力或催促他们。

在家里和孩子一起设计出适合于他们的常规作息时间。

不要用隐喻、比喻或拐弯抹角的方式和孩子对话，不管我们认为多么简单的道理，都不能指望孩子能够立刻听懂。

在课堂上，任何活动从开始到结束都要设定清楚的程序和规定，他们喜欢细节程序，会特意遵守。在家也一样。

如有家庭作业，要孩子一笔笔地记下来。家里如果给孩子任务，也要记下来，一步步地来，避免一次给多个任务，他们不能一心二用。

如果孩子有一些他们特有的表现，千万不要当作错误来惩罚，比如自言自语、重复老师的话、大家活动的时候突然崩溃、极度焦虑、不能适应变化等。这些都是自闭倾向，不是孩子们故意这么做的，就像你不能要求感冒的人跑一千米一样，我们同样不能要求孩子改了这些“毛病”。

如有变化，要事先和孩子沟通，事先建立应对变化的程序，这样会减少孩子的焦虑。

如果孩子喜欢表扬，老师可以把他们的作业给全班展示，以资鼓励。家长也同样。

专业成年人来帮助已确诊的孩子，必须先和孩子建立相互信任的关系。

过多感官刺激会加剧孩子的焦虑，可能突然崩溃，也可能会出现暴力倾向，大家要明白他们的行动原因，从根源上处理问题。

自闭孩子，尤其是女孩，常常会因模仿他人而身心俱疲。这些孩子还可能因此而发展成抑郁。

这里列出这些表现不是要给家长增加焦虑，也不主张家长看到孩子符合一两条就认定孩子自闭。当然，自闭的孩子完全可以过正常生活，他们自己有一个内在适应的机制，比如通过模仿别人而内化成自己的程序。一些自闭孩子有特长。

我们周围的很多人都有自闭倾向，程度不同。也许我们自己也有，对此有一些认识就能够更好地和自己、和他人相处。

五、欺凌

> 有关学校的欺凌现象，儿子的一句话让我想了好多："妈妈，这个世界上不存在专门为了欺凌而欺凌的人，欺凌人的人都是自己有问题的人。"

欺凌现象在任何国家任何学校都存在，哪怕是英国最好的私校，欺凌现象也很多。虽然我们教育工作者，甚至全社会的儿童工作者都在为杜绝欺凌现象而努力，为什么这种现象不见减少呢？甚至还有人会说："可怜之人必有可恨之处！"为欺凌网开一面。

我认为欺凌现象杜绝不了，为什么？如儿子所说，欺凌都不是为了欺凌而欺凌，他们都多多少少有一些问题，而这种问题是他们成长过程中造成的，或者家暴，或者疏于管教，或者根本没有爱等，致使孩子有了各种各样的心理问题。没有安全感的孩子，为了掩饰自己的心虚，往往试图用暴力证明自己的强大；或者在家缺乏关注，不得不到外面寻找，依附到一些帮派里去，做一些不得不做的事情。只要有这样的家庭，就会有这样的孩子。

既然杜绝不了，那么被欺负的孩子怎么办？家长办理转学，到学校告状要求处理等都是办法，但是这样做并不能让自己的孩子强大起来，被欺凌的孩子往往出现了各种心理问题。我们做家长的要研究一下欺凌现象背后的心理根源，告诉被欺负的孩子，不是自己软弱可欺，而是那些欺凌别人的人内心有问题，是他们软弱、自卑才要用暴力来掩饰自己，或者用语言去伤害别人。

如果被欺凌的孩子能够理解这个道理，他们至少不会再抱怨自己和怀疑自己，他们面对欺凌反而会内心强大起来，只有这样才能真正面对欺凌，保护自己的内心不受伤害。这个道理也适用于成年人的世界，如今网络欺凌司空见惯，一些人恶语伤人，同理，不是我们的问题，是那些伤人的人自己有问题。

其实很多人既不打人也不骂人，从不欺负人，但谁也不敢欺负他们，这又是为什么？这里就有个魄力、自信（Assertiveness）的概念。拥有了它，人会强大。我将这个词进一步理解为在强大的自信和判断力基础上而产生的平静而坚决的行动力。它是一种气场，一种维护自身利益的态度和尊严。如果孩子能够从小培养出这种行动力，面对欺凌就会强大起来，这同时也适用于成年人。

从我的个人例子谈起。几年前英国教育预算大减，学校大幅度削减了教师培训费用。我当时很想参加一个培训，于是写了一份报告交给校长，要求拨款参加培训。这就是自信、判断力和行动力。我认为对我工作有利的要求就要提出来，同意与否是校长的自由，提不提是我的自由。校长见到我的报告可能看都没看就批了一个大大的“NO”。校长的这个态度是我不能接受的，对任何人的建议和要求，她至少都要考虑一下给出解释，看都没看就不同意是对我的不尊重。我重新打了报告，再次平静地陈述我的理由，要求校长认真考虑。这次她在我的报告上写了一段话，告诉我，她认真审阅了，但根据现有预算条件她不能支付会费，并答应以后预算充足了会考虑我的要求。这就是我想要达到的目的：任何人不能对我不尊重，不能对我的建议和要求敷衍了事。从那以后，我的任何提议校长都会认真考虑，不仅是校长，所有同事都会认真对待我的意见，我的尊严就这么争取到了。不急不躁，但平静坚决地争取个人利益，就是有魄力、有自信的主要表现。这也是我所主张的弱小的时候不能忍辱负重的原因，每一个人都有被尊重的权利。

再举家庭亲子关系中的例子。一个十几岁的女孩子参加朋友的晚会，出于种种原因回家非常晚，一进门就被妈妈骂了一通，如果你是这个孩子，你会怎么做？一个劲儿地委屈低头认错或者和妈妈针尖对麦芒？还是那个原则，不急不躁，但要把你的理由坚定地说出来：“妈妈，我知道您一定为我担心了，我是想按照我们约定的时间回家的，但是晚会迟开了，大家都没走，我一个人走了就显得不太合群。当然以后如果再有这样的情况，我会及时短信通知您，希望您能理解！”这样的处理方式显示出一个女孩子不无理取闹、不唯唯诺诺的品质。这时候若是家长还不依不饶就显得比孩子还孩子气了。

在家长和孩子的互动中,采取一些这样的态度对孩子公平又好立规矩。比如孩子在哪一方面做得不好,家长往往会一忍再忍,心想我看你有没有自觉性,直到再也忍不下去了,一点小事就成了导火索,突然爆发。小孩子不知所以,一个小错就被毒打一通,心理当然委屈。自信、果断的家长会在孩子做错的第一时间平静地告诉孩子并解释原因。这样孩子从一开始就懂得是非曲直,再犯错误,自己就先心虚了,家长更用不着暴力对待,只要耐心提醒就足以。孩子也会下意识地模仿父母的行为,在和小朋友互动时采取自信、果断的态度。在成年人当中,这种态度也是极有效的。如果遇事一忍再忍,除非别人知道你在忍,否则这个忍在别人那里毫无意义,一旦忍到头爆发了,就成了你自己的问题。

英国学校对魄力和自信的教育不是必修课,学校按照学生的需要开课。课程没有具体教材,只有一系列的情景讨论。就如同上述的回家晚的例子,老师给出一个情景,学生一起讨论,想出各种应对方式,最后大家看一看哪种方式最容易被人接受,往往得出的结论就是最自信、果断的方式。孩子们的天性就是追求公平的,靠着他们的天性和常识心,就能为自己找到尊严和自信。

下面来看看我们如何对付欺凌现象。我意识到也许一些办法不能适用于所有环境,但是在西方,尤其是英美国家是非常合适的。

一次吃晚饭时,我突然看到上小学的儿子眼睛旁边有一块黑青,问是怎么回事,儿子说是乔治打的,我当时就流下了眼泪:我的儿子受人欺负了！看到我的反应儿子一定是吓坏了，我自己跑到书房里，眼泪不停地流，脑子里有一万种报复的想法。

但是我知道在这种情绪下，什么事都不能做，做了会后悔。我很快让自己平静下来，仔细问一下儿子情况，儿子也说不清楚。我觉得我需要向校长写信正式反映这个情况（书面的信要比电子信件或电话更正式）。但是在写信之前，我需要更进一步了解一下情况，不是我不相信儿子，小孩子往往只说一面，而且了解的细节越多，写的信越有说服力。我给一个孩子的家长打了电话，因为当时她和他的儿子都在场，我了解到儿子也动了手。然后我和儿子谈了话，说妈妈打算给校长写封信，因为这样伤了人太危险，我不希望儿子和任何其他孩子受伤，我还希望儿子能够帮妈妈写这封信。儿子欣然同意了，信中我先提到，我了解到自己的儿子也动手打人了，所以因此道歉，儿子看到我如此严肃地道歉自然就知道他也不该动手，用不着再批评他了。但是儿子眼睛青了，这很危险，我希望学校对这种行为作出处理。我不是要求对打人的孩子定性，小学生永远不该被定性，而是要求处理这种行为。也就是说，任何孩子的这种行为都是不对的，学校应该有办法杜绝这种危险的行为，这样才能既保护我的儿子又让其他孩子受益。

校长见到信后第一时间做了反应，他们年级来了一个“圆桌会议”，这是小学处理欺凌问题一个很典型的方法，就是大家坐一圈，让被欺凌的孩子谈谈自己的体会，让欺凌的孩子学会体察别人的恐惧和悲哀。小孩子往往很难考虑自己的小世界之外的世界，一旦发现原来自己的行为有这么可怕的后果，自然就不再做了。当然都是只对事不对人，有的甚至不点名。

对这个处理我很满意。我觉得我尊重了儿子,尊重了打人的孩子,当然也尊重了校长。我没有直接要求通过学校见对方家长,因为我是对事不对人,任何人出现这种行为都该受到学校重视,这样我的儿子和其他小朋友才安全。

当然校长也有可能不能或不愿解决,我在信中提到,我相信能够尽快解决,但是如果迟迟没动静,我会在一周后再写一封信,简述上封信的内容,继续要求解决。我的态度平静而坚决。如果还是没反应,我会再写一封,简述上两封信的内容,都留备份,信的末尾我会委婉写上我保留向地区教育局反映的权利。在西方一般走不到这一步,但这是个反映问题的流程:需要给对方时间,然后再次提醒,从头到尾都要平静和坚决。

同时期还有一位小朋友的问题,听她妈妈愤愤地说,她的问题没有得到满意解决。这是个小女孩,被一个男孩踢了小肚子,她妈妈放话说,如果小姑娘有个三长两短,她一定直接向地方教育局反映,让那个男孩辍学。后来也听别人说,这个小女孩的嘴十分厉害,是她先把那个男孩骂急了。不过我觉得,问题在于女孩妈妈在十分冲动的情况下没有给校长任何时间了解情况、处理问题,而是扬言施压,逼着那个男生辍学。再说,处理了一个男孩,若有其他人再出现这种情况怎么办?这就是我永远强调对事不对人的原因。以暴制暴也一样,你可能打怕了一个孩子,但是如果有人比你更强,也会把你打怕,这样真的能让我们的孩子安全吗?据说这个妈妈把情况告诉了地方教育局,教育局了解到校长还没来得及处理,就把此事又打回了学校。

所以要做到遇事自信、果断,不需要你有多厉害,而是你要在尊重自己的基础上,有足够的自信和能力相信他人,有足够的耐心给别人机会,有足够的谦卑承认自己的错误,有足够的宽容对待孩子,有足够的爱心让所有的孩子免遭伤害,有足够的理性避免冲动时做事,有足够的智慧。懂得对事不对人,才是解决问题的好办法。

六、撒谎

有一年年初,儿子不要我给他准备午饭了,说喜欢吃学校的饭。爸爸几次问他是否每天在学校都吃得很好,他回答很好。一天我在学校网站上为他支付出游的费用,不经意地发现上边有每周学校午饭的菜单和儿子每周就餐情况,结果看到几周来儿子居然每周都有两天不吃午饭,他的训练任务重,学校的健身教练也多次谈到运动员要摄取足够的营养才不至于耗费宝贵的肌肉。这个道理儿子非常懂。

有的家长可能会第一时间问责:“好小子!你居然撒谎,这下让我抓住了,看你怎么说吧!”

或者就是担心,批评孩子、定规矩,以后严格监督,保证他每个中午都吃好饭。

两种方式我都不会用,第一种像抓贼,我的儿子不是贼。抓贼的目的是惩罚,我的目的是他能够摄取足够的营养。第二种也不妥,我可以天天监督,以后他离家了怎么办?

那么面对撒谎怎么办？成年人有几个不撒谎的？孩子一撒谎就像见到洪水猛兽，道理一大堆，惩罚一大堆，这样做的结果就是培养出一个善于撒谎的孩子。

先搞清楚为什么撒谎。儿子无疑是知道错了，才会撒谎。我想知道他为什么不吃饭，他是否需要父母的帮助，也许他自己可以拿出解决办法。那天晚饭我做了他喜欢吃的，等到晚饭之后大家都很放松的时候再谈。

“儿子，妈妈知道你这段时间每周都有两天不吃午饭。”开门见山，心平气和，没有责备的意思。

儿子面带诧异：“妈妈，你怎么知道的？”

“今天在网上给你付款，偶尔看到的，没有故意查你。我有点担心，担心你不吃饭，训练的时候会损耗肌肉。而且，饥饿的人是无法集中注意力上课的。我的教室就挨着饭厅，每到午饭前总有饭香飘进来，我的学生就不能集中注意力了，我也没办法，因为我也饿了。”

儿子笑了，坦诚说出了原因。原来是中午要去健身房，稍微晚一些食堂就没饭了。当然，我也猜到可能有的时候是和朋友玩过了头，没能及时去食堂。这点他没说，那就把这点自尊留给他吧。

“儿子，那你是否需要爸妈做点什么？”

“不用妈妈，我以后会吃好午饭的。”儿子语气很肯定，也很真诚。

“那好吧，我们相信你。你别忘了，一个瘦得皮包骨的男孩子，连女孩子也不会喜欢啦！”

儿子笑了。我相信他会自己解决问题，这是信任的力量。这是几年前的事了,之后再也没有发现他不吃午饭。

那么如果我接着说,“我的儿子从此再也不撒谎了”,或者,“我的儿子这之前从来不撒谎”。你信吗?其实儿子在成长的过程中没少撒谎,就像你和我。

儿子最早开始挑战我,是在面对一把我给他准备的牙刷时,牙刷上有他喜欢的托马斯火车图形。

“不要不要,我不喜欢托马斯火车!”这是在撒谎,他做梦都是那个小火车。

认真想一想,他其实在说:“我不喜欢这牙刷,因为我不喜欢刷牙!”

可是不能放弃给孩子刷牙啊,于是我立刻翻阅书籍、上网,真就找到好办法,用英文的单元音 a、e、i、o、u 来玩游戏,大人和孩子一起把牙刷放在嘴里,边刷牙边喊这几个字母。玩了几次,儿子喜欢。我心下暗喜,终于解决了这个所有父母都头疼的问题——刷牙!

之后每晚睡觉前我总会下意识地问:“儿子,刷牙了吗?”儿子总会痛快地回答:“刷了!”每一次问,那种超级好妈妈的感觉就从我心里油然而生。

直到有一天,我偶然看到刚去睡觉的儿子的牙刷是干的。干的!一滴水都没沾上。于是我说:“儿子,张开嘴对我呼口气。”他那天吃了蒜。

我当时恼羞成怒了,不是因为他撒谎,而是因为我这么个“优秀”的,智商不算低的,“从来不撒谎”的妈妈怎么就被一个小孩子骗了这么多次。更恼的是我还以为自己比别人技高一筹,解决了一个别人解决不了的问题。

儿子的撒谎，立刻成了我个人的荣辱问题，高度一旦到了这个层次，撒谎便成了最严重的问题——这不是一个小小的谎言，而是人格、人性问题；这样下去，将来还不成罪人？

其实，静下心来想想，我们有谁能够一天里一句谎言都不说，什么“善意的谎言”？谎言就是谎言，哪有什么善意与恶意之分？谁来定义善意与恶意？

回到儿子刷牙问题上，专家说和孩子一起做游戏，就能解决所有问题，好吧，单元音游戏暂告失败，我又给他买了一个电动牙刷。

儿子玩了“很久”，因为我常常听到他睡觉前电动牙刷的声音。后来有一天，爸爸发现儿子在洗脸池前面空转着牙刷，边乐呵呵地跳着舞步。那时候我已经学会了控制情绪，于是我选择耐心和儿子谈谈，之后他是否又有了新花招，就不得而知了。

过了几年，到了矫正牙齿的时候，牙医批评他牙刷得不彻底，警告他如果上了矫正器，再不好好刷牙，会让牙齿变色，功亏一篑。儿子记住了，因为这涉及他个人形象问题，那时候他也大一点儿了，有了一些自律意识和能力。

我自己再想想，自从当年来英国开始看牙后，在一段时间内也是特别细心照看牙齿，可过一阵子压力大了，就顾不上那么多了。唯一和儿子不同的是，我用不着打电话向我国内八十岁的妈妈撒谎。

我倒是有了一个发现，人撒谎一旦被当面揭穿、被批评，很少会有人第一时间认错，这是人性。一旦被揭穿，我们便会下意识启动自我保护机制，保护自己的名誉身份地位。在孩子眼里，或许就是保护自己好孩子的标签。所以我们要尽量避免为了纠正孩子撒谎而当面揭穿孩子的谎言。如果从孩子的谎言中发现了其他问题,请平静地和孩子一起解决问题,彻底忽略谎言。

有一位母亲问我一个问题,五岁的男孩儿爱撒谎怎么办?她说这是朋友的儿子,然而列举的细节使我怎么也不会相信这是她那个“朋友”不辞辛劳地、一桩桩地、详细地告诉她的,有些是那种只有妈妈知道的谎言。那么我怎么处理一个撒谎的母亲的撒谎的儿子?

我们自己因为脸面、荣辱、身份或者仅仅是一个错误的信念,不正是每天都在做着这些事?有人说,因为父母良好的教育,他们的孩子从不撒谎,我不太信,因为我觉得这父母在撒谎。

我们再来看看目前心理研究领域对儿童撒谎的结论。加拿大多伦多大学的一个团队调查研究了二十多年,足迹遍布世界各地,终于揭开了困扰全天下父母的一个问题,那就是孩子为什么撒谎,父母又该如何应对。

孩子的谎言可分为五种。

1.白色谎言。三岁的孩子就会说白色谎言,为了客气。比如得了一个自己不是很喜欢的玩具,但是孩子会对送玩具的人说:“喜欢!”

2.橙色谎言。五岁的孩子就会说橙色谎言,为了奉承。比如老师歌唱得不好,但是学生会说:“老师你唱得真好呀!”

3.蓝色谎言。九岁孩子开始说蓝色谎言,为了集体。

4.黄色谎言。九岁开始说黄色谎言,为了谦虚。比如同学问你考试考得怎么样,你明明考得很好,却说:“不太好!”

5.黑色谎言。这是为了自己而说谎。

这样看来,被我们家长视为洪水猛兽的其实不是所有的谎言,而是其中的一种谎言,黑色谎言。

两岁的孩子就开始说黑色谎言了,这和性别、个性、道德观念以及家教都没有直接因果关系,造成孩子说谎的因素只有两个。第一是情商,说谎的孩子要知道对方的情绪和心理状态;第二是自我控制能力,要把脸部表情、姿态和谎言内容都控制好。所以结论是,说谎越早的孩子,情商越高,自我控制能力越强。

那么小孩子为什么要说谎?最关键的原因是要赢得竞争,这和成年人是一样的。竞争心理是与生俱来的,那么想赢得竞争更是自然不过的事了。

我们通常认为,小孩说谎大人一眼就能识别出来,研究团队做了一个实验,让不到十岁的孩子回答问题,一个说谎,一个没说谎。团队测试了来自世界各地、各行各业的成年人,包括法学生、教育工作者、社会工作者、儿童保护律师、警察、法官、海关官员、孩子的父母,结果没有任何一组成年人能够有超出随机率(50%)的判断。结论就是成年人无法识别小孩子是否说谎。

明白了小孩子说谎的原因和特性,我们再来看看父母为什么会把说谎的孩子视为洪水猛兽。仔细想想,其实我们并不是害怕孩子说谎,而是因为被孩子骗了而感到愤怒,尤其是被骗了之后产生了一些负面的后果,比如被老师叫家长、被邻居指指点点。这里我们还是抱着小孩子说谎能够被成年人轻易识别的想法,那么被小孩子骗就等于贬低了我们成年人的智商,因而恼羞成怒。一旦我们看到了这项研究成果,可能就不会对孩子说谎如此大动干戈了。一方面，孩子说谎是他们情商和自我控制力发展的结果；另一方面，几岁孩子的谎言连专业人员都很难辨别，我们普通人看不出来是很正常的。

那么我们是不是要鼓励孩子说谎呢？不是的，孩子为了自己偶尔说谎不是问题，形成习惯就会是大问题了。诚实是做人的美德，如何有效地鼓励孩子们诚实呢？

打骂会让孩子说更高明的谎，讲道理是白费口舌，但是有一种办法非常有效，就是大人和同伴的榜样作用。如果你希望孩子诚实，就需要创造一个诚实的家庭环境。如何创造，前面的章节已有详细叙述。

七、半途而废

读书：每天坚持读一个小时，一年就读了365个小时。

学数学：每天坚持做五道题，一年365天，就做了近1825道题。

学画画儿：每天坚持画一幅画，不出几年就是画家了。

练琴：每天不用多练，一天半小时，坚持几年，琴艺就会十分出众。

书法：每天不用多写，一天写一篇，坚持几年，就能写一手好字。

运动：每天坚持运动半小时，就会大大提高身体机能。

以上各条，我一条都没有坚持下来过，有些根本没考虑过，有些考虑过但没坚持下来，儿子和女儿也如此。这是因为我们还要休息、玩耍、旅游、购物、社交、上网、爬山、下海、吃饭、睡觉、晒太阳、看电影，还要上班、上学、应对考试、面对压力，要思考、反省、冥想；要泄怒、减压、听音乐、回归自然……

尽管没坚持下来，但孩子们都养成了很好的读书习惯，对音乐和乐器也有狂热的追求，琴艺了得，运动也成了他们生命中不可或缺的部分。

父母常会为孩子们能否坚持某件事情而焦虑，如何定义半途而废？什么算持之以恒？如果愚公面前有两座山，他只移了一座，就是半途而废吗？两座都移了，算不算持之以恒？生活即体验，体验到的就是得到的。持之以恒是勇气，适时放弃则需要智慧，因为放弃是一种选择，选择需要智慧。

A Promise in the Valley of Roses

第十六章 庆典与生命的意义

每年圣诞前两三个月，商场里就开始卖一种专为圣诞准备的月历了，英文叫“Advent Calendar”。这种月历只有12月的前25天。每一天做成一扇小巧的门，打开小门会发现一颗巧克力或一个小玩具。从12月1日起，每天早上打开一扇小门，这样打开24道门，圣诞节就到了。

第十六章

庆典与生命的意义

一、圣诞絮语

每年圣诞前两三个月，商场里就开始卖一种专为圣诞准备的月历了，英文叫“Advent Calendar”。这种月历只有12月的前25天。每一天做成一扇小巧的门，打开小门会发现一颗巧克力或一个小玩具。从12月1日起，每天早上打开一扇小门，这样打开24道门，圣诞节就到了。

小朋友们都相信，圣诞老人在圣诞前夜会坐着由驯鹿拉着的大雪橇从天上飞过，雪橇上放着给小朋友的圣诞礼物，每到一个小朋友家，圣诞老人会从烟囱偷偷进入家里，把圣诞礼物或是放在大袜子里，或是放在圣诞树下。不过，只有在这一年里表现好的孩子才会得到圣诞老人的礼物。

圣诞假之前，小学生会由老师组织起来给圣诞老人写信，有专门负责处理信件、写回信的公司，会给每个写信的小朋友寄一个象征性的小礼物，礼物不在大小，是圣诞老人给的就好。孩子们还会许愿，一定要做个好孩子，请圣诞老人给他们礼物。

圣诞老人是这个世界上最美丽、最奇妙的谎言，每个家长都会想尽一切办法尽量延长孩子生活中这点神奇色彩的存在时间。给孩子们事先买好的礼物，家长都会好好地藏起来，在圣诞前夜趁孩子们睡熟了再拿出来，好让他们一早就看到礼物。家长也会在壁炉上放杯奶和几块饼干，是给从烟囱进来的圣诞老人准备的，然后再把奶和饼干吃掉一些，假装是圣诞老人吃的。如果家里有花园，还会在花园的草地上放些胡萝卜和燕麦，给拉雪橇的驯鹿吃。

孩子们许愿的时候，我会在旁偷听，听到他们想要的礼物，就会大街小巷地去买。前文提到，女儿在圣诞节向圣诞老人许愿，要一个有小公主的水晶球。十几年之后的现在，那个水晶球还在她桌上摆着。

圣诞节的前一两周，家里就开始准备立圣诞树了，有的人喜欢真树，散发着松香；有的人喜欢人造树，可以收起存放，用很多年。树上的装饰都是一年年积累起来的。立圣诞树是儿子女儿最喜欢做的事，每挂一个小饰物，就会激起他们一个小回忆。我们的圣诞树上有七个晶莹透明的小铃铛，是我挪威的朋友送的，一年一个，到了第七个，孩子们挂铃铛时，发现每个铃铛的铃声都不同，试了一下，发现七个铃铛正好是七个音符，他们用这七个小铃铛竟奏出了一曲“铃儿响叮当”——好有心的朋友！

欧洲各国的习俗不同，英国人的圣诞餐是在圣诞节那天的中午吃，北欧国家则是在圣诞前夜。英国人吃火鸡，挪威人吃烤猪肉，西班牙人吃海鲜……

很多年以来，我们的圣诞都是在挪威的朋友家度过的。他们家的花园很有曲径通幽的感觉，那时孩子们都还小，都对圣诞老人深信不疑，所以朋友会请邻居的先生扮成圣诞老人，晚饭过后七点整，朋友就给邻居电话通知，然后将客厅的灯熄了，大家都在通向后花园的大落地玻璃门前一齐喊："Santa！ Santa！"喊着喊着，就会看到一个小油灯忽闪忽闪地越来越清晰，然后穿大红袍子的圣诞老人就出现了，左手提着小油灯，右肩背着礼物袋，深一脚浅一脚地从花园的远处慢慢走来了……三个小朋友那时都没声音了，一脸惊奇，由于过分激动甚至闪出泪花。圣诞老人终于走进家门时，孩子们被强大的幸福打晕，仰头望着圣诞老人说不出话来，那时圣诞老人会问："你们都是好孩子吗？"三个小脑袋就不停地点啊、点啊，于是圣诞老人就打开那个神奇的大袋子，从里面拿礼物，一个又一个，常常是每个人都收好几个。圣诞老人把我们的中文名字叫错了，孩子们也顾不上去想，那晚上大概是他们人生中最幸福的时刻了。

其实，到底给了什么礼物，他们大抵都忘记了，留在他们记忆里的是那种期待、那种神奇、那种强大而又神秘的幸福感以及被圣诞老人肯定为好孩子的得意。

不过，这个童话终究会破灭。孩子们长大了，明白了圣诞大袜子里的礼物原来不是圣诞老人送的，但那些年的神奇与美好早已成了他们一生都难以忘怀的记忆。这种美好还带着点忧伤，每个孩子都经历过童话破灭的失望和忧伤，而过去的，往往因为这些混合着忧伤的浪漫更加值得珍惜。

一次饭桌上，我们又谈起这个话题，孩子们谈起了一些我们未曾想象到的尴尬记忆。女儿曾经使劲睁着眼睛不睡觉，希望看到圣诞老人，这样就可以请求圣诞老人让她一起坐雪橇。可是事与愿违,每次都睡得很沉,一觉醒来,已是凌晨,摸摸大袜子,礼物已经在里边,后悔莫及——又错过了圣诞老人。就这么一年年地错过,有那么一年终于熬到半夜,听到门那边有动静,激动得心跳出来了——终于等来了圣诞老人,终于听到圣诞老人手中礼物包装纸的声音,刚想起身,却感觉到一双大手在拍打她的被子,是爸爸急急的声音:"快睡觉!快睡觉!"又一年过去了,是女儿七八岁的时候。她曾经很喜欢看圣诞老人给的礼物上的小标签,觉得圣诞老人写的字好漂亮。可那一年她突然意识到,圣诞老人的字和妈妈的字怎么好像一样啊?于是她不情愿地接受了事实:圣诞老人就是爸爸和妈妈!为了弟弟有更久的圣诞享受,姐姐一直守口如瓶,和爸爸妈妈一起维护着弟弟的神奇世界。可是不知什么时候,弟弟发现了一张收据,上边列着的全是"圣诞老人"给他的礼物,那晚他哭了很久。不过第二天他选择不提此事,爸爸、妈妈、姐姐都全然不知,继续上演着这场戏。弟弟说,他不愿提是因为他感激家人为他做的一切,不愿,也不好意思说出来。他记不清后来我们到底继续演了多久。

现在儿子和女儿一想起圣诞前夜爸爸妈妈偷喝他们在壁炉上给圣诞老人准备的牛奶,偷吃掉饼干,还要把白天他们在花园里草地上给驯鹿准备的胡萝卜和燕麦一点点地捡起来,他们就会止不住地笑,想必他们将来也会给他们的孩子创造一个神奇美好的童年吧。

二、仪式感——礼物

这里的“礼物”指的是一些大小不一的实物，不是送礼的“礼”。

我曾经看过一个小视频，一只雄鸟为了讨好一只雌鸟，千方百计地在雌鸟面前摆出各种姿势，而且还叼了一块彩色小石头放在雌鸟面前。所以人也如此，常常会用各种礼物来表达爱慕、欣赏、感谢、祝贺或者惋惜、安慰等情感。

卡片也是礼物的一种，英国送卡片的名目繁多，搬家、生孩子、拿到驾照、找到工作、生病、被请到人家就餐之前和之后、朋友帮了忙、换工作、生日、收到礼物之后、结婚纪念日、死亡和各种节日等都可以送卡片。我至今还留有一叠当年换工作时过去的同事送我的卡片，每每读来都很感动。

这种送卡片、送礼物的传统延续下来，和孩子出生和成长过程中受到的熏陶离不开。到了母亲节、父亲节，就算是还在幼儿园的小宝宝(英国的幼儿园接受刚满月的小宝宝)，阿姨也会准备一些自己用纸折的卡片，然后把宝宝的小手、小脚在卡片上印成一朵小花，再替宝宝写上名字，让不会写字的小宝宝也能送卡片给爸爸妈妈了。

到了小学，学校会组织小学生自己做手工，各种节日都是契机。孩子会做出一些手工作品，用包装纸包起来，就是一个小礼物。儿子会做立体贺卡，所以我们家里每人都收到过他做的小贺卡。小学生过生日通常要举办一个大派对，孩子在父母的帮助下会给过生日的孩子送小礼物。派对过后,过生日的孩子将礼物收拾好,由家长帮助,一一给前来参加派对的小朋友写卡片表示感谢。年龄大一点之后这些都自己处理了。

到了中学,各种场合送小礼物成了孩子们自己的传统,女儿的一帮朋友每个人的生日大家都会送小礼物,都不会花很多钱,有的就是自己做的,有的是平时观察朋友的喜好而买的,有的是很有创意的、有幽默感的礼物。女儿屋里有一个地方专门存着这些礼物,很有纪念意义。

每年的圣诞树下,大人和孩子围坐在一起,大家同时打开礼物,并彼此表示感谢。这是每年圣诞日那天最令人兴奋的事情。如今,虽然孩子们不再相信圣诞老人,也不会在一早五六点就迫不接待地跑到圣诞树下,但是大家坐在一起,一边打开礼物,一边对家人朋友表示感谢,总是让人心里感到温暖。

现在女儿和儿子在父母的生日,每年的母亲节、父亲节,以及父母的结婚纪念日都会送贺卡和小礼物。当年是父母带着他们为对方准备。女儿总是会送最贴心的,儿子大大咧咧,一开始会选他自己喜欢的东西,比如我在生日的时候就得到过一把“枪”。后来儿子慢慢地学会了站在别人的角度考虑,今年给爸爸的生日礼物就是爸爸最喜欢也最需要的,爸爸十分感动。

可以看到,孩子在整个成长过程中,通过各种小礼物,体验父母之间的爱,体验朋友之间的友谊以及对别人的欣赏感恩等。这种仪式感是他们的生活中不可或缺的一部分。

这里介绍一种既环保又漂亮的礼品篮的做法。用到处可以捡到的大小不一的纸箱子或者放水果的小硬质盒子甚至鞋盒子,再用彩纸包一下就成了很漂亮的礼品篮。然后将彩纸或不用的期刊等用碎纸机碎成小条,没有的就用剪刀剪成小条,做很多,铺在礼品篮里。然后自己选择适合场合的各种礼品,比如圣诞节就可以是一瓶酒、两盒巧克力、几个橘子等,把小点的礼品放在前面,高点的放在后面,摆出层次感,再用透明包装纸包起来,上面打个花结。

人们最欣赏的是用心准备的礼物,而不是一甩手拿出一笔钱应付的那种。后者将没钱的人和孩子堵在外面,前者可以是任何人、任何形式的心意的表达。

三、生命的价值

关于救生和逃生这样的话题,我和孩子们谈了不少,每次都是以新闻为契机,在饭桌上谈的。谈话的时候,最基本的原则就是避免说教,尊重孩子的选择和他们给出的原因。

新闻上曾有一个面对儿子和奶奶同处危险境地,爸爸该救谁的问题。孩子们的想法是先救小孩,原因是小孩子的未来人生要比大人长很多,所以更值得救;大人比小孩更会想办法自救。

生命无价,从这个意义上讲,面对死亡的威胁,任何人都是平等的。用学历、地位、种族、性别、年龄、信仰等来分类生命是可怕的。但如果资源有限,我们必须面对生命作出选择怎么办?上述孩子的回答就是一种选择,他们是用生命的长短来做标准。如果是我,生死关头,可能没有时间思考,我的原则就是谁好救先救谁,救一个算一个。

还曾问过孩子一个问题:倘若看到有人掉到冰窟窿里,你会怎么办?儿子立刻回答:“先呼救,然后大声和落水人说话,告诉他坚持住,救援马上就到,告诉他不要乱动,以免把冰再次弄碎。”问儿子会不会自己去救人,他说绝对不会,因为自己也可能掉进去,那样救援的人要救两个人,减少了每个人的存活机会。为什么要和落水人说话?落水人正在恐慌,也许不知道有人会来救他,因而放弃求生的欲望。给他生的希望,还要告诉他如何自救。

新闻报道火灾,我们就又谈到家里着火怎么办的问题。孩子们说,第一要逃出去,拨打火警电话。如果大门锁着怎么办?所以要每天保证钥匙在门上或者在门边显眼的地方挂着。如果困在房子里,只有厨房着火怎么办?将厨房门关严,用湿毛巾堵住门下边防止火窜出来。用湿毛巾盖住自己的头,防止烟熏。趴在地上,因为烟朝上走,地面氧气多。待在窗边救援人容易看到的地方……

我们只管对孩子的回答予以肯定和赞赏。孩子们想不到的地方就提问题,让他们自己想解决办法。如有多种办法,让他们比较一下哪种办法更有效。

有一次我出了车祸,七座车,车里有爷爷、女儿、儿子和他们的朋友,所幸没人受伤。我至今还记得大家都被一声巨响震傻的时候,是儿子关键时刻大喊了一声,跑出去啊!他第一个从最后的车座上冲出去。后来他告诉我们,在小学一年级的时候,交警去他们学校讲课,讲解出车祸如何处理,大家还一起演练了一下。情景演练是孩子们最容易接受和牢记要领的方式,国内现在有很多针对小孩子的安全教育,比如不要跟陌生人走等,父母和孩子可以在家表演一下,也可以约小朋友一起演个家庭剧,这样孩子们可以更轻松、愉快地接受。

生命的意义是我们每个人都应该思索的话题。英国七年级的孩子会有一堂课:探讨生命的意义和活着的目的。

探索这个话题很重要,因为它决定着我们每天的选择,决定着我们对自己、他人和这个世界的态度。这个话题看上去很大、很深,但是我们可以从自己谈起。我先问孩子们,他们活着的目的是什么,孩子们都在思考,答案也是五花八门的:

为了家人和朋友。

为了繁衍后代。

为了快乐和幸福。

为了实现梦想。

为了保护这个世界,保护我们的生存环境。

为了体验。

为了挣钱,变成富翁,周游世界……

我告诉孩子们,这不是一个有标准答案的问题,每个人都有自己活着的目的和意义,没有对错。

接下来我们要探索一下不同的人对生命的不同诠释:

人本主义的倡导者认为,这个星球上有了生命完全是一种偶然,所以生命并没有一个预先设定的,或者一成不变的意义。生命的意义需要每个人去探索思考和决定,不同的人有不同的活着的目的,我们应该遵从自己的内心,忠于个人的选择。所以孩子们各有自己的目的,没有被别人影响,他们就是人本主义的观点。

科学能够解释这个世界是怎么工作的，但科学家对于探索意义这样的问题却是没有统一的解释。

虚无主义认为，人生在世毫无意义，一切都是徒劳的，他们对一切都不相信。虽然他们中的一些人就像我们普通人一样生活工作，但是他们不会给任何事情赋予意义。

看了几种不同的人对生命的不同诠释，再来问问自己，你认为生命的意义是什么，你觉得生命的意义是普遍唯一、永远不变的真理吗？学生需要就这个议题写篇小论文。

得高分的论文应该先直接回答问题：你是否同意上述观点。然后写下同意或者不同意的理由，再用几种观点来阐述一下，最后给出自己的观点。

我认为，在这个自成体系的美妙宇宙中生存，参与生命的舞蹈，用感官去感受，用肺去呼吸，用器官去吸取营养，这本身就是一个奇迹。既然如此，我们就该充分地去体验，体验生命赋予我们的一切。有人曾经采访一位登上珠穆朗玛峰的人，问他为什么要登此峰，他的回答很简单："因为它在那里！"(Because it is there!)人生的很多事，都没有必要去追求什么远大的、崇高的理想和意义，体验和感受本身就是最真实的人生。

关于亲子关系，如果用五年后的眼光看现在，就不会为孩子比别的孩子晚几个月学会走而担心，也不会为比别的孩子少学了几个英语单词而懊恼。如果用二十年后的眼光看现在，就不会为一次考试的结果而骂孩子，不会为没上补习班而心虚。再用六十年后的眼光看现在，一切都是过眼烟云，留下的仅仅是感受和体验。

四、成长的启示

孩子有着十足的好奇心。你读书读得投入，他自然好奇，也想拿本书试试；你吃蔬菜吃得津津有味，他也想来两口；你写字写得自得其乐，他也想写两笔；你电话聊得来劲，他也想说两句；你整日酗酒，孩子免不了也想喝两口；你吞云吐雾，孩子也觉得酷，也想吐个圈圈。

你讲给孩子的，他们会忘；你为他们做的，他们也可能会忘；唯独你让他们的幼小心灵深深感受到的，他们将终生难忘。你让他们感受到的爱、尊重、正面能量、屈辱、迷茫、恐惧和丧失自信等，都可能会被铭记在心。

儿童的身体和智力发展从来就不是均衡的、平稳的，一段时间个子猛长，智力剧增，各方面进步都很大，紧跟着就可能进入一个低潮期，身体好像也不长了，胃口也没了，学习成绩也平平。其实这是一个储存期，有了储存期，才会有快速发展期，但是处在储存期的孩子很容易受人误解，以为孩子不努力，他们自己也很迷茫。

有件事情必须明白：无论我们如何启发、引导、暗示、明示、劝说、威胁……孩子们还是会做孩子们做的事，而父母所能做的往往就是收拾残局。享受荣耀永远不该是我养育孩子的初衷和目的。如果有一天，孩子身处逆境，人生的旅程疲惫不堪的时候，他们愿意回到家来歇歇脚，我就是成功的母亲。

我们这一代和下一代的代沟一定是历史上最大的代沟之一，

因为世界在以几何级数的速度发展。我努力用我能够理解的爱去爱孩子,用有深刻历史文化和认知局限的标准来对待他们,但他们未来的世界我可能连冰山一角都把握不了,所以对下一代我尊重并且敬畏,对上一代我接纳并且和解,只有这样,才能快乐自信地做中间的自己。

什么是妈妈的淡定?明明看到孩子出错了,明明知道孩子的弱项,就是不指出来。要坚信孩子自己悟到的才是自己的,坚信要想让孩子自己悟,非得鼓励他们不可,让他们有自信、有创造力。所以不但不能批评,还要给孩子正能量。做到这一点,就是我理解的淡定。

这里就以亲子关系的我自己的几点思考作为本书的结语吧。

有竞争力的孩子不是那些能把别人都打败的孩子,而是有团队精神和有领导能力的孩子。道理很简单,人多力量大。

父母永远都不要以打骂的方式去挑战孩子的自尊。被打骂的孩子经常不是欺凌就是被欺凌,长大以后也有可能不是家暴就是被家暴。

如果我们希望,甚至强迫孩子分清"主次",把所有的精力都放在功课上,孩子会失去很多。一旦发现功课原来不是生命的一切,或者学的知识早已被更新或者被AI代替,就有可能生无可恋了。

孩子对父母的无条件的爱是与生俱来的,但是对父母的尊重是后天习得来的。我们必须做给他们看,也就是必须先尊重他们。

我们自己做不到的事情,大概率是没有这方面的基因或特长,如果后天再不努力,就不具备在这方面指导孩子的资格。但是如果我们对孩子有足够的尊重和敬畏,而孩子有足够的自信,就会在学校和社会环境里学,从而青出于蓝而胜于蓝。

事情还没开始做,你就告诉他会很苦,那做起来一定会苦,因为有了心理暗示。

被动的努力,事倍功半;主动的努力,事半功倍。

如果做家长的都不能和孩子成为一个团队,那孩子的未来就很灰暗了。什么是团队?相互支持、理解和尊重,有同一个目标,这个目标既不是好成绩,也不是好大学,而是幸福的人生。